모의고사 3회분

N1

 시사일본어사

　本書は、日本語能力試験の N1 から N5 のレベルのうち、N1 の試験対策を目的に、3 回分の模擬試験を用意しました。

　本書の特徴は、問題数が豊富であることです。模擬試験が 3 回分収録されていますから、試験直前にとにかくたくさん問題を解きたいという場合に使うことはもちろん、試験の傾向を知るために 1 回、少し勉強してから 1 回、試験直前に 1 回といった使い方をすることもできます。本書を使って本番と同じ形式の問題を 3 回解いてみれば、試験の特徴は十分につかめるでしょう。

　また、本書では、あまり時間がない中でも必要な試験対策がとれるよう、解説を工夫しました。問題を解いて答えの正誤を知るだけでなく、効率よく、正解を導くためのポイントを学んだり、今まで学んできた知識を整理したりできるようになっています。

　N1 に合格するためには、幅広い日本語の知識とそれを適切に運用する力が求められます。本書を使って繰り返し学習することによって、弱いところや苦手なところを補強し、日本語能力の向上を目指してください。

　本書が N1 合格を目指す皆さんのお役に立てることを願っています。

著者一同

목차

이 책의 사용법

〈이 책의 구성〉

• 모의고사는 전부 3회분이 있습니다.

• 문제와 해답용지는 부속 별책에, 해답·해설은 본책에 수록되어 있습니다.

• 청해용 MP3 CD가 1장 들어있습니다.

〈이 책의 사용법〉

① 3회의 모의고사는 (한 번에 풀지 말고) 각각 정해진 시간에 따라 나눠서 진행해 주세요.

   ＊해답용지는 자르거나 복사해서 사용해 주세요.

   ＊「언어지식(문자·어휘·문법) / 독해」에서는 문제를 푸는 데 걸리는 시간에 대해 목표 시간을 설정, 큰 문제별로 표시 하였습니다. 참고하면서 풀어 주세요.

② 문제를 다 풀었으면 「해답·해설」을 보면서 정답을 맞춥니다. 틀린 부분은 확실히 복습해 주세요.

   ＊해설이나 부록의 「시험에 나오는 중요 어구·문형 리스트」를 활용합시다.

③ 다음으로 채점표(p.92~93)를 이용해 채점을 하고, 득점을 기입해 주세요. 득점 결과를 바탕으로 부족한 부 분은 없는지 확인해 주세요. 점수가 낮은 과목이 있으면 중점적으로 학습합시다.

❶ N1 레벨

폭 넓은 장면에서 사용되는 일본어를 이해할 수 있다.

읽기	• 다양한 분야의 다양한 화제로 된 문장을 읽고 이해할 수 있다. • 신문의 논설문*이나 평론*등, 논리적 구성이 조금 복잡한 문장이나 추상적인 내용의 문장을 읽고 문장의 구성이나 내용을 이해할 수 있다. * **논설문** : 어떤 테마 · 문제에 대해 순서에 따라 의견을 기술하거나 해설한 것 * **평론** : 대상의 장점 · 단점을 들면서 평가를 기술한 것 • 내용의 깊이가 있는 문장을 읽고 이야기의 흐름이나 상세한 표현의도를 이해할 수 있다.
듣기	• 폭 넓은 장면에 있어, 자연스러운 속도의 회화나 뉴스, 강의를 듣고 이야기의 흐름이나 내용, 등장인물의 관계, 내용의 논리적 구성 등을 상세하게 이해하고 요지를 파악할 수 있다.

❷ 시험과목과 시험시간

• 「언어지식」과 「독해」는 110분 안에 같은 문제용지, 같은 해답용지로 진행됩니다. 자신의 페이스로 문제를 풀게 되므로 시간배분에 주의합시다.

	언어지식 (문자 · 어휘 · 문법) · 독해	청해
시간	110분	60분

❸ 합격 판정

• 「종합득점」이 「합격점」에 도달하면 합격합니다. 확실하게 만점의 60~70%의 점수를 얻을 수 있도록 합시다.

• 「득점 구분 별 득점」에는 「기준점」이 설정되어 있습니다. 「기준점」에 도달하지 못하면 「종합득점」에 관계 없이 불합격됩니다. 부족한 과목을 만들지 않도록 합시다.

	언어지식 (문자 · 어휘 · 문법)	독해	청해	종합득점	합격점
득점 구분 별 득점	0~60점	0~60점	0~60점	0~180점	100점
기준점	19점	19점	19점		

❹ 일본어능력시험 N1의 구성

		큰 문제	문항 수	내용
언어지식(문자·어휘·문법·독해) (110분)	문자·어휘	1 漢字読み (かんじよ)	6	한자로 쓰인 어휘의 읽는 법을 묻는다.
		2 文脈規定 (ぶんみゃくきてい)	7	문맥에 따라 의미적으로 규정된 말이 무엇인지 묻는다.
		3 言い換え類義 (いいかえるいぎ)	6	출제어와 의미적으로 가까운 말이나 표현을 묻는다.
		4 用法 (ようほう)	6	출제어가 문장 안에서 어떻게 쓰이는지를 묻는다.
	문법	5 文の文法1 (文法形式の判断) (ぶんぽうけいしき はんだん)	10	글의 내용에 맞는 문법형식인지 아닌지를 판단할 수 있는지 묻는다.
		6 文の文法2 (文の組み立て) (ぶんくた)	5	나열된 단어로 의미가 통하는 문장을 만들 수 있는지를 묻는다.
		7 文章の文法 (ぶんしょうぶんぽう)	5	문장의 흐름에 맞는 글인지 아닌지를 판단할 수 있는지 묻는다.
	독해	8 内容理解(短文) (ないようりかいたんぶん)	4	생활·일 등 다양한 화제를 포함한 설명문이나 지시문 등 200자 정도의 지문을 읽고 내용을 이해할 수 있는지를 묻는다.
		9 内容理解(中文) (ないようりかいちゅうぶん)	9	평론, 해설, 에세이 등 500자 정도의 지문을 읽고 인과관계나 이유 등을 이해할 수 있는지를 묻는다.
		10 内容理解(長文) (ないようりかいちょうぶん)	4	해설, 에세이, 소설 등 1000자 정도의 지문을 읽고 개요나 필자의 생각 등을 이해할 수 있는지를 묻는다.
		11 統合理解 (とうごうりかい)	2 또는 3	복수의 지문(합계 600자 정도)을 읽고 비교·통합하면서 이해할 수 있는지를 묻는다.
		12 主張理解(長文) (しゅちょうりかい ちょうぶん)	4	사설, 평론 등 추상성·논리성이 있는 1000자 정도의 지문을 읽고 전체적으로 전달하려는 주장이나 의견을 파악할 수 있는지를 묻는다.
		13 情報検索 (じょうほうけんさく)	2	광고, 팸플릿, 정보지, 비즈니스 문서 등의 정보소재(700자 정도) 속에서 필요한 정보를 찾아낼 수 있는지를 묻는다.
청해 (60분)		1 課題理解 (かだいりかい)	6	논지가 명쾌한 지문을 듣고 내용을 이해할 수 있는지를 묻는다.
		2 ポイント理解 (りかい)	7	논지가 명쾌한 지문을 듣고 내용을 이해할 수 있는지를 묻는다.
		3 概要理解 (がいようりかい)	6	논지가 명쾌한 지문을 듣고 내용을 이해할 수 있는지를 묻는다.
		4 即時応答 (そくじおうとう)	14	질문 등의 짧은 발화를 듣고 적절한 응답을 고를 수 있는지를 묻는다.
		5 統合理解 (とうごうりかい)	4	긴 지문을 듣고 복수의 정보를 비교·통합하면서 내용을 이해할 수 있는지를 묻는다.

＊문항 수는 예상 숫자로 실제와는 다를 수 있습니다.

시험에 관련된 최신 정보는 일본어능력시험 공식 홈페이지(☞http://www.jlpt.or.kr)에서 확인하세요.

🗐 언어지식

問題1 【漢字読み】 → 한자의 올바른 읽기를 고른다.
もんだい　　かんじ よ

자주 나오는 문제·어구

- 어려운 훈독 (⑩ 逃れる、図る)
- 촉음이 있는지 없는지
- 장음인지 아닌지
- 탁음이나 반탁음이 붙는지 등

★ 잘 모를 때는 소거법(틀렸다고 생각하는 선택지를 지워가면서 남은 것에서 고름)으로 시간이 오래 걸리지 않도록.

問題2 【文脈規定】 → 문장에 맞는 어휘를 고른다.
もんだい　　ぶんみゃく きてい

자주 나오는 문제·어구

- 비슷하지만 의미가 다른 어휘
- 같은 한자를 포함한 어휘, 모양이 비슷한 어휘 (⑩ 「甘さ、辛さ…」、「送り先、届け先」)
- 관용 표현 등

問題3 【言い換え類義】 → 의미가 거의 비슷하여 바꿔 쓸 수 있는 말을 고른다.
もんだい　　い か るいぎ

★ 문맥에 맞기만 해서는 안된다. 원래의 말과 같은 의미가 되는지가 문제. 가타카나어에 주의.

問題4 【用法】 → 올바르게 사용된 것을 고른다.
もんだい　　ようほう

자주 나오는 문제·어구

- 앞뒤 말과의 연결이 올바른가
- 사용된 장면이 적절한가

★ 「의미로는 문제 없지만 용법으로×」의 패턴이 많다. 어떤 장면에서 어떤 말과 함께 사용하는지에 주의하면서 기억하도록 한다.

　【文の文法1（文法形式の判断）】→ 문장에 맞는 문형을 고른다.
ぶん　ぶんぽう　　ぶんぽうけいしき　はんだん

★ 앞 단어와의 연결이 올바른지, 뒤에 연결되는 내용이 맞는지가 포인트. 의미와 접속 형태 모두 주의한다.

問題6
もんだい　【文の文法2（文の組み立て）】→ 나열된 단어를 재배열하여 문장을 완성시킨다.
　　　　　ぶん　ぶんぽう　　ぶん　く　た

★ 문제를 풀 때 「★」에 해당하는 말을 틀리지 않도록 주의.

문제 예

次の文の　＿＿★＿＿に入る最もよいものを、1・2・3・4の中から一つ選びなさい。
つぎ　ぶん　　　　　　　はい　もっと　　　　　　　　　　　なか　ひと　えら

偉そうなことを　＿＿＿＿　＿＿＿＿、　＿★＿　＿＿＿＿知らなかった。
えら　　　　　　　　　　　　　　　　　　　　　　　　　　　　　　し
1 何も　　　　　　2 割には　　　3 言う　　　　4 彼は
なに　　　　　　　わり　　　　　い　　　　　　かれ

풀이 방법

偉そうなことを＿言う＿＿割には＿、（彼は）＿何も＿知らなかった。
えら　　　　　　　い　　　　わり　　　　　かれ　　　なに　　し

問題7
もんだい　【文章の文法】
　　　　　ぶんしょう　ぶんぽう

문제 예

問題7　　次の文章を読んで 41 から 45 の中に入る最もよいものを、1・2・3・4から一つ選びなさい。
もんだい　　つぎ　ぶんしょう　よ　　　　　　　　　　　　なか　はい　もっと　　　　　　　　　　　　　　　　ひと　えら

　昨今、B級グルメなるものがあちこちで話題となっている。互いの自慢の料理を競い合うイベントが
さっこん　　　　　　　　　　　　　　　　　　　　わだい　　　　　　たが　　じまん　りょうり　きそ　あ
開催されたり、町おこしや商品化につながったりと、ちょっとした経済効果を生み続けており、景気の
かいさい　　　　　まち　　　　　しょうひんか　　　　　　　　　　　　　　　　けいざいこうか　う　つづ　　　　　けいき
悪いニュースの一方で、明るい話題 41 。一つ星店の高級日本料理における深く繊細な味は、それだけ
わる　　　　　　　　いっぽう　　あか　　わだい　　　　ひと　ぼしてん　こうきゅうにほんりょうり　　　　　ふか　せんさい　あじ
で日本が誇るべき伝統の文化であり、職人たちの研ぎ澄まされた技と心には尊敬の念すら感じるものだ。
にほん　ほこ　　　　でんとう　ぶんか　　　　しょくにん　　　　と　す　　　　わざ　ころ　　そんけい　ねん　　かん
42 、このB級グルメも、私たち日本人の食へのあくなき情熱を感じさせられるものとして誇らしく感
　　　　　　きゅう　　　　　　わたし　　にほんじん　しょく　　　　　　　　じょうねつ　かん　　　　　　　　　　　　ほこ　　　かん
じるものなのである。・・・（以下略）
　　　　　　　　　　　　　　いか りゃく

41

1 であってほしい　　　2 でなければならない　　3 といえるだろうか　　4 ともなっている

42

1 しかし　　　　　　　2 というのも　　　　　　3 だから　　　　　　　4 そう言えば
　　　　　　　　　　　　　　　　　　　　　　　　　　　　　　　　　　　　い

（정답： 41 4　 42 1）

독해

독해 문제 공통 포인트

1 지시어의 내용을 파악한다.
2 문말표현, 내용에 주의한다.(→ 본문, 선택지 둘 다)
3 접속사에 주의하면서 논리전개를 파악한다.
4 바꿔 말하고 있는 것, 반복해서 말하고 있는 것은 중요한 포인트.
5 부정이나 역접 뒤에 자신의 의견이나 주장이 기술되어있는 경우가 많다.
6 중요한 곳이나 잘 모르는 곳에 동그라미를 치거나 밑줄을 그으면서 읽는다.

問題(もんだい) 8 【内容理解(ないようりかい)（短文(たんぶん)）】 → 200자 정도의 글을 읽고 내용을 이해할 수 있는지를 묻는다.

자주 나오는 문제・어구

- 筆者(ひっしゃ)が最(もっと)も言(い)いたいことは何(なに)か
- 筆者(ひっしゃ)の考(かんが)えに合(あ)うのはどれか
- 筆者(ひっしゃ)は（何(なに)が / どのように / どんな…）考(かんが)えているか

★ 주제(주된 테마)에 주의하여 선택지의 문말부분의 차이를 파악한다.

問題(もんだい) 9 【内容理解(ないようりかい)（中文(ちゅうぶん)）】 → 500자 정도의 글을 읽고 이유나 원인, 필자의 생각 등을 이해할 수 있는지를 묻는다.

자주 나오는 문제・어구

- …理由(りゆう) / 原因(げんいん)は何(なに)か（～はどうして…か）
- …たのはなぜか
- ○○○とはどういう意味(いみ)か／（ここでの）○○○とは何(なに)か
- 筆者(ひっしゃ)の考(かんが)えによると…何(なに)か
- ～について筆者(ひっしゃ)が最(もっと)も言(い)いたいことは何(なに)か

★ ① 지시어(それ、そのように、このこと、…)의 내용을 파악한다 → 직전 혹은 조금 앞에 지시어의 내용이 있는 경우가 많다.
② 밑줄의 내용에 대해서는 〈표현은 다르지만 같은 것을 말하고 있는 부분〉, 〈앞 부분에서 제시된 구체적인 예〉에 주목한다.

問題10 【内容理解（長文）】 → 1000자 정도의 문장을 읽고 개요나 필자의 생각 등을 이해할 수 있는지를 묻는다.

자주 나오는 문제·어구

• ○○○とはどういう意味か

• 筆者は（何が / どのように / どんな…）考えているか

• この文章からわかる「○○○」はどんなことか

★ 질문과 직접적으로 관계 없는 부분에는 시간을 들이지 말고 큰 부분을 중점적으로 읽는다.

問題11 【統合理解】 → 복수의 문장(합계 600자 정도)을 읽고 비교·통합하면서 내용을 이해할 수 있는지를 묻는다.

자주 나오는 문제·어구

•〈문장〉작품이나 상품 등의 평가

•〈문장〉찬성·반대 각각의 입장에 따른 의견

•〈문제〉～について、ＡとＢはどのように述べているか。

•〈문제〉ＡとＢのどちらにも書かれている内容はどれか。

•〈선택지〉Ａは…と述べ、Ｂは…と述べている。

•〈선택지〉Ａは～的だが、Ｂは～的。

•〈선택지〉ＡもＢも…。 ／ ＡもＢも～だが、Ｂは…。

★ 우선 질문을 읽고「무엇을 묻고 있는지」를 확인한다. 그 후에 Ａ·Ｂ의 공통점이나 차이점에 주의하면서 본문을 읽는다.

問題12 【長文（主張理解）】 → 1000자 정도의 추상적인 내용의 문장을 읽고 전체적으로 전달하고자 하는 주장이나 의견을 파악할 수 있는지를 묻는다.

자주 나오는 문제·어구

• 신문의 논설문이나 평론

• 사회·인생·문명·역사·예술 등을 테마로 한 것

★ 주장이 나오는 부분(～ではないか、～と思う、～気がする 등)에 주목한다.

問題13 【情報検索】 → 정보소재(700자 정도) 속에서 필요한 정보를 찾을 수 있는지를 묻는다.

자주 나오는 문제·어구

• 광고

• 팸플릿(상품이나 서비스)

• 게시물(이벤트 안내·모집 등)

• 정보지(구인·부동산 등)

• 비즈니스 문서

★ 시간이나 장소, 방법, 조건 등 자주 사용되는 어구를 파악해 두자.

 # 청해

> **청해 문제 공통 포인트**
>
> 1 음성은 한 번밖에 들을 수 없으므로 한 문제 한 문제 집중해서 듣는다.
> 2 답이 헷갈려도 거기에 시간을 들이지 않는다(→ 다음 문제에 집중할 수 없게 된다).
> 3 질문을 확실히 듣는다.
> 4 주어나 목적어 등, 회화에서는 생략되는 경우가 많으니 주의한다.

問題 1 もんだい 【課題理解】 かだいりかい → 두 사람의 회화를 듣고, 내용을 이해할 수 있는지를 묻는다.

흐름

① 문제를 듣는다
② 선택지를 본다
③ 설명과 질문(첫 번째)을 듣는다
④ 회화를 듣는다
⑤ 질문(두 번째)을 듣는다 → 답을 고른다

자주 나오는 문제·어구

• ～はこの後、どうしますか。
  あと
• ～は何をしなければなりませんか。
  なに

★ 「무엇이 부족한지, 충분하지 않은지」에 중점을 두고 듣는다. 또한, (상대방이 말한 것에 대해) 부정하거나 부분적으로 바꾸는 경우가 많으므로 주의.

問題 2 もんだい 【ポイント理解】 りかい → 두 사람의 대화 또는 한 사람의 스피치 등을 듣고, 포인트를 파악할 수 있는지를 묻는다.

흐름

① 문제를 듣는다
② 선택지를 가볍게 본다
③ 설명과 질문(첫 번째)을 듣는다
④ 선택지를 본다(약 20초)
⑤ 회화를 듣는다
⑥ 질문(두 번째)을 듣는다 → 답을 고른다

자주 나오는 문제·어구

• ～は「何が / 何を / どのように / どうして…」
  なに　　なに
  と言っていますか。
  い
• 「最も～は何だ / どこだ」と言っていますか。
  もっと　　なん　　　　　　い

★ 처음 들은 질문을 포인트로 흐름을 쫓는다. 누구에 대한 것인지(남자인지 여자인지, 점원인지 손님인지 등)도 파악한다.

【概要理解】 がいよう り かい → 한 사람 혹은 두 사람의 회화를 듣고 전체적인 취지를 이해할 수 있는 지를 묻는다.

흐름

＊선택지는 문제지에 인쇄되어 있지 않음.

① 설명을 듣는다

② 이야기를 듣는다

③ 질문을 듣는다

④ 선택지를 듣는다 → 답을 고른다

자주 나오는 문제・어구

• ～は何について話していますか。 なに はな

• 話のテーマは何ですか。／どのようなテー はなし なん
マで話していますか。 はな

• ～はどう考えていますか。 かんが

★ 「무엇에 대한 것인가」「무엇이 테마인가」「무엇을 말하고자 하는가」를 머릿속에 두고 듣는다 (자세한 설명 내용은 중요하지 않다).

問題 4 もんだい 【即時応答】 そく じ おうとう → 질문 등 짧은 발화문을 듣고 그것에 맞는 대답을 이해할 수 있는지를 묻는다.

★ 직장에서의 회화가 많으므로, 자주 사용되는 짧은 회화표현을 체크해 둔다. 「사례나 감사의 말」이 정답, 오답 양쪽에서 자주 사용되니 어떤 장면에서 사용하는지 이해한다.

問題 5 もんだい 【統合理解】 とうごう り かい → 긴 이야기를 듣고 복수의 정보를 비교・통합하면서 내용을 이해할 수 있는지를 묻는다.

흐름

① 설명을 듣는다

② 이야기를 듣는다
(「세 사람의 회화」나 「한 사람의 이야기＋두 사람의 회화」 등)

③ 질문을 듣는다

④ 선택지를 듣는다 → 풀이

자주 나오는 문제・어구

• 한 사람의 이야기(전문가, 강사, 점원 등)＋(그것을 들은) 두 사람의 회화

• 세 사람의 회화(가족이나 친구 등)

★ 누가 어떤 입장・의견인지 등에 주의해서 포인트를 메모하면서 듣는다.

모의고사 제1회 · 정답·해설

정답

📋 언어지식 (문자 · 어휘 · 문법)

問題1 (もんだい)		問題5 (もんだい)	
1	2	26	4
2	2	27	1
3	3	28	2
4	3	29	2
5	1	30	2
6	4	31	2
問題2 (もんだい)		32	4
7	2	33	3
8	3	34	1
9	1	35	3
10	4	**問題6 (もんだい)**	
11	3	36	1
12	2	37	3
13	1	38	4
問題3 (もんだい)		39	3
14	2	40	1
15	2	**問題7 (もんだい)**	
16	2	41	3
17	1	42	1
18	1	43	3
19	3	44	4
問題4 (もんだい)		45	3
20	1		
21	2		
22	3		
23	1		
24	4		
25	3		

📖 독해

問題8 (もんだい)		問題13 (もんだい)	
46	4	70	2
47	2	71	4
48	2		
49	3		
問題9 (もんだい)			
50	4		
51	2		
52	1		
53	2		
54	1		
55	4		
56	3		
57	2		
58	4		
問題10 (もんだい)			
59	4		
60	1		
61	3		
62	4		
問題11 (もんだい)			
63	2		
64	3		
65	1		
問題12 (もんだい)			
66	3		
67	1		
68	4		
69	2		

💬 청해

問題1 (もんだい)		問題4 (もんだい)	
例 (れい)	2	例 (れい)	3
1	3	1	3
2	4	2	2
3	4	3	2
4	2	4	1
5	3	5	2
6	2	6	1
問題2 (もんだい)		7	3
例 (れい)	3	8	1
1	3	9	2
2	2	10	1
3	4	11	2
4	2	12	2
5	2	13	3
6	2	**問題5 (もんだい)**	
7	4	1	1
問題3 (もんだい)		2	4
例 (れい)	3	3 (1)	2
1	1	(2)	3
2	4		
3	4		
4	2		
5	2		
6	2		

※해설에서는 「주요어휘」에 N1레벨의 어휘를 싣고, 체크박스(□)를 붙였습니다. 설명을 위해 사용한 일부 어려운 어휘에는 △가 붙어 있습니다.

언어지식

問題1
もんだい

1 정답 2

□ 漂う : 떠다니다, 표류하다, 감돌다
  ただよ
▶ □ 漂 = ヒョウ／ただよーう
  （예）漂流（する）、暗い雰囲気が漂う。
     ひょうりゅう くら ふんいき ただよ

오답해설 1 匂って 3 張って 4 濁って
       にお   は   にご

2 정답 2

□ 若干 : 약간
  じゃっかん
▶ □ 若 = ジャク、ニャク／わかーい
  （예）若年、老若男女、若い男女
     じゃくねん ろうにゃくなんにょ わか だんじょ
▶ □ 干 = カン／ほーす
  （예）干渉（する）、洗濯物を干す。
     かんしょう せんたくもの ほ

3 정답 3

□ 臨む : 임하다
  のぞ
▶ □ 臨 = リン／のぞーむ
  （예）臨時、試合に臨む、海に臨む家
     りんじ しあい のぞ うみ のぞ いえ

오답해설 1 挑み 2 進み 4 励み
       いど   すす   はげ

4 정답 3

□ 不評 : 평판이 좋지 않음
  ふ ひょう
▶ □ 評 = ヒョウ （예）評価、批評、好評
               ひょうか ひ ひょう こうひょう

5 정답 1

□ 渋い : 떫다(맛), 불쾌하다, 씁쓸하다(표정), 차분하
  しぶ
          다(색)
▶ □ 渋 = ジュウ／しぶーい
  （예）渋滞（する）、渋い柿、渋い表情、
     じゅうたい しぶ かき しぶ ひょうじょう
  渋いスーツ
  しぶ

오답해설 2 苦い 3 怖い 4 辛い
       にが   こわ   つら

6 정답 4

□ 平静 : 평정, 평온
  へいせい
▶ □ 平 = ヘイ／ビョウ／たいーら／ひら
  （예）平気、平等、平らな屋根、平社員
     へいき びょうどう たい やね ひらしゃいん
▶ □ 静 = セイ／ジョウ／しずーか
  （예）冷静、静脈、静かな部屋
     れいせい じょうみゃく しず へや

問題2
もんだい

7 정답 2

□ アドバイス（する）: 조언, 충고 （영）advice
  （예）いいアドバイスをもらった。

오답해설

1 ニーズ : 필요, 요구, 수요 （영）needs
  （예）ニーズを満たす、ニーズに応える。
          み   こた

3 リクエスト（する）: 요구, 요망 （영）request
  （예）ラジオ局に好きな曲をリクエストした。
        きょく す きょく

4 パワー : 힘 （영）power
  （예）パワーのある選手。
             せんしゅ

14

8 정답 **3**

□ **補充（する）**：보충
　ほじゅう
　例 プリンターにインクを補充する。
　　　　　　　　　　　　　ほじゅう

오답해설

1 **補足（する）**：보완
　ほそく
　例 内容の補足、説明を補足する。
　　　ないよう　ほそく　せつめい　ほそく

2 **補修（する）**：보수
　ほしゅう
　例 道路の補修、古くなった建物を補修する。
　　　どうろ　ほしゅう　ふる　　　　たてもの　ほしゅう

4 **補助（する）**：보조
　ほじょ
　例 政府の補助金、国が費用を補助する。
　　　せいふ　ほじょきん　くに　ひよう　ほじょ

9 정답 **1**

□ **調整（する）**：조정
　ちょうせい
　例 みんなの意見を調整する。
　　　　　　　いけん　ちょうせい

오답해설

2 **相談（する）**：상담
　そうだん
　例 進路の相談
　　　しんろ　そうだん

3 **交渉（する）**：협상
　こうしょう
　例 契約の交渉
　　　けいやく　こうしょう

4 **計算（する）**：계산
　けいさん
　例 費用の計算
　　　ひよう　けいさん

10 정답 **4**

□ **励ます**：격려하다
　はげ
　例 病気の友人を励ます。
　　　びょうき　ゆうじん　はげ

오답해설

1 **求める**：요구하다, 청하다, 구하다
　もと
　例 友人に助けを求める。
　　　ゆうじん　たす　もと

2 **促す**：재촉하다
　うなが
　例 学生に注意を促す。
　　　がくせい　ちゅうい　うなが

3 **説得（する）**：설득
　せっとく
　例 相手をうまく説得する、説得力がある。
　　　あいて　　　　せっとく　せっとくりょく

11 정답 **3**

□ **厳重（な）**：엄중
　げんじゅう
　例 ルールを守らない者に厳重に注意した。
　　　　　　　まも　　　もの　げんじゅう　ちゅうい

오답해설

1 **厳密（な）**：엄밀
　げんみつ
　例 厳密に言うと違いがある。
　　　げんみつ　い　　ちが

2 **厳格（な）**：엄격
　げんかく
　例 厳格な父に育てられた。
　　　げんかく　ちち　そだ

4 **厳正（な）**：엄정
　げんせい
　例 厳正な審査が行われた。
　　　げんせい　しんさ　おこな

12 정답 **2**

□ **消去（する）**：소거, 삭제
　しょうきょ
　例 古いデータを消去した。
　　　ふる　　　　　しょうきょ

오답해설

1 **免除（する）**：면제
　めんじょ
　例 １年間の学費を免除する。
　　　ねんかん　がくひ　めんじょ

3 **追放（する）**：추방
　ついほう
　例 国王を国外に追放する。
　　　こくおう　こくがい　ついほう

4 **削減（する）**：삭감
　さくげん
　例 今年度の予算を削減する。
　　　こんねんど　よさん　さくげん

13 정답 **1**

□ **～ごと**：～마다
　例 国ごとに異なる文化がある。
　　　くに　こと　　ぶんか

오답해설

2 **～ずつ**：～씩
　例 彼は毎月５万円ずつ家にお金を送っている。
　　　かれ　まいつき　まんえん　　いえ　かね　おく

3 **～につき**：～당
　例 携帯電話の料金は１カ月につき5000円です。
　　　けいたいでんわ　りょうきん　げつ　　　　えん

4 **～あたり**：～당
　例 子供１人あたり１万円が政府からもらえる。
　　　こどもひとり　　　　まんえん　せいふ

問題3
もんだい

14 정답 **2**

□ **かすか(な)** : (소리 등이) 희미함

　㉺ 風がかすかな音を立てた。
　　かぜ　　　　　おと　た

15 정답 **2**

□ **かさばる** : 부피가 커지다

　㉺ 袋がかさばって持てない。
　　ふくろ　　　　　も

16 정답 **2**

□ **企てる** : 꾀하다
　　くわだ

　㉺ 彼らは何か変なことを企てている。
　　かれ　　なに　へん　　　　くわだ

　※ 큰 일, 좋지 않은 일에 주로 쓰임.

17 정답 **1**

□ **フェア(な)** : 공평 ㉕fair

　㉺ フェアな競争
　　　　　きょうそう

오답해설

2 **活発(な)** : 활발
　かっぱつ

　㉺ 私の娘は明るくてとても活発です。
　　わたし　むすめ　あか　　　　　　　かっぱつ

18 정답 **1**

□ **趣旨** : 취지
　しゅし

　㉺ 質問の趣旨、制度の趣旨
　　しつもん　しゅし　せいど　しゅし

19 정답 **3**

□ **むやみに** : 무리하게

　㉺ むやみに買い物をしないほうがいい。
　　　　　か　もの

오답해설

4 **勝手に** : 멋대로
　かって

　㉺ 勝手に決める。
　　かって　き

問題4
もんだい

20 정답 **1**

□ **著しい** : 현저하다
　いちじる

　㉺ 両国の貿易量は著しく増加した。
　　りょうこく　ぼうえきりょう　いちじる　　ぞうか

오답해설 2 激しい性格、3 有名な作家、4 大きい
　　　　はげ　　　せいかく　　ゆうめい　さっか　　おお
音 등이 적당.
おと

21 정답 **2**

□ **当てはまる** : 적합하다
　あ

　㉺ 勤勉なイメージは最近の日本の若者には当
　　きんべん　　　　　　　さいきん　にほん　わかもの
てはまらない。

오답해설 1 車にぶつかる、3 最近の天気予報は
　　　　くるま　　　　　　　さいきん　てんきよほう
よく当たる、4 壁によく合う 등이 적당.
あ　　　　かべ　　　あ

22 정답 **3**

□ **気味が悪い** : 어쩐지 기분 나쁘다, 으스스하다
　き み　わる

　㉺ 差出人のない手紙をもらって気味が悪い。
　　さしだしにん　　てがみ　　　　　き み　わる

오답해설 1 けんかして気分が悪い、2 かぜを引い
　　　　　　きぶん　わる　　　　　　ひ
て気分が悪い、4 塩辛い 등이 적당.
　きぶん　わる　　しおから

23 정답 **1**

□ **めど** : 목표

　㉺ 3年後をめどに会社を大きくしたい。
　　ねんご　　　　かいしゃ　おお

오답해설 2 結婚したのをきっかけに、3 地図を
　　　　けっこん　　　　　　　　　ちず
手がかりに、4 病気を理由に 등이 적당.
て　　　　びょうき　りゆう

24 정답 **4**

□ **ぐったり** : 녹초가 되다, 늘어지다

　㉺ 一日中歩いたので、みんなぐったりしてい
　　いちにちじゅうある
る。

오답해설 1 ゆっくり休みたい、2 どんよりとして
　　　　　　やす
見える、3 目の前がぼんやりしている
み　　　　め　まえ
등이 적당.

25 정답 **3**

□ **冴える** : (머리나 눈 등의 감각이) 맑아지다

㉑ 今日はいつもより頭が冴えている。

오답해설 **1** 刃が鋭くて、**2** すべすべしていて、**4** 川の水はとても澄んでいて 등이 적당.

問題5

26 정답 **4**

□ **タイムセール** : 타임세일

□ **〜とあって** : 〜라서

□ **ごった返す** : 붐비다

□ **〜とあれば** : 〜라면, 분명

㉑ コンサートが行われるとあれば、チケットはすぐに売り切れるだろう。

27 정답 **1**

□ **〜とかなんとかで** : 〜등의 사정·이유로

□ **〜(という)ようなこと** : 〜같은 것

28 정답 **2**

□ **〜んじゃない(の)？** : 「〜のではない(の)か」가 변화한 형태. 「〜라고 생각한다」의 의미.

29 정답 **2**

□ **〜ことだ** : 〜하세요, 〜하는 편이 좋다

❗ 명령이나 충고를 할 때의 표현. 손윗사람에게는 쓰지 않는다.

30 정답 **2**

□ **〜させていただく** : 「〜する」의 겸양표현

※겸양표현 : 자신을 낮춤으로서 상대를 존경하는 마음을 나타내는 표현.

31 정답 **2**

□ **〜限りだ** : 매우 〜하다

□ **〜で何よりだ** : 〜라 정말 다행이다

❗ 좋은 일에 사용한다.

㉑ 無事で何よりだ。

32 정답 **4**

□ **〜からこそ** : 실로 〜이기 때문에 (이유를 강조하는 표현)

㉑ 彼はあなたのことを心配しているからこそ、厳しく言うのです。

□ **〜ならまだしも** : 〜라면 몰라도

㉑ 子供ならまだしも、大人がそんなことをしてはいけない。

□ **〜とみるや** : 〜라는 것을 확인하고 바로

㉑ チャンスとみるや、一気に攻めてきた。

□ **〜(の)にひきかえ** : 〜에 비해

㉑ 女性が積極的なのにひきかえ、男性は皆、おとなしかった。

33 정답 **3**

□ **〜のあるなし** : 〜의 유무

□ **〜にかかわらず** : 〜에 관계없이

□ **〜とあいまって** : 〜와 어울려

㉑ その建物は、周りの景色とあいまって幻想的な雰囲気でした。

□ **〜といったら** : 〜라고 하면

㉑ すしといったら、この店です。

□ **~を尻目に**：(여유나 힘이 있어) ~를 무시하고

　㉼ 焦る私たちを尻目に、彼は作業を終えてコーヒーを飲んでいた。

---

34 **정답 1**

　□ **グローバル**：국제적인

　□ **~だけあって**：~에 걸맞게

　□ **~にしてみれば**：~의 입장에서 보면

　　㉼ 彼にしてみれば、軽い冗談のつもりだったんでしょう。

　□ **~ならでは**：~밖에는 할 수 없는, ~이 아니면

　　㉼ この商品なんか、まさに女性ならではのアイデアだね。

　□ **~というからには**：~인 이상

　　㉼ プロを目指すというからには、相当努力しなければならない。

---

35 **정답 3**

　□ **していらっしゃる**：「している」의 존경어

　□ **なさる**：「する」의 존경어

　□ **される**：「する」의 활용형「さ」+ 존경을 나타내는 조동사「れる」

❗ 2, 4는 이중경어. 그 외에 올바른 표현은 다음과 같다.

● どんなことに注意なさっているか

● どんなことに注意されているか

問題6

36 **정답 1**

中学生の ₂娘が ₄彼女なりに ₁出した ₃結論なのだから 周りの大人がとやかく口を出すべきではない。

37 **정답 3**

ＡＢＣ交通が安全より利益を優先させ、従業員に ₂無理な労働を ₄強いて ₃きた ₁がために、今回の悲惨な事故が起きたと見られている。

　□ **~がために**：~때문에

38 **정답 4**

いくら建物が ₃老朽化している ₂といっても ₄すぐに ₁建て替える ということにはならない。

　□ **~ということにはならない**：~할 수는 없다

39 **정답 3**

この施設では、介護 ₄のみならず ₂生活全般の ₃ケアの ₁充実 を目指しているという。

　□ **~のみならず**：~뿐만 아니라

40 **정답 1**

幼い子どもが犠牲 ₄になる ₂事件 ₁を ₃ニュース で見るにつけ、胸が痛くなる。

　□ **~につけ**：~할 때마다

問題7
もんだい

41 정답 **3**

첫 번째 단락 3행까지가 「手書きの文字」에 대해, 4
~ 5행이 「タイプの文字」에 대해 대비적으로 쓰여
있다.

42 정답 **1**

□를 사이에 두고, 앞이 '이상', 뒤가 '현실'이라는 흐
름. 글씨를 못쓰는 사람은 잘 쓰게 되기를 바라지만,
일상적으로 타자를 써 버린다.

43 정답 **3**

「タイプ→メール・パソコン」「日常生活→タ
にちじょうせいかつ
イプ」「特別な場面→手書き」의 관계를 파악하자.
とくべつ ばめん てが
□ **ツール** : 도구 ⑨tool

44 정답 **4**

여기는 손글씨를 쓰지 않으면 어떤 일이 일어나는지 구
체적인 예를 기술하고 있는 곳이다. 좋지 않은 결과에
대해 기술하는 「~しまつだ」가 적절하다.

□ **~しまつだ** : ~하는 꼴이다

㉘ 彼には困った。心配して声をかけたら、逆
かれ こま しんぱい こえ ぎゃく
に、怒り出す始末だ。
おこ だ しまつ

□ **~わけだ** : ~도 당연하다

㉘ １時間も遅刻したの？ 彼女が怒るわけだ。
じかん ちこく かのじょ おこ

□ **~ないものでもない** : ~아닌 것도 아니다

㉘ N1合格？頑張れば、できないものでもないよ。
ごうかく がんば

□ **~ではすまない** : ~로는 안 된다

㉘ こんな問題を起こしておいて、知らなかったで
もんだい お し
は済まない。
す

45 정답 **3**

여기서는 다음 문장 「便利な機能」의 구체적인 내용
べんり きのう
이 기술되어 있다. 사람이 은혜를 입는 것이기 때문에
「~てもらえる」가 적당하다.

독해

問題8（短文）

(1)「다언어정보의 제공」

46 정답 **4**

현재의 과제는 정보의 「伝達方法」이고, 구체적으로는 「情報が届くには、発信メディアが…信頼されるものになっていなければならない」이다. 4번 「情報が得られる安心感」이 신뢰에 해당한다.

주요어휘

□ **使いこなす**：충분히 활용하다

□ **アクセス**：접근, 교통편 영access

□ **日頃から**：평소에

□ **認知される**：(여기서는) 알려지다

□ **メジャー**：주요한 영major

□ **精通する**：정통하다

(2)「면접포기에 대한 사과」

47 정답 **2**

면접 연락을 받았지만, 「(面接を)辞退させていただきたく（＝たいと思い）」라고 연락을 하고 있다.

오답해설

1→ 날짜 변경이 아니라 포기를 하겠다고 말하고 있음.

3→ 포기하려는 것은 내정이 아니라 면접.

4→ 다른 회사 내정에 따른 면접 포기를 사과하고 있음.

주요어휘

□ **〜付け**：(날짜 뒤에 붙어서) 〜부로, 〜에

　예 4月1日付けで採用する、10月1日付けの手紙。

□ **内定**：내정

(3)「자전거 공유」

48 정답 **2**

마지막 문장 「まずは…」에 주목한다. 필자는 문제를 순서대로 해결할 것을 주장하고 있다.

오답해설

1→ 자전거 문제를 해결하기 위한 것으로 이야기하고 있는 것이 아님.

3→ 동시진행은 주장과 맞지 않음.

4→ 과제는 있지만 자전거 공유 자체를 부정하고 있지 않음.

주요어휘

□ **地域おこし**：지역 활성화

□ **さぞかし**：분명, 반드시

　예 みんなで行けたら、さぞかし楽しいだろう。

□ **エスカレートする**：점점 심해지다

(4)「뻐꾸기의 탁란」

49 정답 **3**

「仮親に自分の子を育てさせる」「ただ子育てを放棄しあぐらをかいてきた（＝楽をしてきた）わけではない」라고 했으므로 3번이 정답이다.

오답해설

1→ 탁란을 당하는 쪽에 이점이 있는 번식방법이 아님.

2→ 다른 동물의 육아에 대해서는 쓰여있지 않음.

4→ 조류의 일반적인 육아에 대해서는 쓰여있지 않음.

주요어휘

□ **〜らしからぬ**：〜답지 않다

□ **〜に映る**：(여기서는) 〜로 보이다

□ **ひな**：새끼 새, 병아리

□ **ひきょう者**：비겁한 사람

□ **攻防戦**（こうぼうせん）: 공방전

□ **〜の産物**（さんぶつ）: 〜의 산물

□ **技術を磨く**（ぎじゅつ みが）: 기술을 연마하다

□ **放棄(する)**（ほうき）: 포기

問題9（中文）
（もんだい）（ちゅうぶん）

(1)「아이가 자라는 조건」

`50` **정답 4**

「よかれ(＝잘 되어라)」라는 생각이 기본이 된다. 「路線」（ろせん）＝목표 지점까지 가기 위해 지향하여 나가는 견해의 방향이나 행동 방침.

1, 2→「性格」（せいかく）나「進学先」（しんがくさき）는 주제가 아님.

3→ 빠르고 늦음만을 문제삼고 있는 것이 아님.

`51` **정답 2**

부모에 대해 기술되어 있는 두 번째 단락에 주목한다.→「『良育』（りょういく）에せっかち하게あまり、子どもが熱中（ねっちゅう）하고 있는 것에 我慢（がまん）できない」

3→ 아이를 칭찬하는지 아닌지는 문제삼고 있지 않음.

`52` **정답 1**

첫 번째 단락에서 '자신의 힘을 이용하는 것' 이 발달의 기본이라고 말하고 있다. 세 번째 단락을 보면 그것을 보장하는 것은「自力達成の機会」（じりきたっせい きかい）를 빼앗지 않는 것이다.
「自己効力感」（じこ こうりょくかん）은 '어떤 목적을 달성하기 위한 능력이 자신에게 있고, 자신은 의미 있는 일을 하고 있다'는 감각이다.

오답해설

2, 3→ 아이가 수동적으로 되는 것은 오히려「自ら育つ」（みずか そだ）와 반대된다.

주요어휘

□ **見出す**（みいだ）: 발견하다

□ **とかく**: 아무튼

　例 年（とし）をとると、とかく忘（わす）れやすくなる。

□ **せっかち(な)**: 성급한

　例 彼女（かのじょ）はせっかちだから、早（はや）く返事（へんじ）をしたほうがいい。

□ **遠回り**（とおまわ）: 멀리 돌아감

□ **一因**（いちいん）: 하나의 원인

□ **急務**（きゅうむ）: 급한 용무

□ **後回し**（あとまわ）: 보류, 뒤로 미룸

□ **先回り**（さきまわ）: 앞질러 먼저 가 있음

(2)「식문화를 말하다」

`53` **정답 2**

「現世的快楽に身をゆだねる」（げんせてきかいらく み）「快楽を肯定して早死にする」（かいらく こうてい はやじ）라는 삶의 방식.

오답해설

1→ 국가의 영양관리와는 관계가 없음.

3, 4→ 건강을 중시하는 삶의 방식이 아님.

`54` **정답 1**

음식과 건강의 관계, 음식의 위험성 등에 대해 모르는 상태로 있어서는 안 된다.

오답해설

2→ 살아가는 목적의 자각·이해는 문제삼고 있지 않음.

3→ 절제에 무관심한 삶의 방식도 있다고 말하고 있음.

4→ 제삼자가 아니라 본인(개인)이 알고 있어야 함.

55 정답 **4**

「それ (＝홈닥터의 직무) とおなじように」 뒤에 이어지는 문장이 열쇠.

오답해설

1→ 개인차도 고려해야 한다고 말하고 있음.

2→ 분업에 대해서는 문제삼고 있지 않음.

3→ 앞 부분이 내용으로도, 원인으로도 잘못됨.

주요어휘

□ **身をゆだねる** : 모두 맡기다
み

□ **出現(する)** : 출현
しゅつげん

□ **節制(する)** : 절제
せっせい

□ **およばぬ** : 미치지 않음

□ **領域** : 영역
りょういき

□ **かかりつけ(の医師)** : 단골(의사)
いし

□ **コンサルタント** : 컨설턴트 ⑨consultant

(3) 「생물이 줄어드는 지역, 언어도 위기」

56 정답 **3**

①을 포함하는 문장의 주어는 「その多くの言語」.
おお げんご
「その」는 2개 앞 문장의 「貴重な言語」를 가리킴.
きちょう げんご

57 정답 **2**

「半分近い約3200の言語は…「ホットスポッ
はんぶんちか やく げんご
ト」…で使われていた」와 첫 번째 단락의 「その
つか
多くの言語は話し手が少なく」, 세 번째 단락의
おお げんご はな て すく
「…の人しか話していなかった」가 힌트.
ひと はな

오답해설

1→ 급속히 줄고 있는 것은 생물의 서식지.

58 정답 **4**

「貴重な生物が多い地域＝급속하게 서식지를 잃
きちょう せいぶつ おお ちいき
고 있는 지역」에는 「貴重な言語＝화자가 적은 언어
きちょう げんご
」가 많다. 또한, 「言葉と生物の多様性が同じ地域
ことば せいぶつ たようせい おな ちいき
で見られる」라고 되어 있다.
み

오답해설

1→ 3행에 「国際的に広がることで、絶滅の危険
こくさいてき ひろ ぜつめつ きけん
性がある」라고 되어 있음.
せい

2→ 1만 명 이하는 6900 중 1500.

3→ 유사한 이유에 대해 「詳しく言及していない」
くわ げんきゅう
라고 했기 때문에 인과관계가 있는지 없는지 알 수
없음.

주요어휘

□ **紀要** : 기요, (대학·연구소 등에서 내는) 연구 논문이
きよう
나 조사 보고서 등을 실은 정기 간행물.

□ **話し手** : 화자
はな て

□ **絶滅(する)** : 절멸
ぜつめつ

□ **生息地** : 서식지, 생식지
せいそくち

□ **種(生物学)** : 씨
しゅ せいぶつがく

□ **多様性** : 다양성
たようせい

□ **潜在的な脅威** : 잠재적인 위협
せんざいてき きょうい

□ **因果関係** : 인과관계
いんがかんけい

□ **危機に瀕する** : 위험에 직면하다
きき ひん

問題 **10** (長文)
もんだい ちょうぶん

「커뮤니케이션의 기반」

59 정답 **4**

다음 단락에 자세하게 설명되어 있다. 두 개의 신체가
하나의 울림(댕~ 하는 진동의 감촉)으로 충족되는 것.
4번의 「一体感」이 가장 가깝다.
いったいかん

오답해설

1→ 템포의 좋고 나쁨은 문제삼고 있지 않음.

2→ 상대에 미치는 영향에 대해서는 쓰여있지 않음.

3→ 정확한 반응이 중요하다고는 말하고 있지 않음.

60 정답 1

앞 문장 「集団で暮らしている状態でコミュニケーションがないということは、考えられない」를 가리킨다. 1이 가장 가깝다.

61 정답 3

네 번째 단락에 주목. 「感情をむき出しにして」「身体がもみ合うことで」 전달. 또한, 「言葉を使わなくても、気持ちは交流している」라고 되어 있다.

오답해설

1→ 어미 원숭이와 새끼 원숭이의 예가 전혀 다름.

4→ 인간과는 비교하고 있지 않음.

62 정답 4

다섯 번째, 여섯 번째 단락에 주목. 「一人でこもることのできるきわめて快適な環境」와 「言語という精緻な記号体系を構築した (こと)」에 대해 말하고 있다.

오답해설

2→ 신체적 커뮤니케이션의 쇠퇴와 고도의 통신기술과의 관계는 명확히 쓰여있지 않음.

주요어휘

□ ピンとくる : 느낌이 오다

□ やりとり : 말이나 정보를 서로 주고 받음

□ もみ合い : 밀치락 달치락함, 옥신각신함

□ むき出し : 숨김 없이 드러냄

□ ふんだんに : 풍부하게

□ うっとりする : 넋을 잃다, 황홀해하다

□ 距離感覚 : 거리 감각

□ レスポンス : 반응 영response

□ 一体感 : 일체감

問題 11 （統合理解）

「대학의 가을입학」

63 정답 2

B에만 「5年後を目途に」라고 쓰여있다.

오답해설

1, 3, 4→ 모두 A와 B 양쪽에 기술되어 있음.

64 정답 3

A는 「国際化に繋がるのだろうか (＝이어지지 않는 게 아닐까?)」「優先すべき課題があるのではないだろうか(＝있다)」등 부정적. B도 과제를 제시하고 있지만, 그것에 대한 A대학의 대책을 언급하는 등 객관적으로 서술하고 있을 뿐이다.

65 정답 1

해외 대학이 어떻게 대처하고 있는지에 대해서는 쓰여 있지 않다.

오답해설

2→ A에 ギャップターム에 관한 과제를 언급하고 있음.

3, 4→ B의 마지막 단락에 주목. 그것을 위해 A대학이 다른 대학이나 경제계와의 협의를 시작하고 있음.

주요어휘

□ 打ち出す : 생각 등을 밝힘

□ ～とする : ～라고 생각하다, ～라고 판단하다

例 これでよしとする。／実現は難しいとされている。

□ 理想論 : 이상론

□ ～に過ぎない : ～에 지나지 않다

□ 受け皿 : 인수, 태세, 수용

□ 本格的に : 본격적으로

□ ～を目途に : ～를 목표로

□ 国際基準 : 국제기준

□ 通年 : 연중, 일 년 내내

□ 足並みを揃える : 보조를 맞추다

問題12（主張理解）
もんだい しゅちょうりかい

「슬로 라이프」

66 정답 **3**

다섯 번째 단락의 「日本人は昔から自然環境に無
にほんじん むかし しぜんかんきょう む
関心～そんなことはない」에 주목한다.
かんしん

오답해설

1→ 새로운 분야의 연구가 모두 해외에서 유래한 것은
아님.

2, 4→ 「日本の環境対策/環境分野の研究は進ん
にほん かんきょうたいさく かんきょうぶんや けんきゅう すす
でいる」라고는 하고 있지 않음.

67 정답 **1**

여섯 번째 단락의 「『もったいない』」가 「原産地で
げんさんち
はほとんど死語と化している」에 주목. 「原産地」
しご か げんさんち
는 '원래의 생산지'→일본을 가리킴.

오답해설

2→ 미국에서 주목받고 있지 않다고는 하지 않음.

4→ 정부가 사용한 것은 「横文字(외래어)」이기 때문에
よこもじ
잘못됨.

68 정답 **4**

「それ」＝「もともと日本人の持っていた言
にほんじん も こと
葉」＝「もったいない(지속가능성으로 통함)」
ば

69 정답 **2**

「そうである」는 바로 뒤의 「まことに軽薄、軽率
けいはく けいそつ
な」를 가리킨다. '수 많은 유행어와 같이'라는 의미.

오답해설

1, 3, 4→ 모두 「軽薄、軽率な」의 내용에 맞지 않음.
けいはく けいそつ

주요어휘

☐ 頭文字：머리글자
かしらもじ

☐ 造語：조어, 만들어진 말
ぞうご

☐ なじむ：익숙해지다, 한데 잘 어울리다

　예 風景によくなじんだ建物。なかなかクラスにな
　　 ふうけい たてもの
　　 じめない。

☐ 後手：한발 늦음
ごて

☐ 反映(する)：반영
はんえい

☐ 厄介(な)：귀찮은, 성가신
やっかい

☐ 限る：(여기서는) 제한하다
かぎ

☐ 女史：여사
じょし

☐ ～と化す：～가 되다
か

☐ 世(に送り出す)：사회(에 내보내다)
よ おく だ

☐ 違和感：위화감
いわかん

　예 男性向けの商品にこういう名前を付けるのには
　　 だんせいむ しょうひん なまえ つ
　　 違和感を感じる。
　　 いわかん かん

☐ アピール(する)：어필, 주장 영appeal

☐ 相次ぐ：잇따르다
あいつ

☐ 食うや食わず：배불리 먹지 못함
く く

☐ 口にする：(여기서는) 말하다
くち

☐ 美徳：미덕
びとく

☐ 刷り込む：(여기서는) 깊은 인상을 남기다
す こ

☐ ～に至る：～에 이르다
いた

　예 その日の会議は深夜にまで至った。
　　 ひ かいぎ しんや いた

☐ 本場：본고장
ほんば

問題13(情報検索)
もんだい　　　　じょうほうけんさく

「플리마켓 출점 안내」

70　정답**2**

「販売できるもの」의 내용, 일반 출점과 아트 출점
はんばい
의 차이, 판매나 지참 불가능한 것에 주목한다.

오답해설

1→　약은 판매할 수 없음.

3→　쓰지 않는 물건(불용품과 자기가 만든 물건은 다른
　　구획에서 내야함.

4→　식칼(＝날붙이)은 지참·판매 둘 다 불가.

71　정답**4**

「お申込方法」와 「注意事項」에 주목한다.
もうしこみほうほう　　　ちゅうい じこう

오답해설

1→　용지를 직접 제출할 필요는 없음.

2→　신청은 대표자 본인 (川本さん)이 함.
かわもと

3→　텐트 설치, 자리 대여는 할 수 없음.

주요어휘

☐ **区画** : 구획
　く かく

☐ **仕入れ** : 매입, 구입
　し い

청해

問題1
もんだい

例 정답 2
れい

03
1회

大学で男の学生と先生が話しています。学生はこ
だいがく おとこ がくせい せんせい はな　　　　　がくせい
のあとどうしますか。

男：先生、すみません、私の発表が再来週なんで
おとこ せんせい　　　　　わたし はっぴょう さらいしゅう
すが、ちょうどその日に企業の実習が重なっ
ひ きぎょう じっしゅう かさ
てしまいまして…。就職を希望しているとこ
しゅうしょく きぼう
ろなので、できればそれに行きたいのですが、
い
発表の日にちを変更していただくことはでき
はっぴょう ひ　　　へんこう
ないでしょうか。

女：そうですか。そういうことなら仕方ないです
おんな　　　　　　　　　　　　　　　しかた
ね。じゃあ、その日は発表は誰かに代わって
ひ はっぴょう だれ か
もらいましょうか。ああ、田中さんがまだ一
たなか　　　　　いち
度も発表していないから、まずは田中さんに
ど はっぴょう　　　　　　　　　たなか
聞いてみてください。
き

男：わかりました。すぐに確認します。
おとこ　　　　　　　　　　かくにん
女：もし田中さんが無理だったら、次のゼミの時
おんな たなか　　 むり　　　　　 つぎ　　　 とき
に全員に聞いてみましょう。
ぜんいん き

男：はい、わかりました。
おとこ
女：どちらにしても、わかり次第連絡してください。
おんな　　　　　　　　　　 しだいれんらく
男：はい、ありがとうございます。
おとこ

学生はこのあとどうしますか。
がくせい

1番 정답 3
ばん

04
1회

男の人と女の人が会議の準備について話しています。
おとこ ひと おんな ひと かいぎ じゅんび　　 はな
男の人はこのあと何をしなければなりませんか。
おとこ ひと　　　　　 なに

男：課長、今度の商品説明会の時間は午前11時か
おとこ かちょう こんど しょうひんせつめいかい じかん ごぜん じ
らでよろしいでしょうか。

女：前回と同じでしょう。私は大丈夫。他部署の
おんな ぜんかい おな　　　　 わたし だいじょうぶ た ぶしょ
課長には確認した？
かちょう　 かくにん

男：皆さん大丈夫でした。場所はA会議室が空い
おとこ みな だいじょうぶ　　　 ばしょ かいぎしつ あ
ていましたので押さえておきました。
お

女：ありがとう。パソコンとプロジェクターは大
おんな　　　　　　　　　　　　　　　　　　　だい
丈夫？
じょうぶ

男：はい。もう申請してあります。
おとこ　　　　 しんせい

女：パソコンはもう1台あるといいわね。なるべ
おんな　　　　　　だい
くパソコンの画面でも見（ら）れるようにした
がめん み
いから。借りられるかなあ。

男：では、確認しておきます。
おとこ　　 かくにん

女：よろしくね。あと、今回は大阪支店の人にも
おんな　　　　　　　 こんかい おおさかしてん ひと
入ってもらうけど、日にちはもう伝えてあ
はい　　　　　　　　　　ひ　　　　　 つた
る？

男：田中さんがさっき電話していました。
おとこ たなか　　　　　　 でんわ
女：それなら、大丈夫だね。
おんな　　　　 だいじょうぶ

男の人はこのあと何をしなければなりませんか。
おとこ ひと　　　　　 なに

주요어휘

□ 部署：부서
ぶ しょ

□ 押さえる：예약하다
お

□ プロジェクター：프로젝터 ⓔprojector

□ 申請（する）：신청
しんせい

2番 정답 4
ばん

05
1회

大学で先生と女の学生が卒業論文について話して
だいがく せんせい おんな がくせい そつぎょうろんぶん　　 はな
います。女の学生は来週までに何をしなければな
おんな がくせい らいしゅう　　　 なに
りませんか。

女：あ、先生、こんにちは。
おんな　　 せんせい
男：ああ、こんにちは。…ところで、田中さん、
おとこ　　　　　　　　　　　　　　　　 たなか
卒業論文のほうは進んでいますか。
そつぎょうろんぶん　　　 すす

女：え？ ああ、まあ…。
おんな
男：そろそろ具体的な進捗状況を報告してもら
おとこ　　　　 ぐたいてき しんちょくじょうきょう ほうこく
わないといけませんね。あとでゼミの全員に
ぜんいん
メールで通知する予定なんですが、来月の1
つうち よてい　　　　　　らいげつ
週目と2週目、2回に分けて、ゼミで順番に
しゅうめ しゅうめ かい わ　　　　　　 じゅんばん
卒業論文の進捗状況を発表してもらおうと
そつぎょうろんぶん しんちょくじょうきょう はっぴょう
思ってるんです。
おも

26

女：え？　あ、そうですか。わかりました。ちゃん
とご報告できるよう、準備を進めておきます。
男：それで、来週までに発表の順番を決めておい
てほしいんですが、田中さんが中心になって
話を進めてくれませんか。
女：わかりました。今週のゼミのあとに、みんな
で話し合いたいと思います。

女の学生は来週までに何をしなければなりませ
んか。

주요어휘

□ 進捗：진척

3番　정답**4**

カラオケの店で、店員と男の人が話しています。
男の人はこのあとすぐ何をしますか。

女：いらっしゃいませ。何名様でしょうか。
男：二人です。とりあえず1時間でお願いします。
女：わかりました。あのー、今、こちらのランチ
メニューをご注文されますと、1時間のご利用
料金が半額になりますが、いかがでしょうか。
男：うーん。ご飯は食べてきたから、いいです。
あ、このクーポン使うと割引になるんですよ
ね。
女：申し訳ございません。このクーポンは南口店
でのみご利用いただけるものでして、当店で
はご利用になれないのですが。
男：あ、そうなんですか。
女：あの、お客様は当店の会員カードをお持ちで
しょうか。
男：確か前に作った気がするんですが、ちょっと
見当たらないですね…。
女：よろしければ、新しくカードをお作りしま
しょうか。会員のお客様は10パーセント割引
になります。
男：じゃあ、そうしようかな。
女：では、こちらの用紙にご記入をお願いします。

男の人はこのあとすぐ何をしますか。

주요어휘

□ クーポン：쿠폰

4番　정답**2**

駅で女の人と駅員が話しています。女の人はこの
あとすぐ何をしますか。

女：すみません。先週イヤリングを片方落として
しまったんですが、届いてませんか。これな
んですが…。
男：そうですか。えーと、こちらには届いてませ
んね。昨日までに拾われていれば、お忘れ物
取扱所で保管しています。隣の東駅です。
女：東駅ですね。
男：あ、もしかしたら警察の方に行っているかも
しれません。拾われてから四日たちますと、
警察の方に移すことになっておりまして。
女：あの、交番へはもう行って届け出はしてある
んです。
男：そうでしたか。あの、地下鉄の方へはお尋ね
になりましたか。
女：えっ？　私が乗っていたのは、地下鉄じゃな
く、みなとまち線なんですが。
男：みなとまち線は地下鉄への直通運転をしてい
ますので、車内に落とされた場合、地下鉄の
方へ届けられることもあるんですよ。
女：そうなんですか。じゃあ、そちらにも聞いた
方がいいですね。
男：はい。お忘れ物取扱所になかった場合、そ
うしていただけますか。
女：わかりました。とりあえずそこへ行ってみま
す。ありがとうございました。

女の人はこのあとすぐ何をしますか。

1→「届ける」는 '잃어버린 물건을 주워서 관리하는 곳
으로 넘긴다'는 의미.

3→「届け出は済ましてある」라고 했으므로 신고는
이미 한 상태임.

4→ 문의하는 것은 「(옆 역의)お忘れ物取扱所」에 없
을 경우

주요어휘

□ 片方：한 쪽

□ 届け出：신고 「届け出をする」「届けを出す」

□ 車内：차내

5番 정답 3

08
1회

男の人が弁当屋に電話をしています。弁当屋は何をいくつ配達しますか。

〈電話の呼び出し音〉
女：はい、いつもありがとうございます。にこにこ弁当でございます。
男：あのー、今週の金曜日のお昼にお弁当を予約している田中というものですが。
女：いつもありがとうございます。金曜日にご予約の田中様ですね…。はい、12時にお弁当15個、ペットボトルのお茶を7本ご注文いただいております。
男：すみませんが、当日会議に出席する人数が増えてしまいまして、お弁当を5個追加していただけませんか。
女：お弁当を20個にご変更ですね。お飲み物はいかがなさいますか。
男：そうですね。多めに頼んだから大丈夫かな…。
女：あの、ただいま、お弁当を20個以上ご注文いただいたお客様に、サービスでサラダかみそ汁を人数分お付けしておりますが…。
男：そうですか。じゃあ、健康のためにサラダでお願いします。
女：かしこまりました。
男：それでは、よろしくお願いします。
女：はい。ありがとうございました。

弁当屋は何をいくつ配達しますか。

주요어휘

□ **いかがなさいますか**：어떻게 하시겠습니까

6番 정답 2

09
1회

大学の図書館で留学生が本の返却期限について聞いています。この留学生はどうするつもりですか。

男：貸出期限は5月10日までです。
女：あの、来週からしばらく国に帰るので、期限までに返せそうにないんですが…。
男：そうですか。延滞した場合、延滞した日数分、貸出禁止になりますから、なるべく帰国する前に返却するようにしてください。
女：そうですか。ただ、この本は国に持って帰って読みたいんですが…。
男：返却する時に、予約が一つも入っていなかったら、また2週間借りられますよ(i)。
女：はあ、でも予約が入っていたらだめなんですよね。
男：そうですね。それが心配なら、貸出の延長をすることもできますよ。こちらは予約の有無に関わらず、1週間延ばすことができますし(ii)、インターネットでも手続きができます。
女：そうですか…。でも、1週間しか延ばせないんですね。それでは足りないので(iii)、やっぱり帰国する前にもう一度伺います。もし予約が入っていたら、仕方がないですけど。
男：そうですか。わかりました。

留学生はどうするつもりですか。

(i) 한 번 반납하고 다시 빌리면 2주 연장할 수 있다
→(ii) 연장 절차를 밟으면 1주일 늘릴 수 있다
→(iii) (하지만) 1주일의 연장으로는 부족하다

問題2

例 정답 3

11
1회

男の人と女の人が話しています。男の人が国内旅行にしたいと言っている理由は何ですか。

男：夏休みのオーストラリア旅行の件だけど、あれ、やっぱり国内旅行にしない？
女：えっ？ どうして急にそんなこと言うの？ ずっと前から計画して、貯金もしてきたじゃない。

男：う、うん…。
女：それに、シドニーの山田さんに街を案内して
　　もらう約束までしてたじゃない。急にキャン
　　セルなんてできないわよ。
男：それはそうなんだけど、8月に大きなプロ
　　ジェクトを任されて、休むわけにいかなく
　　なったんだよ。
女：そんな…。
男：山田さんにはまた別の機会に行くって連絡し
　　とくからさ。
女：うーん。
男：まあ、でも、近場の温泉とかでのんびりする
　　のもいいんじゃないかな？
女：あーあ。せっかく楽しみにしてたのに。

男の人が国内旅行にしたいと言っている理由は何
ですか。

1番　정답3

テレビで女の人が話しています。この映画を薦め
る一番の理由は何だと言っていますか。

女：観客動員数ランキングで今週トップに立っ
　　たのが、この映画です。観客は若い人が中心
　　ですが、かつての人気ドラマシリーズのリメ
　　イクですので、懐かしく感じる方も多いと思
　　います。一番の注目は主演俳優です。なんと
　　5000人のオーディションから選ばれた期待の
　　新人で、なんといっても演技力がすごいんで
　　す。ラストシーンの迫力ある彼の演技には私
　　も息をのみました。作品を通して流れる90年
　　代のポップスも効果的です。ぜひご覧になっ
　　てください。

この映画を薦める一番の理由は何だと言っていま
すか。

주요어휘

□ 観客動員数：관객동원수

□ リメイク（する）：리메이크

□ 迫力：박력

□ 息をのむ：놀라서 숨을 멈추다

2番　정답2

男の人と女の人が卒業後の進路について話をして
います。女の人は進路を決める際に何を一番重視
すると言っていますか。

男：あー、そろそろ進路について真剣に考え始め
　　ないと。
女：進学も考えてるの？
男：うーん、特に今の研究をどうしても続けた
　　いってわけじゃないんだけど、そうかと言っ
　　て、具体的にやりたい仕事があるわけでもな
　　いんだよなあ。
女：みんなそうじゃない？ 実際に働き始めてみな
　　いと、何が自分に向いているかなんてわから
　　ないと思う。自己分析してみると、意外な職
　　種に向いているっていう結果が出たりするし。
　　私は経済的に進学は無理だから、就職活動す
　　るしかないけど。
男：もう始めてるの？
女：今はいろいろな企業に資料請求をしている段
　　階。
男：どういう企業？やっぱり大手を狙ってるの？
女：大企業は競争が激しいからね。それに、こん
　　な時代だから、小さくても安定した会社がい
　　いかなと思って探してる。
男：それがいいよ。中小企業のほうが任される部
　　分が多いから、そういう点では面白いかもね。

女の人は進路を決める際に何を一番重視すると
言っていますか。

주요어휘

□ 大手：큰 규모

3番　정답4

会社で男の人と女の人が話しています。今後、ど
のような商品を開発することにしましたか。

男：最近、家庭用ゲームソフトの売り上げが伸び悩
　　んでるね。なんとかいい商品を開発しないと
　　…。

제1회　제2회　제3회

언어지식　독해　청해

女：そうだね…。そういえば、簡単な操作でできるゲームが開発されてから、ゲームに関心を持つお年寄りが増えてきてるって聞いたけど。

男：確かにそうだけど、先に開発した2社でほとんど市場を独占されてるからな…。

女：じゃあ、人気アニメのゲームの新しいバージョンとか、料理やファッションをテーマにしたものをもっと工夫するとか。

男：確かに、そのあたりは客層が幅広いから可能性があるね。

女：ただ、他社との違いが出しにくいんだよね。

男：うん、そうなんだ。それで、高齢者の中にも、若いころからゲームに親しんでいる人がいることに注目してみたらどうかと思うんだ。

女：そういう人たちをターゲットにしたゲームはまだそんなにないよね。

男：年をとるにつれて若者向けのゲームをしなくなる人もいるだろうし、今の高齢者向けのゲームじゃ物足りないだろうしね。

女：じゃあ、そのあたりを調査して新しいものを開発していきましょう。

今後、どのような商品を開発することにしましたか。

주요어휘

□ **伸び悩む**：향상되지 않다, 정체되다

□ **バージョン**：버전

□ **客層**：객층

□ **他社**：타사, 다른 회사

□ **ターゲット**：타깃, 대상

4番　정답2

家で父と娘が話しています。父は娘に何が特に重要だと言っていますか。

女：いよいよ来週から社会人か…。なんだか緊張するなあ。

男：そうか。来週からか。

女：私なんかが本当に仕事できるのかなあ。ちょっと心配。

男：大丈夫だよ。アルバイトもいろいろしてたじゃないか。

女：それはそうなんだけど、社員とアルバイトは違うでしょ。それに、事務の仕事はやったことないし。

男：最初はみんな新人なんだから、徐々に覚えていけばいいよ。それよりまず挨拶だよ。仕事の基本だからな。

女：わかった。

男：ああ、あと、言葉遣いにも気をつけて。

女：敬語を正しく使えってことでしょ？

男：まあ、それもそうなんだけど、正しい正しくないというよりは接し方だな。常に謙虚な姿勢で、相手にいい印象を与えるようにね。なるべく笑顔で。そういう日々のちょっとした努力が大事なんだよ。相手が社員であれ、外部の人であれ、仕事の基本はコミュニケーションだから。

女：なるほど、コミュニケーションか。

男：実際、仕事ができる人は挨拶がきちっとできるからね。

女：わかった。じゃ、笑顔の練習もしといたほうがいいかな。

男：そうだな。敬語の使い方も練習したほうがいいかもしれないけど。

父は娘に何が特に重要だと言っていますか。

주요어휘

□ **謙虚（な）**：겸허

5番　정답3

女の人と男の人が話しています。女の人はどうして書道教室に行くことにしましたか。

女：来週から書道教室に行くことにしたの。

男：えっ？ 鈴木さん、書道に興味なんてあったっけ？

女：いいえ、これまではちっとも。実はこの前たまたま近くのデパートで、有名な書道家の書

道展をやってたの。それで何気なく入ってみたら、すごく面白かったのよ。気持ちを込めて書いた字って、やっぱり何か力があって、伝わるものなんだなって。これまで、パソコンがあるから、わざわざ手書きで書く必要なんてないって思ってたけど、改めて手書きのよさを実感したのよね。

男：そうだったんだ。たしかに、手紙とか、手書きのほうが気持ちが伝わるもんだよね。

女：ま、これを機に、きれいな字が書けるようにがんばってみるわ。

男：字がきれいに書けるって、けっこう重要だからね。じゃ、僕も書道始めよっかな。実はけっこう得意なんだよね。それに毎日仕事で忙しいから、たまには息抜きも必要だと思うし。

女：いいわね。いっしょに頑張りましょうよ。

女の人はどうして書道教室に行くことにしましたか。

4→　남자가 서예교실에 갈 경우의 이유.

주요어휘

□ 息抜き : 한숨 돌림

6番　정답2

女の人が男の人にしてほしいことは何ですか。

男：ただいま～。

女：お帰りなさい。今日も遅かったわね。……ねえ、体、大丈夫なの？　なんか、すごく疲れている感じよ。もうちょっと早めに帰ったら？

男：大丈夫だよ。今進めてるプロジェクト、初めてリーダーを任されたんだし、気を緩めるわけにはいかないんだよ。それに、ずっと前からやりたいって思ってたものなんだ。

女：仕事にやりがいがあるってのはいいんだけど……。無理はよくないよ。この前テレビの特集でやってたんだけど、サラリーマンの「過労死」が後を絶たないんだって。いくら仕事

が好きでも、働きすぎて死んでしまったら、元も子もないでしょ？

男：大丈夫だって。ま、このプロジェクトさえ一段落すれば、ちょっとは余裕がでてくるから、その時に有給をまとめてとろうと思ってるよ(i)。

女：うん、それがいいよ。(ii)とにかく体が一番だってこと、肝に銘じといて。

女の人が男の人にしてほしいことは何ですか。

(i) 휴가를 쓰겠다는 의미.

(ii) 찬성한다는 의미.

주요어휘

□ 過労死 : 과로사

□ 元も子もない : 모든 것을 잃어버리다

□ 一段落する : 일단락되다

7番　정답4

テレビでアナウンサーが登山の人気について話しています。若い女性が登山を始めるようになった一番の理由は何だと言っていますか。

女：ここ数年、登山をする人が増えてきており、ひさびさに「登山ブーム」がやってきたとも言われています。中でも、今回の「登山ブーム」の特徴は、若い女性の登山者が増えてきていることです。ではどうして、若い女性の間で登山をする人が増えてきているのでしょうか。もちろん、登山は健康によく、日ごろのストレスを解消できるという利点もありますが、それよりも、若い女性が喜ぶようなおしゃれな登山服が売られるようになってきたことが大きな要因のようです(i)。登山グッズを扱うお店には、見た目もよく、機能的にも優れた登山服がたくさん並べられています。これまで登山といえば、ちょっと地味な印象でしたが、おしゃれなイメージに変わったことで、若い女性が飛びついたというわけです。

若い女性が登山を始めるようになった一番の理由は何だと言っていますか。

(i)「〜が (역접)」의 뒷 부분에 주의. 여기서는 「〜という利点もあるが、それより〜ようです」라는 의견을 기술하고 있다.

주요어휘

□ **飛びつく**：관심있는 것에 즉시 반응을 보이다, 덤벼들다

問題3

例　정답 3

テレビでレポーターが話しています。

男：Uターン就職とは、地方出身の人が、都心で一度働いた後に、再び自分の故郷に戻って働くことをいいます。例えば、北海道出身の人が一度東京に出て働き、その後再び北海道に戻って仕事をする、というようなケースです。Uターン就職をした人の声を聞くと、自分のふるさとの自然やライフスタイルに魅力を感じて決断した人が多いようです。都会では時間に余裕のないライフスタイルになりがちですし、物価も高く、住宅を購入することも困難です。そこで、自分のライフスタイルを見直したいという人を中心に、Uターン就職が注目されているのです。

レポーターは主に何について話していますか。

1　都会のライフスタイル
2　都会と地方の物価の差
3　Uターン就職の魅力
4　ふるさとにUターン就職する人の数

주요어휘

□ **Uターン**：왔던 길을 다시 돌아감, 도쿄 등의 도시에 와서 살다가 본가가 있는 지방으로 돌아감

□ **購入（する）**：구입

1番　정답 1 [22]

テレビで男の人が話しています。

男：今年の夏の日本の平均気温は、統計を開始した1898年以降で第3位という高さでした。近年の日本は高温傾向にありますが、昨年の夏は記録的な冷夏でしたので、今年の夏の暑さが際立って感じられたのではないでしょうか。特に西日本では最高気温が35度以上の猛暑日が一週間続くなど、記録的な猛暑となりました。これは、何日にもわたって西日本全体を高気圧が覆い、強い日差しが地面を暖め続けたことによる影響が大きいとみられます。日本ではここ数年、全国各地で観測史上最高気温の記録が更新されています。これには地球温暖化が関係していると言われますが、全てが温暖化で説明できるわけではなく、他の要因も考えられます。

男の人はどのようなテーマで話していますか。

1　猛暑日が増えている原因
2　猛暑が日本社会に与える影響
3　地球温暖化が進む要因
4　地球温暖化が生活に及ぼす影響

주요어휘

□ **冷夏**：평년보다 기온이 낮은 여름

□ **際立つ**：두드러지게 눈에 띄다

□ **史上**：사상, 역사상

□ **更新（する）**：갱신

2番 정답 4

テレビで男の人が話しています。

男：日本では冬の終わりから初夏にかけてくしゃみや鼻づまり、目のかゆみといった症状を訴える人が多くいます。これは花粉症の一般的な症状です。花粉症とは、花粉に対して人間の体が起こすアレルギー反応です。60種類以上の植物が花粉症を引き起こすと言われていますが、日本で最も多いのはスギ花粉症です。日本で花粉症が急増したのは1960年代です。第二次世界大戦以降、日本では木材の需要が高まりましたが、供給量は不足気味でした。その対策として、成長が早く、建物の材料として使えるスギやヒノキが日本各地に植えられました。しかしその結果として、春になるとスギの花粉が大量に飛び散り、多くの人のスギ花粉症の発症につながったと考えられています。また、高度経済成長を経て林業が衰退すると、外国から安い木材を輸入するようになり、国内のスギの需要が減っていきました。それにより、大量に植えたスギの個体数が増加を続けていることも、スギ花粉症が増えている要因となっています。

この話の主なテーマは何ですか。

1　花粉症の症状
2　花粉症の種類
3　花粉症の治療法
4　花粉症患者の増加

주요어휘

□ **アレルギー**：알레르기

□ **反応**：반응

△ **スギ**：삼나무

△ **ヒノキ**：노송나무

□ **発症(する)**：증세가 나타남

□ **衰退(する)**：쇠퇴

3番 정답 4

大学の授業で先生が話しています。

男：皆さんは普段、どのぐらい外来語を使っているか、改めて考えてみたことがありますか。
一般的に外来語とは、西洋から入ってきたカタカナで表される言葉のことを指して、カタカナ語とも言われます。カタカナ語には、「ラジオ」や「ビール」など、それまで日本になかったものや新しい概念を表し、日本語として定着したものが数多くあります。また、住宅の「居間」を「リビングルーム」と言い換えるように、カタカナにすることで新しいイメージを表現する場合もあります。「ガソリンスタンド」は一見、英語のようにも見えますが、これは外国語を加工して独自の日本語にしたもので、和製語と言われます。中でも、英語を元にしたものが多く、それらは和製英語と言われます。このように、一口にカタカナ語と言っても、いろいろあるわけですが、今日は、皆さんが普段よく使うカタカナ語を分類してみようと思います。

先生は主に何について話していますか。
1　外来語の定義の仕方
2　外来語の表記の方法
3　カタカナ語の役割
4　カタカナ語の分類

주요어휘

□ **定着する**：정착하다, 여기서는 '사람들 사이에 퍼지다'.

□ **リビングルーム**：거실 ⑲living room

□ **言い換える**：바꿔 말하다

□ **一見**：언뜻 보기에

□ **和製**：일(본)제

□ **一口に**：한마디로

4番 정답2

資料館の音声ガイドで女の人が話しています。

女：こちらに展示されている資料は、この地域の古い民家で発見された、江戸時代後期の庶民の日記です。不要になった紙の裏にびっしりと文字が書かれていることから、当時、庶民にとって紙がとても貴重だったことがわかります。この日記が歴史的資料として重要だとされる理由は、作者自身の生活についてこと細かに記されている上に、村の出来事も詳細に記録されていることです。さらに、家計簿としての役割も果たしていたようで、これを見ると、当時の庶民の暮らしぶりがよくわかります。若干の汚れや破れが見られるものの、保存状態はよいほうで、当時の庶民の生活を知ることができる貴重な資料といえます。

音声ガイドでは主に何について話していますか。

1 展示資料が見つかるまでの経緯
2 展示資料が貴重な理由
3 展示資料からわかった新しい事実
4 展示資料を保存する方法

주요어휘

□ 民家 : 민가

□ 江戸時代 : 에도시대(1603~1867)

□ 後期 : 후기

□ びっしり : 빈틈없이 들어찬 모양, 빽빽이, 빼곡히

□ 家計簿 : 가계부

□ ～ものの… : ～지만…

5番 정답2

テレビでレポーターが話しています。

女：みなさんは「シェアハウス」という言葉を聞いたことはありますか。これは、一軒の家に友人同士、あるいは知らない人同士が一緒に住むことです。アパートやマンションとは違い、キッチンやトイレも共同で使うため、掃除当番など面倒なことも多いとも言われていますが、近年、都市部で若者に人気を集めています。それはどうしてなんでしょうか。住人の方にインタビューをしたところ、シェアハウスでは住人同士で一緒に食事したり、夜遅くまで仕事や恋愛の悩みなどについて、話し込んだりすることもあるそうです。このように、いろいろな話ができる隣人がそばにいることが、シェアハウスならではの魅力だということです。たしかに、今日の社会では、人と人とが直接触れ合う機会はかつてに比べ減ってきていると言われます。このようなシェアハウスは、そんな時代に生きる若者に、必要とされているのかもしれません。

レポーターは何について話していますか。

1 シェアハウスの不便な点
2 シェアハウスが若者に人気の理由
3 若者のコミュニケーション不足の原因
4 都市の住宅の特徴

주요어휘

□ ～ならではの : ～만의, 특유의

6番 정답 2

会社の会議で女の人が研修について話しています。

女：今年度から、大阪支社で新たに導入した社員研修についてご報告させていただきます。大阪支社では、今年から「サバイバル研修」というユニークな研修をはじめました。この研修は、普段は誰も住んでいない無人島で、3日間生活するというものです。ビスケット・水など最低限必要なものは事前に配っておきますが、後は自分たちだけですべてをまかないます。便利な生活になれた私たちにとって無人島での生活は想像を絶するものです。初めのうちは、参加者たちはとにかく困惑した様子でしたが、次第に顔つきが変わってきました。みんなで寝る場所を確保したり、食事を作ったりする中で、お互いに協力しあい、困難を乗り越えようとする姿勢が見られるようになりました。研修後の参加者へのアンケートでは、「研修を受けてよかった」、「協力することの大切さを学んだ」など、肯定的な意見がほとんどでした。

この社員が会議で最も伝えたいことは何ですか。

1 無人島での研修はとてもつらかった
2 この研修はある程度成果がみられた
3 研修には協力的でない参加者もいた
4 研修のおかげで仕事の成績が上がった

주요어휘

□ 想像を絶する：상상을 초월하다

□ ～が見られるようになる：～가 보이게 되다 (바람직한 변화나 경향이 나오는 것을 표현)

問題4

例 정답 3

男：すみません、今お時間よろしいでしょうか。

女：1 ええ、よろしいです。
　　2 いいえ、結構です。
　　3 ええ、何でしょうか。

1番 정답 3

男：あの映画、すごく評判だよね。今週末、どう？

女：1 この映画もいいよね。
　　2 役者がいいのかな。
　　3 ちょっと先約があって…。

주요어휘

□ 先約：선약

2番 정답 2

女：あ、ファックス、送ってくれた？

男：1 わかりました。私がお送りします。
　　2 はい、先方からもう返事をいただきました。
　　3 はい、了解しました。

주요어휘

□ 先方：상대

3番 정답 2

男：今、何時だと思ってるんですか。

女：1 たぶん1時だと思うんですが。
　　2 あ、響いていましたか。すみません。
　　3 ごめんなさい、ちょっとわかりません。

밤에 소음에 대해 주의를 받는 장면.

4番 정답 1

女：入院中は本当に何から何までお世話になりました。

男：1 お元気になられて本当によかったですね。
　　2 いえいえ、お世話さまでした。
　　3 何のお構いもできませんで。

2→　「お世話さまでした」는 돌봐준 사람에 대한 감사의 말.

3→　집에 초대한 손님이 돌아갈 때 하는 말.

5番 정답 2

女：あの、お宅の家賃のお支払いが二カ月滞ってまして、今週中に振り込んでいただきたいんですが…。

男：1 それは振り込んでもらわないといけませんね。
　　2 ご迷惑をおかけしてすみません。すぐ振り込みます。
　　3 お宅が払えないんじゃあ、困りますね。

1→　이것은 제삼자(그 문제와 직접적인 관련이 없는 사람)가 말하는 내용.

□ **お宅**：댁, 당신

□ **滞る**：밀리다

6番 정답 1

男：あのー、来月、まとまったお休みをいただきたいんですが。

女：1 うん。たまにはゆっくり羽を伸ばして。
　　2 来月は休みをもらうわけにはいかないよ。
　　3 うまくまとめてくれてありがとう。

휴가를 내고 싶다고 상사에게 허가를 구하는 장면.

□ **まとまった休み**：조금 긴 휴가

□ **羽を伸ばす**：(휴식 등을) 느긋하고 자유롭게 보내다

7番 정답 3

女：あ、また置きっぱなしにして。食べ終わったらお皿下げなさいっていつも言ってるでしょ！

男：1 わかったよ。下げないで置いとけばいいんでしょ。
　　2 うん。早く食べちゃってね。
　　3 わかってるよ。今やろうと思ってたのに。

□ **〜っぱなし**：〜한 채

□ **お皿を下げる**：(식사 등이 끝난 뒤에) 접시 등을 정리하다

8番 정답 1

女：こちらのネクタイでしたら、お客様がお召しのシャツによくお似合いかと。

男：1 じゃあ、ちょっと合わせてみてもいいですか。
　　2 よろしければネクタイもどうぞ。
　　3 試しにつけてみたらいかがですか。

□ **お召しの〜**：「今着ている〜」라는 뜻의 존경어.

9番 정답 2

男：この度はこちらの手違いで大変なご迷惑をおかけしまして、お詫びのしようもございません。

女：1 迷惑なら迷惑って言ってくださいね。
　　2 いえ、こちらも確認を徹底すべきでした。
　　3 こちらこそ大変お世話になりました。

실수에 대해 손님에게 사죄하는 장면.

□ **手違い**：착오, 실수

10番 정답1

男：君の仕事ぶりには、いつも感心させられるよ。

女：1 そう言っていただけて、うれしいです。
　　2 はい、そうさせていただきます。
　　3 おかげさまで、助かりました。

1→ 칭찬 받았을 때 주로 사용함. 소극적으로 기쁨을 전달하는 표현.

11番 정답2

女：最近、仕事がうまくいかなくて…。どうしたらいいかなあ。

男：1 大丈夫。そんなはずはないよ。
　　2 そんなに気にすることはないよ。
　　3 ご心配をかけて、すみません。

2→ 기죽어 있거나 고민하고 있는 사람을 격려하는 표현.

12番 정답2

女：どうしよう。このままだとレポートの締切に間に合わないよ。

男：1 一時はどうなることかと思ったよ。
　　2 早くから始めればよかったのに。
　　3 早く終わってよかったね。

2→ 「～ばよかった」는 과거의 판단 오류 등을 후회하는 표현.

13番 정답3

男：ねえ、今度の日曜、空いてる？

女：1 ううん。空いていなかったんだよ。
　　2 たしか、日曜は10時からだと思うよ。
　　3 うん、何の予定も入ってないよ。

상대방의 일정을 묻는 장면.

問題5

1番 정답1

スーパーの店主とその妻が話しています。

男：先月の売り上げ、また落ちてるよ。何とかして利益を上げる方法を考えないと。

女：売れ残りの廃棄が目立ってるね。売れ筋のものがわかれば発注に無駄がなくなるんだけど。

男：でも、そのためには商品管理のシステムが必要だろ？　結構な金額がかかるぞ。やっぱり経費削減しかないんじゃないかな。

女：でも、アルバイトの人数も減らしたし、これ以上人件費は削れないわよ。品揃えを増やすのはどうかしら。

男：スペースは増やせないぞ。改装するにも経費がかかるし。

女：そうよね。じゃあ、営業時間を延ばすとか。

男：それで経費が増えたら元も子もないだろう。

女：そうね。うーん、やっぱり思い切って管理システムを取り入れましょうよ。

男：そうだな。初期費用はかかるけど、長い目で見れば確実に利益につながるだろうし。そうするか。

利益を上げるために、何をすることにしましたか。

1　商品の発注の仕方を見直す
2　経費を抑える
3　商品の種類や数を増やす
4　営業時間を拡大する

주요어휘

□ 廃棄（する）：폐기

□ 売れ筋：잘 팔리는 것, 인기 상품

□ 発注（する）：(상품이나 서비스 등을) 발주, 주문

□ 結構な：상당한

□ 経費：경비

□ 品揃え：취급하는 상품의 종류나 양, 상품 구색

□ 改装（する）：개장, 새 단장

□ 元も子もない：아무것도 남지 않다, 모두 잃다

제1회　제2회　제3회　언어지식　독해　청해

2番 정답 **4**

パン屋で店員が話しています。

男1： 最近、材料費がどれも高くなってきて困ったもんだなあ。どうにかしないと。

女： やはり商品の価格を上げるしかないでしょうか。

男1： できればそれは最終手段にしたいんだけどな…。

男2： 今より安いものを使えばコストは下げられるでしょうが、商品の質は落としたくないですからね。

男1： それはもちろんだよ。

女： 一回に仕入れる量を増やしたらどうでしょう？

男1： うーん…。卵や牛乳はできるだけ新鮮なものを使いたいけど、そうするしかないかな…。

男2： あの、材料を直接仕入れれば、質も新鮮さも保証されると思うので、一度仕入れ値を生産者と相談してみてはどうでしょうか。

女： そうですね。安定して仕入れることができれば、それがいいかもしれませんね。

男1： じゃあ、早速いくつか当たってみるか。値段は上げずに、何とかやろう。

問題を解決するために、どうすることになりましたか。

1　パンの値段を上げる
2　材料を安いものに変える
3　一度にたくさんの材料を仕入れる
4　材料を直接生産者から仕入れる

주요어휘

□ **仕入れる**：사들이다, 매입하다

□ **当たる**：상태를 보다, 살피다, 알아보다

3番 질문1 : 정답 **2**　질문2 : 정답 **3** 47 1회

テレビでアナウンサーが話しています。

男： 「生活習慣病」は、日常の乱れた生活習慣の積み重ねによって引き起こされる病気です。生活習慣病にはさまざまな病気があり、日本人の約3分の2が生活習慣病で亡くなっているとも言われています。生活習慣病の原因には、遺伝的なものもありますが、普段の生活習慣も大きくかかわっています。その中でも普段の食生活が原因となる場合をいくつかご紹介しますので、ご自分がいくつ当てはまっているか、チェックしてみてください。まず、1つ目は「好き嫌いが多い」です。自分の好きなものばかり食べてはいませんか。2つ目は「食事時間が不規則である」です。毎日の食事時間が決まっていない人も多いのではないでしょうか。3つ目は「毎回お腹いっぱい食べている」です。食べ過ぎは体に負担をかけてしまいます。そして4つ目は「外食が多い」です。忙しいからといって、つい外食で済ませていませんか。さあ、あなたはいくつ当てはまりましたか。

女： あなた、全部当てはまるんじゃない？

男： そんなことないよ。確かに以前はそうだったかもしれないけど、去年の健康診断で悪い結果が出てからは、食生活はかなり改善したからね。まあ、仕事柄、食事の時間だけは決められないんだけど、あとは全部クリアしてるよ。まりこはどうなの？

女： 私も、ほぼ大丈夫なんだけど…。ただ…。

男： ただ、何？

女： 「腹八分目」ってのが私にはできないのよね。満腹になるまで食べないと、幸せって感じにならないじゃない？

質問1　男の人はどれに当てはまりますか。

質問2　女の人はどれに当てはまりますか。

주요어휘

□ **～からといって**：～라고 해서 그것을 이유로 …해서는 안 된다는 비판적인 생각을 나타냄

□ **腹八分目**：배가 다 찰 때까지 먹지 않고, 80%정도 찼을 때 그만 먹는 것.

모의고사 제2회 정답 · 해설

정답

📋 언어지식 (문자 · 어휘 · 문법)

問題1 もんだい		問題5 もんだい	
1	3	26	1
2	2	27	4
3	1	28	4
4	2	29	1
5	1	30	3
6	3	31	1
問題2 もんだい		32	4
7	2	33	2
8	4	34	4
9	1	35	4
10	3	**問題6 もんだい**	
11	4	36	3
12	1	37	2
13	1	38	4
問題3 もんだい		39	1
14	3	40	4
15	2	**問題7 もんだい**	
16	2	41	3
17	1	42	1
18	1	43	1
19	3	44	4
問題4 もんだい		45	1
20	4		
21	1		
22	3		
23	2		
24	4		
25	2		

📖 독해

問題8 もんだい		問題13 もんだい	
46	1	70	1
47	3	71	4
48	4		
49	3		
問題9 もんだい			
50	1		
51	3		
52	1		
53	3		
54	2		
55	1		
56	2		
57	4		
58	4		
問題10 もんだい			
59	1		
60	3		
61	2		
62	2		
問題11 もんだい			
63	3		
64	1		
65	4		
問題12 もんだい			
66	1		
67	3		
68	1		
69	4		

💬 청해

問題1 もんだい		問題4 もんだい	
例 れい	2	例 れい	3
1	3	1	1
2	3	2	2
3	3	3	1
4	3	4	3
5	3	5	1
6	4	6	3
問題2 もんだい		7	3
例 れい	3	8	1
1	2	9	3
2	3	10	1
3	3	11	3
4	1	12	1
5	1	13	2
6	2	**問題5 もんだい**	
7	3	1	3
問題3 もんだい		2	1
例 れい	3	3 (1)	4
1	3	(2)	1
2	2		
3	3		
4	2		
5	3		
6	3		

※해설에서는 「주요어휘」에 N1레벨의 어휘를 싣고, 체크박스(□)를 붙였습니다. 설명을 위해 사용한 일부 어려운 어휘에는 △가 붙어 있습니다.

언어지식

問題1
もんだい

1 정답3

□ 乏しい : 부족하다, 적다
とぼ

▶ □ 乏 = ボウ／とぼーしい
　　㉺ 貧乏、欠乏(する)
　　　びんぼう けつぼう

오답해설 1 貧しい 2 寂しい 4 厳しい
　　　　　まず　　　　さび　　　　きび

2 정답2

□ 頻繁 : 빈번
ひんぱん

▶ □ 頻 = ヒン ㉺ 頻度、頻発(する)
　　　　　　　　　ひんど　ひんぱつ

▶ □ 繁 = ハン ㉺ 繁栄(する)、頻繁
　　　　　　　　　はんえい　　　ひんぱん

3 정답1

□ 任務 : 임무
にんむ

▶ □ 任 = ニン／まかーせる
　　㉺ 責任、任命(する)、仕事を任せる。
　　　せきにん　にんめい　　しごと　まか

오답해설 2 義務 3 責務 4 勤務
　　　　　ぎむ　　　せきむ　　　きんむ

4 정답2

出世(する) : 출세
しゅっせ

▶ □ 出 = シュツ／でーる、だーす
　　㉺ 出現(する)、出国(する)、部屋を出る。
　　　しゅつげん　　しゅっこく　　へや　で

▶ □ 世 = セイ、セ／よ
　　㉺ 世紀、世間、世の中
　　　せいき　せけん　よ　なか

5 정답1

□ 貢献(する) : 공헌
こうけん

▶ □ 貢 = コウ／みつーぐ
　　㉺ お金を貢ぐ。
　　　かね　みつ

▶ □ 献 = ケン、コン ㉺ 献身的、献立
　　　　　　　　　　　　けんしんてき　こんだて

6 정답3

□ 整う : 정돈되다, 갖추어지다
ととの

▶ □ 整 = セイ／ととのーえる、ととのーう
　　㉺ 整理整頓、身なりを整える。
　　　せいりせいとん　み　　ととの

오답해설 1 揃う 2 至る 4 滞る
　　　　　そろ　　　いた　　　とどこお

問題2
もんだい

7 정답2

□ コスト : 비용 ㉘cost
　　㉺ コストを抑える、輸送コストが高い。
　　　　　おさ　　ゆそう　　たか

오답해설

1 リスク : 위험 ㉘risk
　　㉺ リスクが大きい、リスクを伴う。
　　　　　おお　　　　　ともな

3 ダメージ : 손해, 피해 ㉘damage
　　㉺ ダメージを与える、ダメージを受ける。
　　　　　　あた　　　　　　　う

4 デメリット : 결점, 단점 ㉘demerit
　　㉺ それをする場合のデメリットを考える。
　　　　　　　ばあい　　　　　　かんが
　　⇔ メリット : 이점, 장점 ㉘merit

40

제**1**회

제**2**회

제**3**회

언어지식

독해

청해

8 정답 **4**

□ **進歩(する)** : 진보

例 著しい進歩を遂げる。

오답해설

1 **更新(する)** : 갱신

例 世界記録を更新する、契約の更新

2 **発明(する)** : 발명

例 電話を発明する、発明家

3 **考案(する)** : 고안, 생각

例 より効果的な方法を考案する

（※생각해서 아이디어를 낸다는 것이 중요）

9 정답 **1**

□ **専用** : 전용

例 女性専用の車両、読み取り専用のファイル

오답해설

4 **私用** : 사적인 용무

例 私用で会社の電話を使わないでください。

10 정답 **3**

□ **手が込む** : 품이 들다

例 手が込んだ料理

오답해설

1 **手が届く** : 손이 미치다, 힘이 미치다, 할 수 있다

例 中古品なら手が届く、優勝に手が届く。

2 **手が出ない** : 손을 쓸 수 없다, 엄두가 나지 않다

例 高価で手が出ない。

4 **手が回らない** : 손이 미치지 못하다

例 忙しくて、この部屋の掃除に手が回らなかった。

11 정답 **4**

□ **平穏(な)** : 평온

例 平穏な生活、平穏に暮らす、平穏を取り戻す。

오답해설

1 **安心(する)** : 안심

例 彼女が一緒にいれば安心だ。／安心して眠る。

2 **安全** : 안전

例 安全な場所、食の安全、安全を脅かす。

3 **平安** : 평안

例 心の平安を求める。

12 정답 **1**

□ **実~** : 현실의~, 실제의~, 진짜~

例 実社会、実年齢、実話

오답해설

2 **真~** : 정~, 정말~

例 真正面、真っ白、真新しい

3 **本~** : 이~, 본래의~, 진짜~, 중심이 되는~

例 本書、本業、本心、本社

4 **当~** : 이~, 그~

例 当社、当店、当ホテル

13 정답 **1**

□ **高さ** : 높이

例 質の高さ、失業率の高さ

오답해설

2 **強さ** : 강함 例 風の強さ、気持ちの強さ

3 **深さ** : 깊이 例 愛情の深さ

4 **良さ** : 좋음 例 人柄の良さ

問題3
もんだい

14 정답 **3**

□ **みすぼらしい** : 누추하다

　㉺ みすぼらしい格好、みすぼらしい家
　　　　　　　　かっこう　　　　　　　　いえ
　　(※사람, 복장, 건물에 대해 말함)

15 정답 **2**

□ **とぼける** : 시치미 떼다, 딴청 부리다

　㉺ とぼけた顔をする。
　　　　　　　かお

오답해설
1　**無視（する）** : 무시
　　む　し
　㉺ 忠告を無視する、信号無視
　　ちゅうこく　む し　　しんごう む し

16 정답 **2**

□ **あらすじ** : 줄거리

　㉺ あらすじを読む。
　　　　　　　　よ

17 정답 **1**

□ **そこそこ** : 그럭저럭

　㉺ 彼は英語がそこそこ話せる。
　　かれ　えいご　　　　　はな

오답해설
2　**やや** : (다른 것보다) 조금
　㉺ ここは前の部屋よりやや広い。
　　　　まえ　へや　　　　ひろ
4　**あまりに** : 너무
　㉺ あまりに高くて買えなかった。
　　　　　　たか　か

18 정답 **1**

□ **携わる** : 종사하다
　たずさ
　㉺ 英語教育に携わる。
　　えいごきょういく　たずさ

19 정답 **3**

□ **メリット** : 이익, 장점, 가치 ㉺merit

　㉺ この計画には大きなメリットがある。
　　　けいかく　　おお
　　⇔ デメリット : 불이익, 단점 ㉺demerit

問題4
もんだい

20 정답 **4**

□ **もろい** : 부서지기 쉽다, 무르다, 여리다

　㉺ 壁がもろい。／もろい友情(※건물이나 정신적
　　かべ　　　　　　　　ゆうじょう
　　인 것을 말하는 경우가 많음)

오답해설　1 柔らかくて（おいしい肉）、2 弱々しい
　　　　　　やわ　　　　　　　　にく　　よわよわ
声、3 体の弱い 등이 적당.
こえ　からだ よわ

21 정답 **1**

□ **加入（する）** : 가입
　か にゅう
　㉺ 労働組合に加入する、加入手続き
　　ろうどうくみあい　か にゅう　　か にゅう て つづ

오답해설　2 牛乳を加えて、3 入学し、4 預金し
　　　　　　ぎゅうにゅう くわ　　　にゅうがく　　よ きん
た 등이 적당.

22 정답 **3**

□ **のどか（な）** : 조용하고 한가로움, 화창함

　㉺ のどかな田舎町
　　　　　　いなかまち
　　(※그 장소나 경치가 가지는 분위기를 나타냄)

오답해설　1 穏やかな性格、2 ゆるやかな坂道、
　　　　　　おだ　　せいかく　　　　　　　　さかみち
4 穏やかな方法 등이 적당.
おだ　ほうほう

23 정답 **2**

□ **見通し** : 전망, 예측
　み とお
　㉺ 今後の見通し、見通しが立つ。
　　こんご　み とお　　み とお　　た
　　(=이후에 어떻게 될지 예측 가능함)

오답해설 1 見込みがある(=가능성이 있다),
3 見当がつかない(=짐작이 가지 않다),
4 あてもなく(=특별한 목적 없이) 등이 적당.

24 정답 4

□ とっさに : 순간적으로, 바로

㉑ 子どもが急に道路に飛び出してきたので、とっさにブレーキを踏んだ。(※의식하지 않고, 몸이 자연히 반응한 동작을 말함)

오답해설 1 急に、 2 とっくに、 3 すぐに 등이 적당.

25 정답 2

□ ずれ : 어긋남, 차이

㉑ 考え方のずれ、ずれが生じる。

오답해설 1 差があった、 3 違いがある、 4 違いがある 등이 적당.

問題 5

26 정답 1

□ 残業続き : 잔업이 계속됨

□ ～ことだし : ～이고 (몇 가지 생각할 수 있는 이유 중 하나를 말함)

27 정답 4

□ 精魂 : 심혈

□ ～を込めて : (마음·바람)을 담아

□ ～をもって : ～로(수단, 방법, 기준 등)

㉑ この投票結果をもって、当選者が決まります。

㉑ 当店は、今月いっぱいをもって閉店いたします。

28 정답 4

□ 内定を蹴る : 내정을 거절하다

□ ～をよそに : ～에 상관없이, 개의치 않고

㉑ 家族の心配をよそに、旅行に出かけた。

□ ～を尻目に : ～를 무시하고

㉑ 受験勉強に忙しい同級生たちを尻目に、彼女は推薦で大学に合格した。

29 정답 1

□ ～せずにはいられない : ～하지 않을 수 없다

30 정답 3

□ ～せてもらってもいいかな :「～せてもらう」+「てもいい」 ～해 줄래?

31 정답 1

□ ～ものの : ～지만

㉑ 景気は回復に向かってはいるものの、相変わらず高い失業率だ。

□ ～からには : ～면, ～인 이상

㉑ 約束したからには、必ず来てほしい。

□ ～くせに : ～면서

㉑ 大学生のくせに、そんなことも知らないの？

□ ～とあって : ～라서

㉑ テレビに出るのは初めてとあって、彼はとても緊張していた。

32 정답 4

□ ～させていただく :「～する」의 겸양표현

※겸양표현 : 자신을 낮춤으로써 상대방을 존경하는 마음을 나타내는 표현.

33 정답 **2**

□ **胡散臭い**(うさんくさ) : 수상하다, 신용할 수 없다

□ **~からして** : 만 보아도, ~부터가

34 정답 **4**

□ **伺う**(うかが) : 여쭙다, 찾아뵙다 (「聞く(き)、尋ねる(たず)」의 정중한 말)

　㉘ この件(けん)についてご意見(いけん)を伺い(うかが)たいと思い(おも)ます。

35 정답 **4**

□ **成し遂げる**(な　と) : 달성하다, 완성시키다

□ **~得ない**(え) : ~할 수 없다

問題6
もんだい

36 정답 **3**

英語(えいご)の辞書(じしょ)などに ₄そのまま ₁掲載される(けいさい)ほど ₃国際語(こくさいご)となった ₂過労死(かろうし)であるが、減少する(げんしょう)ばかりか事態(じたい)は一層深刻(いっそうしんこく)になっている。

□ **~ばかりか** : ~뿐만 아니라, 그 이상

37 정답 **2**

全国高校(ぜんこくこうこう)サッカー選手権(せんしゅけん)は5日、決勝(けっしょう)が行わ(おこな)れ、A校(こう)が延長戦(えんちょうせん) ₄の ₃末(すえ)に ₂B校(こう)を 下し(くだ)、初(はつ)の優勝(ゆうしょう)を果たした(は)。

□ **~の末に**(すえ) : ~한 결과

38 정답 **4**

彼(かれ)にまた貸した(か)本(ほん)を汚され(よご)ちゃって、まいったよ。 一度(いちど) ₂だけ ₃なら ₄まだしも ₁二度三度(にどさんど)となると、もう貸し(か)たくない。

□ **~ならまだしも** : ~라면 몰라도

39 정답 **1**

彼女(かのじょ)は、 ₄新人(しんじん) ₂ながら ₁ベテラン ₃かと思う(おも)ような 落ち着き(お　つ)ぶりだった。

□ **~ながら** : ~인데

□ **~かのように** : ~인 것처럼

40 정답 **4**

さんざん ₃待たされた(ま) ₁あげくに ₄診察(しんさつ)が ₂たったの2分(ふん)だった。

□ **~あげくに** : ~한 끝에

問題7
もんだい

41 정답 **3**

「その **41** 」는 앞 부분을 수식하는 것이다. 바로 앞 문장에 '싸게 살 수 있다'고 기술되어 있다.

□ **~ゆえに** : ~때문에

　㉘ 若さ(わか)ゆえにばかな失敗(しっぱい)をすることもある。

□ **~さえ** : ~조차

　㉘ 足(あし)が痛く(いた)て、歩く(ある)ことさえできなかった。

　㉘ 名前(なまえ)さえわかれば、調べ(しら)られるんだけどなあ。

42 정답 **1**

「大事(だいじ)に長く(なが)使う(つか)ものとは考え(かんが)られていない」라는 사실을 인정하고, 그 증거가 되는 예를 들고 있다.

제
1
회

제
2
회

제
3
회

언어지식

독해

청해

43 **정답 1**

바로 앞의 「現在、世界では…地球規模で取り組
むように…」에서 '많은 나라에서 재활용을 하고 있
음'을 파악한다.

44 **정답 4**

세 번째 단락 4행 「彼女は～」이후의 문장은 수세식
화장실 레버에 대해 쓰여있다. 「大·小」가 물의 사용
량 조절에 쓰인다는 것을 파악한다.

45 **정답 1**

「MOTTAINAI」가 세계적으로 알려지기 전과 후의
의식 변화에 대해 기술하고 있다. 세 번째 단락 5 ～
6행 「気にもかけないでいた」는 이전의 일이므
로 「それまでは」가 적당. 외국인에게 평가받은 뒤에
「誇りに思うようになった」라고 지금까지와는 다
른 것이 쓰여있기 때문에 「ところが」가 적당.

독해

問題 8 (短文)
もんだい　　たんぶん

(1)「합창 대회」

46 정답 **1**

「一つになった時に生まれるハーモニーには、
ひと　　　　　とき　　う
何物にも代えがたい美しさがある」가 힌트.
なにもの　　か　　　　うつく

오답해설

2→ 「高価な楽器」「誰でも自由に参加」에 대한 언
こうか　がっき　だれ　　じゆう　さんか
급은 없음.

3→ '힘을 합친다'고는 했지만, '결점을 보완한다'고는 하
지 않음.

4→ '개성을 살릴 수 있다'고는 하지 않음.

주요어휘

□ **ひたむきに** : 오로지, 한결같이

□ **ともすれば** : 걸핏하면

　㊀ 自分に自信がないうちは、ともすれば、人に
　　じぶん　じしん　　　　　　　　　　　　　　ひと
　　頼ってしまう。
　　たよ

(2)「지각의 선택성」

47 정답 **3**

지각의 선택성이란「知覚主体＝지각하는 사람」이
ちかくしゅたい
가지는 요인에 의해 **무의식적으로** 정보가 선택되는
것. 자신에게 필요한 정보가 선택되는 것은 3번

오답해설

1, 2→ 이것들은 의식적으로 행해지는 것임.

주요어휘

□ **知覚** : 지각
　ちかく

□ **主体** : 주체
　しゅたい
　⇔□ **客体** : 객체
　　　きゃくたい

□ **取捨選択** : 취사선택
　しゅしゃせんたく

□ **ふり** : 그럴듯하게 꾸미는 시늉, ~척

　㊀ 寝たふり、知らないふり
　　ね　　　　し

□ **カラフル(な)** : 컬러풀 ㊇colorful

(3)「생간 판매금지」

48 정답 **4**

「危険すなわち規制・禁止でいいのだろうか(＝
きけん　　　　きせい　きんし
좋지 않음)」라고 말하며,「食に対して完全に受け
しょく　たい　　かんぜん　う
身になりつつある」라고 소비자의 의식을 지적하고
み
있다.

오답해설

1→ 오히려 생식이 사라질 것을 걱정함.

2→ 음식점에 모든 것을 맡기는 것을 문제삼고 있음.

3→「消費者の自由」는 문제삼고 있지 않음.
　しょうひしゃ　じゆう

주요어휘

□ **食中毒** : 식중독
　しょくちゅうどく

□ **受け身** : 수동적 자세
　う　み

□ **メーカー** : 제조사, 메이커

□ **委ねる** : 맡기다
　ゆだ

□ **リスク** : 리스크, 위험 ㊇risk

□ **視野に入れる** : 시야에 넣다, 고려하다
　しや　い

(4)「의료기기의 개발」

49 정답 **3**

「その機器に必要なものを知っているのは医
き き　ひつよう　　　　　し　　　　　い
者」「実用的な発想力」가 키포인트.
しゃ　じつようてき　はっそうりょく

오답해설

1→ 환자의 시점에 대해서는 언급하고 있지 않음.

2→「ごく実用的な」와 뉘앙스가 다름.
　　　じつようてき

4→「素人ならではの」가 틀림.
　　しろうと

주요어휘

- ☐ **革新的(な)** : 혁신적
  - ㊤ 先駆的(な)、画期的(な)

- ☐ **あくまで(も)** : 어디까지나

- ☐ **素人** : 초심자, 아마추어 ⇔ 玄人 전문가, 프로

- ☐ **心に置く** : 주의하다

- ☐ **~に根差す** : ~를 기반으로하다

- ☐ **ひらめき** : (아이디어 등이) 번뜩이다
  - ㊤ ひらめく

- ☐ **~を突く** : (약점, 본질, 논리적 오류, 모순 등)을 지적하다

問題9 (中文)

(1) 「인류와 건축의 역사」

50 정답 **1**

첫 번째 단락의 「安らぎといこい」「家族の絆もさぞ強まったことだろう」가 힌트.

오답해설

2→ 언급되지 않았으며, 「家の出現」과 상관없는 내용.

3, 4→ 언급 없음.

51 정답 **3**

앞의 두 문장 「…自分が昔の自分と同じことを、昔の自分が今の自分まで続いていることを、確認…」「自分はずっと自分である」가 힌트.

오답해설

조상과의 관계, 자신의 변하지 않는 성격, 경험을 살리는 것 등은 관계 없음.

52 정답 **1**

마지막 두 문장 「…人間の自己確認作業を強化」「このことが家というものの一番大事な役割」에 주목한다.

오답해설

2, 3→ 일반적으로 인정되는 '역할'이며, 필자가 주장하고 있는 것이 아님.

주요어휘

- ☐ **安らぎ** : 평안함

- ☐ **いこい** : 휴식

- ☐ **炉** : 화로

- ☐ **絆** : 인연

- ☐ **こみ上げる** : 복받치다

- ☐ **しみじみ** : 절실히

- ☐ **シーン** : 장면, 광경

- ☐ **集落** : 취락, 도시나 촌락

(2) 「길을 가다」

53 정답 **3**

T 씨는 감동을 하면 어깨가 뻐근해진다. 이번에는 「平凡な緑と空」의 「絶景」에 감동했다. (※일부러 본래의 「珍しい→絶景」의 역패턴으로 사용)

54 정답 **1**

「この浴室における大発見」에 감동했다. 대발견이란 「浸っている湯は温泉であった」를 의미.

55 정답 **1**

「(머리로는 이미 알고 있지만) 肉体をもってこれが温泉であるということを知る (=실제로 느낌) → 突如声を発する(=감동을 표현)」의 흐름.

주요어휘

- ☐ **同行** : 동행, 같이 감

- □ **変哲もない** : 별다른 것이 없다
  へんてつ
- □ **北上** : 북상
  ほくじょう
- □ **いまや** : 이제서는, 바야흐로
- □ **絶景** : 절경
  ぜっけい
- □ **無縁** : 인연이 없음, 관계가 없음
  む えん
- □ **不意に** : 돌연, 갑자기
  ふ い
- □ **浸る** : 잠기다, 침수하다
  ひた
- □ **見入る** : 넋을 잃고 바라보다
  み い

(3) 「자원봉사자라는 입장」

56 정답 **2**

여기서 말하는 「事態」는 '어떤 행동을 할지, 판단을 요
じ たい
하는 상황' 혹은 '판단이 곤란한 상황'이라고 파악하자.

오답해설

1→ 모금을 하는 것에 부정적인 생각은 없음.

3→ 문제가 생길 가능성에 대해서는 다루지 않음.

57 정답 **4**

바로 뒤의 「…経済活動の果実(＝결실, 은혜, 성과)의
けいざいかつどう か じつ
偏在(＝치우쳐 있음, 균형이 맞지 않음)」에 주목한다.
へんざい

58 정답 **1**

바로 앞의 「自分だけ高い生活水準をエンジョイ
じ ぶん たか せいかつすいじゅん
しつつ、世界に蔓延する飢餓は自分の問題で
せ かい まんえん き が じ ぶん もんだい
はないと言いきれない」 가 힌트. '자신의 문제이기
い
도 하지 않을까'라며 고민하는 괴로움을 말하고 있다.

주요어휘

- □ **飢餓** : 기아, 굶주림
  き が
- □ **難民** : 난민
  なんみん
- □ **うしろめたさ** : 뒤가 캥김, 떳떳하지 못함, 꺼림칙함
- □ **事態が収まる** : 사태가 진정되다, 사태가 수습되다
  じ たい おさ
- □ **表明(する)** : 표명
  ひょうめい
  - 예 引退を表明する
    いんたい ひょうめい

- □ **共有(する)** : 공유
  きょうゆう
- □ **格差** : 격차
  かく さ
  - 예 収入格差、男女の格差、格差のない社会
    しゅうにゅうかく さ だんじょ かく さ かく さ しゃかい

問題10(長文)
もんだい ちょうぶん

「취재학」

59 정답 **1**

다음 문장에 「じぶんたちのほうがえらいのだ、
という錯覚におちいる」라고 되어 있다. 따라서 1번
さっかく
이 가장 가깝다.

오답해설

2, 4→ 의견의 대립, 정신적 부담이 있다고는 하지 않음.

3→ 정보를 얻을 수 있는지 없는지가 아니라, 마음가짐
을 문제삼고 있음.

60 정답 **3**

「ワナ」는 동물을 포획하기 위한 장치.

오답해설

1→ 뒤의 「ひっかかる」와 맞지 않음.

2→ 누군가에게 속는 것이 아님.

61 정답 **2**

「大成する」는 훌륭한 업적을 가진 우수한 인물이 되
たいせい
는 것. 여기서는 '멋진 취재 능력을 가진 기자가 되는
것'을 가리킴.

오답해설

1, 3→ 「悪い評判がつく」「何もしなくても基本
わる ひょうばん なに き ほん
的な情報が得られる」라는 기술은 없음.
てき じょうほう え

4→ 겉으로 보이는 인상에 대해서는 문제삼고 있지 않음.

62 정답 **2**

오답해설

1→ 「何も知らない」「誰からも尊敬される」가 틀림.

3→ '진실의 추구', '정보 감각'에 대한 기술 없음.

4→ '취재 후의 사례'는 평가하지만, 개인적인 교제에 대한 언급은 없음.

주요어휘

□ **丁重(な)**：정중
 ㉘ ありがたい申し出だったが、丁重にお断りした。

□ **〜ゆえ(に)**：〜때문에

□ **乞う**：청하다

□ **〜なんぞありはしない**：〜은 없다

□ **肩書き**：직함, 지위, 신분

□ **大げさ(な)**：과장됨

□ **いささかなりとも**：조금이라도

□ **尊大(な)**：거만함

△ **コワもて**：무서운 얼굴, 위협적인 사람

□ **不当(な)**：부당

□ **自負**：자부

□ **わな**：함정, 덫

□ **(〜に)ひっかかる**：(〜에) 걸리다
 ㉘ コードに足がひっかかる、木の枝に服がひっかかる、悪い男にひっかかる

□ **柔和(な)**：온화, 온유

□ **肩ひじ張る**：어깨에 힘을 주다, 센 척하다

□ **さしつかえない**：지장이 없다

問題 **11** （統合理解）

「저가 항공사」

63 정답 **3**

오답해설

1, 2→ A와 B 양쪽에 기술되어 있음.

4→ A에도 B에도 쓰여있지 않음.

64 정답 **1**

오답해설

2→ A의 「誰もが気軽に利用できる」가 틀림.

3→ B는 예약 취소나 변경에 대해서는 언급하지 않음.

4→ A「多少不便」, B「合理的である」가 틀림.

65 정답 **4**

오답해설

1→ A는 서비스를 긍정적으로 보고 있기 때문에 틀림.

2→ B는 「便の遅延や欠航」에 대해 언급하지 않음.

3→ B「合理的である」가 틀림.

주요어휘

□ **席巻する**：석권하다

□ **(成長)ぶり**：〜하는 모양
 ㉘ 社長の熱心な仕事ぶりにはいつも驚かされる。

□ **フライト**：비행 ㉈flight

□ **ほおばる**：볼에 가득 먹을 것을 넣다

□ **安かろう、悪かろう**：싼 게 비지떡

□ **落とし穴**：함정

□ **(変更が)きく**：가능하다, 되다

□ **遅延(する)**：지연

□ **日常茶飯事**：일상다반사

□ **本格**：본격

□ **参入(する)**：참가

□ **あの手この手**：여러 방법

□ **アメニティー**：환경의 쾌적함, 생활 편의 시설

□ **何とも** : (여기서는) 참으로
　㉇ 何ともお詫びのしようもありません。

□ **浸透(する)** : 침투

□ **層** : 층

□ **懸念(する)** : 걱정, 염려

□ **問題視(する)** : 문제시

□ **朗報** : 낭보, 좋은 소식

□ **好意的(な)** : 호의적

問題12 (主張理解)

「연극이란 무엇인가」

66 정답 **1**

두 번째 단락에 주목. 「ではこの人間関係の創造とは、何であるのか」에 대해 「つまり、ある表現行為を契機にして他人と共に人間について考え、想像すること」라고 되어 있다. 1번이 가장 가깝다.

오답해설

2→ 예술을 통해 인간관계를 쌓는 것이 아님.

3→ 「作者の人間関係」를 생각하는 것이 아님.

4→ 작품 속 인간관계를 이해하는 것만이 아님.

67 정답 **3**

네 번째 단락에 주목. 「それが創られた音であり色である」이기 때문에 「そうした音や色を創りだすために自分自身の全エネルギーを捧げる人間とはいったい何なのか」를 생각한다. 3번이 가장 가깝다.

68 정답 **1**

본문의 취지를 보아 예술 등의 창작활동에 의한 작품이라고 파악한다.

69 정답 **4**

여섯 번째 단락에 주목. 「価値ある芸術作品は、多様な人間関係や…感受性や考え方を変更しうる力をもっています」라고 되어 있다. 4번이 가장 가깝다.

오답해설

1→ 사회나 세계에 대해 생각할 기회를 주지만, 제도나 구조를 바꾸는 것은 아님.

2→ 작자의 살아 있는 인생이나 사회가 테마는 아님.

3→ 「日常を忘れる」라고는 하지 않았음.

주요어휘

□ **第三者** : 제삼자

□ **前提** : 전제

□ **共有(する)** : 공유

□ **にもかかわらず** : 그럼에도 불구하고

□ **在り方** : 올바른 모습

□ **読み解く** : 파악하다, 해독하다

□ **人間模様** : 복잡한 인간관계

□ **境遇** : 경우, 처지, 환경

□ **掻き立てる** : 불러일으키다, 자극하다

□ **没頭する** : 몰두하다

問題13（情報検索）
もんだい　　じょうほうけんさく

「학생 기숙사 입사 안내」

70 정답 **1**

우선 「部屋の設備」에 주목한다. 「トイレ付」는 A
へや　せつび　　　　　　　　　　つき
기숙사와 D기숙사. 식사에 대해 보면, ヤン 씨의 경
우, 「食費」를 지불하는 D기숙사는 맞지 않는다.
しょくひ

오답해설

2, 3→ B·C기숙사는 화장실이 「共同設備 (공동설비)」
きょうどうせつび
에 들어가 있음.

71 정답 **4**

「4.入寮選考結果の通知方法」에 주목한다. 「結果
にゅうりょうせんこうけっか　つうちほうほう　　　　　けっか
の通知書を発送」라고 쓰여있다.
つうちしょ　はっそう

오답해설

1→ 전화로는 「応じかねます (=응대할 수 없습니
おう
다)」.

2→ 대학에서 결과가 발표된다고는 쓰여있지 않음.

주요어휘

☐ ～先 : ～하는 장소, ～처, ～지
さき
　예 旅行先、勤め先
りょこうさき　つとさき
☐ 光熱費 : 광열비
こうねつひ
☐ 自炊(する) : 자취
じすい
☐ 所定の : 소정의
しょてい
☐ 願書 : 원서
がんしょ
☐ 出願(する) : 출원
しゅつがん
☐ 照会(する) : 조회
しょうかい
☐ 発送(する) : 발송
はっそう

청해

問題1
もんだい

例 정답2
れい

03
2회

大学で男の学生と先生が話しています。学生はこ
だいがく おとこ がくせい せんせい はな がくせい
のあとどうしますか。

男：先生、すみません、私の発表が再来週なんで
おとこ せんせい わたし はっぴょう さらいしゅう
すが、ちょうどその日に企業の実習が重なっ
ひ きぎょう じっしゅう かさ
てしまいまして…。就職を希望しているとこ
しゅうしょく きぼう
ろなので、できればそれに行きたいのですが、
い
発表の日にちを変更していただくことはでき
はっぴょう ひ へんこう
ないでしょうか。

女：そうですか。そういうことなら仕方ないです
おんな しかた
ね。じゃあ、その日は発表は誰かに代わって
ひ はっぴょう だれ か
もらいましょう。ああ、田中さんがまだ一
たなか いち
度も発表していないから、まずは田中さんに
ど はっぴょう たなか
聞いてみてください。
き

男：わかりました。すぐに確認します。
おとこ かくにん

女：もし田中さんが無理だったら、次のゼミの時
おんな たなか むり つぎ とき
に全員に聞いてみましょう。
ぜんいん き

男：はい、わかりました。
おとこ

女：どちらにしても、わかり次第連絡してください。
おんな しだいれんらく

男：はい、ありがとうございます。
おとこ

学生はこのあとどうしますか。
がくせい

1番 정답3
ばん

04
2회

日本人の男の人と留学生の女の人が異文化交流会
にほんじん おとこ ひと りゅうがくせい おんな ひと いぶんかこうりゅうかい
のスピーチについて話しています。女の人はどの
はな おんな ひと
テーマでスピーチしますか。

女：ちょっと、相談があるんだけど…。
おんな そうだん

男：なに？
おとこ

女：今度、私が住んでる地域で異文化交流会があ
おんな こんど わたし す ちいき いぶんかこうりゅうかい
るんだけど、そこでスピーチしてほしいって
頼まれちゃって…。
たの

男：へー。
おとこ

女：それで、テーマを何にしようか、迷ってるの
おんな なに まよ
よね。「言葉」とか「身振り手振り」、「食文化」、
ことば みぶ てぶ しょくぶんか
あと「家のつくり」なんかどうかなって…。
いえ

男：どれもおもしろそうだね。ところで、その交
おとこ こう
流会に来るのは、どんな人たちなの？
りゅうかい く ひと

女：地域の主婦とか、子供たちだって。
おんな ちいき しゅふ こども

男：そうか。じゃあ、ことばとか家のつくりとか、
おとこ いえ
小難しい内容は退屈するだろうね。料理だっ
こむずか ないよう たいくつ りょうり
たらみんな興味あるんじゃない？ 作って
きょうみ つく
持って行ったりしてね。それか、「身振り手振
も い みぶ てぶ
り」なら、実際にやってみたり、クイズなん
じっさい
かも出したら盛り上がりそう！
だ もあ

女：それ、いいね。うーん、どっちにしようかな(i)。
おんな
料理も捨てがたいけど、スピーチのあと食事
りょうり す しょくじ
会あるし、やっぱり子供たちと一緒に楽しめ
かい こども いっしょ たの
るほうがいいかな。

男：うん。それがいいよ。
おとこ

女の人はどのテーマでスピーチしますか。
おんな ひと

(i)「食文化」와 「身振り手振り」에서 고민했는데, 요리
しょくぶんか みぶ てぶ
보다「一緒に楽しめるほう（＝身振り手振り）」
いっしょ たの みぶ てぶ
를 선택했다.

주요어휘

☐ 身振り手振り：제스처
みぶ てぶ

☐ 〜も捨てがたい：〜도 버리기 어렵다
す

2番 정답3
ばん

05
2회

ホテルの館内放送で女の人が話しています。ホテ
かんないほうそう おんな ひと はな
ルに泊まっている人はこのあとすぐ何をしなけれ
と ひと なに
ばいけませんか。

52

女：ただ今、火災警報が鳴っておりますが、出火があったとの情報は入っておりません。誤作動の可能性が高い模様ですが、確認がとれるまでしばらくこのままでお待ちください。念のため、この間に、お連れの方やお荷物などを今一度お確かめいただき、万一の場合に備えていただければと思います。また、避難をすることになった場合は、従業員の誘導に従って、落ち着いて移動にご協力いただくようお願いいたします。

ホテルに泊まっている人はこのあとすぐ何をしなければいけませんか。

주요어휘

□ 警報：경보

□ 出火（する）：불이 남

□ 従業員：종업원

3番　정답3

女の人と男の人が新製品のポスターについて話しています。女の人はこのあと何をしなければなりませんか。

女：部長、今、お時間いただけますか。会議でお話しした新製品のポスターの案を見ていただきたいのですが。

男：どうぞ。…へー、色が鮮やかだね。

女：はい。今回のテーマの「華やかさ」を一番にうったえられるよう色合いを明るくしてみました。

男：うん、確かに色合いはいいね。でも、キャッチフレーズの字が小さくてちょっと目立たなくなってしまっていないかな。

女：そう言われてみると…。

男：ちょっと離れた場所から見てみるといいよ。私が持っているから、ドアの近くまで行って見てごらん。

女：すみません。…うーん。確かにキャッチフレーズがあまり目に入ってこないですね。

男：でも、気になるのはそこだけですね。

女：わかりました。ありがとうございます。

女の人はこのあと何をしなければなりませんか。

주요어휘

□ 色合い：색조, 색상

□ キャッチフレーズ：캐치프레이즈, 문구, 선전 구호　🔘catchphrase

4番　정답3

女の人がプリンターのサポートセンターに電話しています。女の人はこのあとまず何をしなければなりませんか。

男：はい。サポートセンターです。

女：あのう、パソコンを買い替えたんですが、プリンターはそのまま使えますか。機種はMP-501です。

男：はい、お使いいただけますが、もう一度設定をしていただく必要があります。プリンターの説明書はお手元にございますか。

女：すみません、ちょっと出てこないです。

男：インターネットで見ていただくこともできますが。

女：インターネットの接続もこれからなんです。プリンターを買った時についてきたCDはあるんですが。

男：では、そちらをパソコンに入れていただけますか。

女：あ、はい。

男：画面に「インストールの開始」というボタンが出ましたでしょうか。

女：出ました。

男：それを押すと、自動的に設定が行われます。設定が終わりましたら、パソコンを再起動させてください。そうしたら、使えるようになります。

女：えーと、このボタンを押して設定が終わったら、パソコンを再起動するんですね。わかりました。

男：お電話ありがとうございました。

女の人はこのあとまず何をしなければなりませんか。
おんな ひと   なに

주요어휘

□ **機種**：기종
  き しゅ

□ **設定（する）**：설정
  せっ てい

□ **手元**：바로 옆
  て もと

□ **再起動（する）**：재시동
  さい き どう

5番 정답 3
   ばん

工場で、女の人と男の人が話しています。男の人
こうじょう おんな ひと おとこ ひと はな   おとこ ひと
はこのあとどうしますか。

女：お世話になります。新しい化粧品の容器、ど
おんな せ わ   あたら けしょうひん ようき
  んな感じに仕上がりましたか。
  かん し あ

男：こちらなんですが、いかがでしょう。
おとこ

女：あ、すごく軽いですね。触ってみたところ、
おんな   かる   さわ
  丈夫そうですし。
  じょうぶ

男：ビンの原料の配合を変えて、軽量化に成功し
おとこ   げんりょう はいごう か   けいりょうか せいこう
  たんです。

女：そうなんですか。デザインもイメージ通りで
おんな   どお
  す。従来よりも持ちやすくなりましたし。
    じゅうらい も

男：ありがとうございます。
おとこ

女：このふたの部分なんですが、上に持ち上げて
おんな   ぶ ぶん   うえ も あ
  開けるタイプに変更できますか。回して開け
  あ   へんこう   まわ あ
  るタイプは、最近使い勝手が悪いと不評で…。
          さいきんつか が って わる ふひょう

男：はい。サイズを調整すれば大丈夫です。
おとこ   ちょうせい   だいじょうぶ

女：じゃあ、お願いします。あの…ビンの色はも
おんな   ねが   いろ
  う少し薄くすることは可能ですか。
  すこ うす   か のう

男：そうですね…できないことはないんですが、
おとこ
  化粧品の保存のことを考えますと、このまま
  けしょうひん ほぞん   かんが
  のほうがいいと思います。
        おも

女：そうですか。じゃあ、このままで。
おんな

男：では、改良にもう少し時間がかかりますが、
おとこ   かいりょう すこ じかん
  でき次第、ご連絡します。
    しだい れんらく

女：はい。よろしくお願いします。
おんな   ねが

男の人はこのあとどうしますか。
おとこ ひと

1, 2 → 이것들은 이미 개량된 것.

주요어휘

□ **配合（する）**：배합
  はいごう

□ **軽量化**：경량화
  けいりょう か

□ **使い勝手が悪い**：사용이 불편하다
  つか が って わる

□ **不評**：평판이 좋지 않음
  ふ ひょう

6番 정답 4
   ばん

レストランで店長とアルバイトの女の人が話して
          てんちょう   おんな ひと はな
います。女の人はこれからまず何をしますか。
    おんな ひと   なに

男：それじゃあ、来週月曜日から勤務開始という
おとこ   らいしゅうげつようび きんむかいし
  ことでいいですね。

女：はい。よろしくお願いいたします。
おんな   ねが

男：これがこの店の制服です。出勤したら、まず
おとこ   みせ せいふく しゅっきん
  これに着替えてください。
      き が

女：はい。わかりました。
おんな

男：あのー、年末年始について、勤務が可能な日
おとこ   ねんまつねんし   きんむ かのう ひ
  を教えてもらえますか。
   おし

女：すみません、ちょっとまだ予定がはっきりし
おんな   よてい
  ないので、もう少しお時間をいただいてもい
        すこ じかん
  いでしょうか。

男：来週いっぱいまでなら間に合いますが、でき
おとこ らいしゅう   ま あ
  るだけ早く教えてもらえると助かります。
    はや おし   たす

女：申し訳ありません。あの、お店のメニューを
おんな もう わけ   みせ
  覚えておきたいんですが、メニューをお借り
  おぼ   か
  してもよろしいでしょうか。

男：もちろん。頑張って覚えてください。レジの
おとこ   がんば おぼ
  操作のほうは大丈夫ですか。
  そうさ   だいじょうぶ

女：はい、先ほど説明していただきましたので。
おんな さき せつめい
  あ、でも、念のため、もう一度確認させても
          ねん   いちどかくにん
  らってもいいでしょうか。

男：じゃあ、開店まで少し時間がありますから、
おとこ   かいてん すこ じかん
  お客さんが来ないうちにおさらいしておきま
  きゃく
  しょう。

女：わかりました。ありがとうございます。
おんな

女の人はこれからまず何をしますか。
おんな ひと   なに

주요어휘

□ **年末年始**：연말연시
  ねんまつねんし

□ **おさらいする**：복습하다

問題2

例　정답3

11
2회

男の人と女の人が話しています。男の人が国内旅行にしたいと言っている理由は何ですか。

男：夏休みのオーストラリア旅行の件だけど、あれ、やっぱり国内旅行にしない？

女：えっ？どうして急にそんなこと言うの？ずっと前から計画して、貯金もしてきたじゃない。

男：う、うん…。

女：それに、シドニーの山田さんに街を案内してもらう約束までしてたじゃない。急にキャンセルなんてできないわよ。

男：それはそうなんだけど、8月に大きなプロジェクトを任されて、休むわけにいかなくなったんだよ。

女：そんな…。

男：山田さんにはまた別の機会に行くって連絡しとくからさ。

女：うーん。

男：まあ、でも、近場の温泉とかでのんびりするのもいいんじゃないかな？

女：あーあ。せっかく楽しみにしてたのに。

男の人が国内旅行にしたいと言っている理由は何ですか。

1番　정답2

12
2회

会社で先輩の社員と後輩の社員が話しています。先輩の社員はクレームに対応するときは、何が大切だと言っていますか。

女：先輩、さっき、またお客さんからクレームの電話があったんです。うちの商品は壊れやすいだの、使いにくいだの…、文句ばかりで…。私も謝ってばかりで疲れちゃいました。

男：確かに大変だよな。でも、お客さんからのクレームには、むしろ感謝するくらいの気持ちで接したほうがいいと思うよ。

女：そうですか…。でも、私やっぱり苦手です。

男：気持ちはわかるけど、そうやって消極的にとらえるより、プラスにとらえるほうがいいよ。クレームに対応するときは、ただ謝るんじゃなく、とにかくお客さんの言葉を丁寧に聞くことだよ。そうすることで、お客さんの気持ちも収まっていくから。「なるほど」と思うこともあるし、商品のヒントになることもあるしね。

女：そうですね。

男：あまりいやだいやだと思わないことだよ。まあ、時々手に負えないお客さんもいるけどね。そういうときはすぐに言って。

女：はい、ありがとうございます。

先輩の社員はクレームに対応するときは、何が大切だと言っていますか。

주요어휘

- □ ～だの、～だの：～라느니, ~라느니

- □ 気持ちが収まる：진정되다

- □ 手に負えない：감당할 수 없다

2番　정답3

13
2회

大学で先輩の学生と後輩の学生が話しています。後輩の学生はどうして落ち込んでいますか。

女：は～。

男：どうしたの？

女：実は私、この大学に入るのがずっと前からの夢だったんですけど、実際に入ってみると、思ってたのと全然違うっていうか…。

男：どんなところが違ってたの？

女：父もこの大学出身で、子供のころから大学の話をよく聞いていて、あこがれていたんです。みんな夢を持って一生懸命勉強をしていたって……。

男：でも、それが実際は違ったんだね。

女：ええ。授業中に寝ている学生もいますし、ひどい学生は授業をさぼって遊んでばかり。研究は二の次で、サークルやアルバイトのことしか考えてなさそうな学生も多いですし……。

男：耳が痛いな。でも、真剣に勉強に取り組んでいる学生もたくさんいるよ。今度うちのゼミに顔出してみたら？

女：本当ですか。ありがとうございます。是非伺います。

後輩の学生はどうして落ち込んでいますか。

3番 정답3

女の人と男の人が習い事について話をしています。習い事を始めたことによる意外な効果は何だと言っていますか。

女：あれ、お弁当作ってきたの？ すごーい。

男：外食続きじゃ体に悪いと思って、料理教室に通ってるんだ。といっても、まだ外食の方が多いけどね。

女：へー。料理教室に通う男性が増えてるって、テレビでもやってた。

男：そうなんだよ。女性ばっかりなのかと思っていたんだけど、意外に男性が多くて驚いたよ。

女：いい気分転換になりそうだね。それに、仕事以外の人と知り合えて、おもしろいんじゃない？

男：うん。あと、仕事の要領がちょっとよくなったんじゃないかなって思う。それで調べてみたら、料理って脳を活性化させてくれるんだって。

女：すごい。いろいろいいことがあるんだね。私も始めようかな。

習い事を始めたことによる意外な効果は何だと言っていますか。

주요어휘

□ ～続き：～이 계속됨

□ 活性化（する）：활성화

4番 정답1

テレビで男の人が地域活性化のための取り組みについて話しています。男の人は、どの取り組みが最も成功していると言っていますか。

男：私たちの市では地域活性化のために、さまざまな取り組みをしております。昨年の調査でアイスクリームの消費量が日本一と発表されたことをうけ、県の特産品であるトマトを使ったアイスクリームを売り出しました。1日に300個売れるお店もあるなど、おかげさまで大変な人気を博しており、市のアピールに大きく貢献しています。そして、市のPRのためにキャラクターを作りました。名前は現在募集中ですので、皆様からのご応募をお待ちしております。ところで、最近テレビでは都道府県をアピールするCMをよく目にするようになりました。経済的な効果も生まれているようです。しかし、市町村の単位では予算の関係でテレビCMを作るのは難しいです。そこで、インターネットを使ってPRをしてはどうかと考えました。インパクトのあるものを作れば、テレビやラジオ、あるいは新聞、雑誌などで取り上げてもらえる可能性もあると、現在、プロジェクトを立ち上げているところです。

男の人は、どの取り組みが最も成功していると言っていますか。

2→ 아직 성공했다고는 말하지 않았음.

4→ 지금 만들고 있는 중이며 아직 완성되지 않음.

주요어휘

□ 特産品：특산품

□ 人気を博す：인기를 얻다

□ アピール：어필

□ インパクト：임팩트

5番 정답1

テニス部の女の学生と男の学生が話しています。男の学生は監督がどうして怒ったと言っていますか。

女：ねえ、今日の監督、いつにもまして ピリピリしてない？

男：そうなんだ。どうも僕たち２年生が原因らしくて。

女：え、そうなの？

男：先輩がきちんと後輩を見ていないからこうなるんだって、さっき叱られたんだ。

女：1年生、何かしちゃったの？

男：昨日の練習の後、ボールを外に出しっぱなしにして帰っちゃったみたいなんだ。

女：え、でもそれって1年生が悪いんじゃないの？

男：僕もそう言ったんだけど、指導が徹底してないって、怒りは僕たちに向けられてるんだ。

女：そんなぁ。でも、ちょっと1年生、甘えたとこあるよね。練習態度も真剣味が足りないっていうか。

男：まあ、そこは監督も注意してたけどね。とにかく、僕たちがいい手本を示すしかないみたいだね。

男の学生は監督がどうして怒ったと言っていますか。

주요어휘

□ **いつにもまして**：평소 이상으로

□ **ピリピリする**：(여기서는) 신경이 곤두서다

□ **とこ**：곳

□ **〜味**：〜함, 「〜さ」와 같은 의미.

6番 정답2

女の人と男の人が、ある会社の倒産について話しています。会社が倒産した原因は何だと言っていますか。

女：ABC電気工業が倒産したニュース、ご存知でした？

男：え、そうなんですか!? 業績がよくないというのは聞いていましたけど。

女：ええ。でも、最近は何とか経営を立て直して、売上も伸びてきたところだったらしいんです。

男：じゃあ、どうしてなんですか。

女：それがどうやら、得意先の大手の会社が突然取引の中止を伝えてきたそうで。

男：それで立ち行かなくなったんですね。

女：そうみたいです。

男：どうして得意先は取引をやめてしまったんでしょうか。

女：どうもその会社で億単位の 負債が明らかになったようなんです。

男：そうだったんですか。

女：ええ。そちらの倒産も時間の問題のようです。

男：会社は信用が第一ですからね。

会社が倒産した原因は何だと言っていますか。

주요어휘

□ **業績**：업적

□ **立て直す**：재정비하다, 복구하다

□ **得意先**：단골

□ **立ち行かない**：앞으로 나아가지 못하다, (여기서는) 경영이 잘 되지 않다

□ **〜単位の**：〜단위의

□ **負債**：부채

7番 정답3

ラジオで、男の人が個人情報の問題について話しています。男の人は、一番の問題は何だと言っていますか。

男：私たちは常に、個人情報が漏れることに対して敏感にならなければなりません。個人情報保護法という法律があるものの、データの流出 問題は後を絶ちません。インターネットの普及により、誰でも簡単にいろいろな情報を

手にすることができるようになりました。携帯電話やパソコンを使って自分から情報発信をするサービスが増えたことで、さらに多くの問題が生じています。インターネットやこのようなサービスの普及は時代の流れというもので、逆らうべきものでもありませんが、それを使うにあたっては十分に気をつけなければなりません。インターネットの危険性を全く考えず、安易に個人情報を流してはいけないのです。そのサービスが安全対策をちゃんとしているか、よく確認してから利用するようにしましょう。

男の人は、一番の問題は何だと言っていますか。

1→ 개인정보보호법이라는 법이 있다고 말하고 있음.

2→ 이러한 서비스의 보급은 시대의 흐름이므로 거스를 수 없음을 말하고 있음.

4→ 인터넷 서비스가 위험한 것이 문제라고는 하지 않았고, 그것을 이용할 때의 위험성을 생각하지 않는 것이 좋지 않다고 했음.

주요어휘

□ **敏感(な)**:민감

□ **~ものの…**:~기는 하지만

□ **流出(する)**:유출

□ **後を絶たない**:끊이지 않다

□ **発信(する)**:발신

□ **逆らう**:거스르다, 저항하다

問題3

例 정답3

🎧 21
2회

テレビでレポーターが話しています。

男:Uターン就職とは、地方出身の人が、都心で一度働いた後に、再び自分の故郷に戻って働くことをいいます。例えば、北海道出身の人

が一度東京に出て働き、その後再び北海道に戻って仕事をする、というようなケースです。Uターン就職をした人の声を聞くと、自分のふるさとの自然やライフスタイルに魅力を感じて決断した人が多いようです。都会では時間に余裕のないライフスタイルになりがちですし、物価も高く、住宅を購入することも困難です。そこで、自分のライフスタイルを見直したいという人を中心に、Uターン就職が注目されているのです。

レポーターは主に何について話していますか。

1 都会のライフスタイル
2 都会と地方の物価の差
3 Uターン就職の魅力
4 ふるさとにUターン就職する人の数

주요어휘

□ **Uターン**:왔던 길을 다시 돌아감, 도쿄 등의 도시에 와서 살다가 본가가 있는 지방으로 돌아감

□ **購入(する)**:구입

1番 정답3

🎧 22
2회

新入社員の研修で、講師が話しています。

女:会社で働く上で欠かせない、最も基本的なビジネスマナーの一つに、電話対応があります。社会人として、必ず身につけなければならないことです。まず、電話の応対ははきはきと、挨拶もしっかりしましょう。また、慣れないうちにありがちなことで、保留をしたつもりが間違えて電話を切ってしまい、取引先の方に大変失礼になることもありますから、基本操作は早めにきちんと確認しておきましょう。そのほか、電話応対をしながら、メモを取ることも大切です。そして、最後に、相手が言ったことをもう一度確認することで、ミスを減らすことができます。では、今から実践に移りましょう。

講師はどのようなテーマで話をしていますか。

1 社会人としての心構えについて
2 電話機の操作方法について
3 電話対応のポイントについて
4 仕事のミスを減らす方法について

□ ～がち：～하기 쉬움

□ 保留(する)：보류

2番　정답2

講演会で博物館の館長が話しています。

男：近年、子供たちが理科に興味を持たなくなってしまう、いわゆる「理科離れ」が盛んに言われるようになっています。しかし私は、理科を楽しく学ぶことは、子供たちの物事への好奇心や探究心を育むとても大切なことだと考えます。私たち博物館にとって、子供たちに理科の面白さを伝えることは、大きな使命の一つなのです。当博物館には星について学べるプラネタリウムがありますが、ここ何年か小学生の来場者は減る一方となりました。そこで、われわれは「移動式プラネタリウム」を始めました。各学校を訪問し、体育館に小さなプラネタリウムを設置するのです。プラネタリウムを見た子供たちからは、「わ～、きれい」「宇宙って面白い」という声が上がるなど、大変喜ばれています。私たちは今後もこうした取り組みを続け、一人でも多くの子供たちに理科を学ぶ楽しさを知ってもらえたらと思っています。

博物館の館長は何をテーマに話していますか。

1 子供たちの「理科離れ」の原因
2 理科のおもしろさを伝える取り組み
3 プラネタリウムの来場者数
4 移動式プラネタリウムの作り方

□ 好奇心：호기심

□ 探究心：탐구심

3番　정답3

会議で男の人が話しています。

男：今日は、ある提案をしたいと思います。会議の度に資料を印刷しコピーするというのは必要でしょうか。それらの資料はその場限りで処分されることも多いです。紙の資料をなくすことは、単に環境の面からだけでなく、効率化にも役立つのではないかと思います。紙に代わるものとして最近ではタブレット端末を会議で使用する企業も増えています。こうしたものを活用すれば、資料自体も豊富に、またよりわかりやすく用意することができます。会社全体で予算を削減する動きがあることは承知しておりますが、電子化することはインクや紙、さらには印刷してコピーをする時間も節約でき、コストを削減することにもつながります。無駄を省き、よりよい議論の場を作り出すために、ぜひご検討をお願いいたします。

この話のテーマは何ですか。

1 資料のコピーの仕方
2 資料の見方
3 資料の電子化
4 予算を増やす方法

□ その場限り：그때 뿐

□ タブレット端末：태블릿 단말기

4番　정답2

大学の授業で先生が話しています。

男：今日は、マーケティングについてお話しします。マーケティングというと、何を思い浮かべるでしょうか。市場調査を行うこと、広告を作って宣伝することなどが頭に浮かぶと思います。それらももちろんマーケティングの大事な要素ですが、マーケティングとは、単

にリサーチやプロモーションをして何かを売ればいいということではありません。何かを売ることでこちらに利益が生まれると同時に、顧客もまた何らかの利益を得なければいけません。そうすることで、また買ってもらえることにつながるのです。そこで、顧客満足度というものが大事になってきます。例えば、ある商品を高く売って儲けたとします。お客さんが後から高い買い物だったと思ったら、もう二度とそのお店で買うことはないでしょう。そうなると、そのマーケティングは失敗だったと言えます。つまり、売る側だけでなく、買う側も満足することを目指すのが重要なのです。

先生は主に何について話していますか。

1 市場調査の効果
2 顧客満足度という考え方
3 商品を宣伝する方法
4 商品を高く売る方法

주요어휘

□ マーケティング : 마케팅

□ プロモーション : 프로모션

□ 顧客 : 고객

5番 정답**3**

🎧 26
2회

研究会で男の人が発表しています。

男：レジャーとは、一般的に余暇活動、つまり自由な時間に行う活動を表す言葉として使われています。以前は、多くの人が、夏は海、冬はスキーなど、娯楽としてレジャーを楽しんでいました。しかし現在は、人々のレジャーに対する意識もずいぶん変わってきています。経済状況やライフスタイルの変化とともに、人々のニーズが多様化し、レジャーの種類も多岐にわたっています。単なる娯楽としてのレジャーではなく、学習や体験ができるものが求められるようになり、社会や人の役に立つ

つような活動が増えています。また、昨今の健康志向、節約志向を反映し、ジョギングなど、あまりお金をかけずに健康のためによい活動をする人も増加しています。さらに、携帯電話やパソコンなどのデジタル機器が普及し、遠くへ足を運ばずにさまざまな活動を楽しむことができるようになりました。レジャーの種類は今後もますます増え、多様化の傾向が続くでしょう。

男の人は主に何について話していますか。

1 余暇活動の目的
2 余暇活動と経済の関係
3 余暇活動の多様化
4 余暇活動と科学技術の関係

주요어휘

□ ライフスタイル : 라이프 스타일

□ ニーズ : 요구

□ 多岐にわたる : 광범위하다

□ 昨今 : 작금, 요즘

□ 機器 : 기기, 기계

6番 정답**3**

🎧 27
2회

テレビで、レポーターが話しています。

女：地球温暖化が進み、エネルギー資源の不足が危ぶまれる今日、私たちの電気利用に対する意識や考え方も大きく変化しています。節電に関する最近の調査によると、消費電力の低い家電に買い替えたり、家電の使い方を工夫したりしている人が増えているそうです。家庭でのエアコンの使用を控えるために、日中は図書館などの公共施設で過ごすようにしているという方もいるようです。また、日中暗い部屋に太陽の光を効果的に取り入れる器具を設置した、という家庭もありました。設置には費用がかかりますが、長い目で見ると電力の使用量を減らすことができ、節電につながるということです。

レポーターは主に何について話していますか。

1　新しい家電に買い替える理由
2　公共施設を利用する理由
3　電力の使用を抑える方法
4　太陽光を利用する方法

1, 2, 4→「新しい家電に買い替える」「公共施設を利用する」「太陽光を利用する」모두, 전력 사용을 억제하기 위한 방법의 구체적인 예시.

주요어휘

□ 危ぶむ：걱정하다

□ 節電：절전

□ 設置（する）：설치

問題4

例　정답3

29
2회

男：すみません、今お時間よろしいでしょうか。

女：1　ええ、よろしいです。
　　2　いいえ、結構です。
　　3　ええ、何でしょうか。

1番　정답1

30
2회

男：またメールのお返事が遅れてしまって、すみませんでした。

女：1　これで何回目だと思ってるの？
　　2　いや、それほどでもないよ。
　　3　このようなことは二度とないようにします。

メ일의 답신이 늦은 것에 대해 주의주는 장면.

2番　정답2

31
2회

男：昨日のサッカーの試合見た？　やっぱりヨーロッパのチームには歯が立たないね。

女：1　うん、勝てて本当によかったよ。
　　2　うん、もっと力をつけてほしいよね。
　　3　うん、ほんとに惜しかったね。

주요어휘

□ 歯が立たない：못 당하다

3番　정답1

32
2회

女：ご卒業おめでとうございます。卒業されても、ときどきサークルに顔を出してくださいね。

男：1　もちろん、また様子を見に来るよ。
　　2　名前は出さないでくれよ。
　　3　うん、楽しみに待ってるよ。

주요어휘

□ 顔を出す：참석하다

4番　정답3

33
2회

女：あ～あ、昨日の面接、予想外の質問が来て、完全に言葉に詰まっちゃったよ。もう、がっくり。

男：1　大変だったね。何が詰まったの？
　　2　君のせいじゃないんだから、気にしないで。
　　3　まだ落ちると決まったわけじゃないだろ。

1→「言葉に詰まる」는 관용적 표현이고, 보통「何が詰まる」라고는 말하지 않음.

3→　아직 가능성이 있다고 격려하는 말.

주요어휘

□ 言葉に詰まる：말문이 막히다

5番 정답1

女：部長、ライオン食品からの資料が、まだ届いていないんですが……。

男：1　すぐに問い合わせてみてくれ。
　　2　届いているわけはないんだけどな…。
　　3　どうして君はいつも遅れるんだい？

6番 정답3

男：先方との打ち合わせが終わったら、今日はもう、そのまま帰っていいよ。

女：1　では、行き方をお調べします。
　　2　ちょっと間に合わないと思います。
　　3　では、明日またよろしくお願いします。

회사 밖에서의 일이 끝나면 회사로 돌아가지 않아도 된다고 말하고 있다.

7番 정답3

女：すみません、後ろを通ってもいいですか。

男：1　うーん、それはちょっと…。
　　2　ええ、前でも結構ですよ。
　　3　あ、これは失礼しました。

3→　눈치채지 못한 것을 사과하는 표현.

8番 정답1

女：申し訳ございません。こちらのお品物は機内持ち込み禁止となっております。

男：1　うっかりしていました。
　　2　恐れ入ります。
　　3　どういたしまして。

2→　손윗사람에게 감사나 사죄의 마음을 전하는 표현.

□ **機内**：기내, 비행기 안

□ **うっかりする**：깜빡하다

9番 정답3

男：この資料、すごく見やすくなったね。大変だったんじゃない？

女：1　ご苦労さまでした。
　　2　どうすればよかったでしょうか。
　　3　先輩のアドバイスのおかげです。

10番 정답1

女：説明会に申し込みたいのですが。受付はこちらでしょうか。

男：1　事前のお申し込みは不要ですよ。
　　2　ファックスはあちらにあります。
　　3　おかげさまで大盛況でした。

□ **大盛況**：대성황

11番 정답3

女：熱あるんなら帰ってゆっくり休んだら？　先生には言っとくから。

男：1　いや。急いでくれないかな。
　　2　先生は言ってないと思うよ。
　　3　授業出たいけど、その方がよさそうだね。

1→　「いや」뒤에는「言わなくていい」「授業は休まない」등이 오는 게 자연스러움.

12番 정답1

男：あの、ツアーを予約した者なんですが、キャンセルをしたいと思いまして…。

女：1　かしこまりました。では、お名前をお願いします。
　　2　申し訳ございませんが、こちらのツアーは定員に達しました。
　　3　承りました。いつがご希望でしょうか。

13番 정답2

女：もっと早く言ってくれれば、手伝ってあげた<u>ものを…</u>。

男：1 手伝ってくれてありがとう。
　　2 ほんと、そうすればよかった。
　　3 ずいぶん早かったんだね。

주요어휘

□ ～ものを：～것을, ～텐데

問題5

1番 정답3

電気店で女の人と店員が話しています。

男：いらっしゃいませ。
女：あの……、パソコンを探しているんですが。
男：どのようなタイプをお探しでしょうか。
女：今、家に1台デスクトップ型のがあるんですが、仕事で移動するときにも使えるように、ノート型のを探してるんです。
男：それでしたら、こちらはいかがでしょうか。最新のモデルで、多少 お値段は張りますが、機能が大変充実しています。それか…こちらのミニノート型パソコンもお勧めです。機能面では先ほどのものより若干劣りますが、とにかく軽くて、持ち運びに便利です。単純なデータ入力やインターネットのみの使用であれば、こちらで十分です。
女：そうなんですか。そんなに機能は重視していないし、仕事ではメールくらいしか使わないから軽いほうがいいですね。
男：そうですか。あ、もしデータ入力がそれほど必要ないということであれば、こちらのタブレット端末はいかがでしょうか。画面にタッチして操作するタイプで、キーボードはありません。起動に時間がかからないので使いやすいですよ。

女：ああ、それもいいですね。う～ん。でも、ときどき出張先でデータ処理をすることもあるから、やっぱりこっちにします。
男：ありがとうございます。

女の人は何を買いましたか。

1　デスクトップ型パソコン
2　ノート型パソコン
3　ミニノート型パソコン
4　タブレット端末

주요어휘

□ 値段が張る：값이 비싸다

□ 起動(する)：기동

2番 정답1

家族3人が話しています。

女1：ねえねえ、今年の夏休みに短期の留学プログラムに参加したいと思ってるんだけど。
女2：いいんじゃない。来年は受験勉強で忙しいだろうし。何かあてはあるの？
女1：これ、学校で資料をもらってきたの。
男　：へー、いろんなプログラムがあるんだな。試験対策、インターンシップ、ボランティア…。こっちはスポーツ体験か。ダンスにダイビング…ゴルフもあるのか。
女1：そうなの。どれがいいか迷っちゃって。でも、スポーツは苦手だから、スポーツ体験はないかな。
女2：インターンシップは「英語で基本的なコミュニケーションができること」って書いてあるけど、大丈夫なの？
女1：うーん、まだちょっと自信がないかなあ。
女2：じゃ、試験対策は？ この先、本格的な留学をするんだったら、試験にうからないといけないでしょ。
女1：うん。そうなんだけど、もうちょっと先でもいいような気がする。これがいいかな。現地の人とたくさん接することができそうだし。

63

男 ： いいんじゃないか。むこうでは若いうち
おとこ　　　　　　　　　　　　　　わか
　　　から社会貢献の意識が強いらしいからな。
　　　　しゃかいこうけん　いしき　つよ
　　　きっといい勉強になるだろう。
　　　　　　　べんきょう

女1 ： よしっ、じゃあ、これに決まり。何だかや
おんな　　　　　　　　　　　　き　　　なん
　　　る気が出てきた。
　　　き　で

娘はどのプログラムを選びましたか。
むすめ　　　　　　　　　　えら

1　ボランティア体験
　　　　　　　　たいけん
2　インターンシップ
3　試験対策
　　しけんたいさく
4　スポーツ体験
　　　　　たいけん

3番 질문1 : 정답**4**　질문2 : 정답**1**　　🎧 47 2회
　ばん

学生3人が海外旅行の計画について話しています。
がくせい　にん　かいがいりょこう　けいかく　　　　はな

女1 ： 今度みんなで行く旅行なんだけど、この
おんな　こんど　　　　い　りょこう
　　　「オーストラリア2都市周遊7日間」はどう？
　　　　　　　　　　　　　とし　しゅうゆう　かかん

男 ： シドニーの観光がメインで、もう一つ行き
おとこ　　　　かんこう　　　　　　　　　ひと　い
　　　たい都市をこの中から選ぶんだね。
　　　　とし　　　なか　えら

女2 ： ホテルと飛行機だけ手配がされていて、あ
おんな　　　ひこうき　　てはい
　　　とは自由行動ってことは、行く前にいろい
　　　　じゆうこうどう　　　　い　まえ
　　　ろ調べておかないといけないね。
　　　しら

女1 ： うん。「ガイド付きオーストラリア7日
おんな　　　　　　つ　　　　　　　　　か
　　　間」っていうのもあって、これなら有名な
　　　かん　　　　　　　　　　　　　　ゆうめい
　　　所を時間の無駄なく回れるみたいだけど。
　　　ところ　じかん　むだ　　まわ

男 ： でもガイド付きって、高いよね。僕はシド
おとこ　　　　　　つ　　　たか　　ぼく
　　　ニーに絞ってもいいと思うんだけど、シド
　　　　しぼ　　　　　　　おも
　　　ニーだけのツアーはどう？

女1 ： 「シドニーフリープラン5日間」っていうの
おんな　　　　　　　　　　　かかん
　　　があるけど。

男 ： よさそうだね。あ、でも、こっちの「格安
おとこ　　　　　　　　　　　　　　かくやす
　　　シドニー5日間」のほうがだいぶ安いよ。
　　　　　かかん　　　　　　　やす

女2 ： ここに航空会社指定って書いてあるけど、
おんな　　　こうくうがいしゃしてい　か
　　　確かこれ、格安航空会社じゃない？ 安い
　　　たし　　　かくやすこうくうがいしゃ　　　やす
　　　分、必要最低限のサービスしかないんで
　　　ぶん　ひつようさいていげん
　　　しょ？

男 ： でも、この安さは魅力だなあ、やっぱり。
おとこ　　　　　やす　みりょく

女1 ： うーん。私はやっぱり、シドニーだけじゃ
おんな　　　わたし
　　　物足りないな。ガイドを付けなければそこ
　　　ものた　　　　　　　つ
　　　まで高くないし。
　　　たか

女2 ： うん。私もそう思う。自分たちでいろいろ
おんな　　　わたし　　おも　じぶん
　　　調べるのはいいけど、あまり安すぎるのは
　　　しら　　　　　　　　　　　　やす
　　　ちょっと…。何かトラブルがあるといやだ
　　　　　　　　なに
　　　し。

男 ： じゃあ、ほかの3人に聞いてみて、また相
おとこ　　　　　　にん　き　　　　　　　そう
　　　談しようか。
　　　だん

女1 ： そうだね。
おんな

質問1
しつもん
男の学生はどのツアーがいいと言っていますか。
おとこ　がくせい　　　　　　　　　い

質問2
しつもん
女の学生たちはどのツアーがいいと言っています
おんな　がくせい　　　　　　　　　　　　い
か。

주요어휘

☐ 周遊 : 주유, 여기 저기 여행하며 돌아다님
　しゅうゆう

☐ シドニー : 시드니

☐ 格安 : 특가, 매우 싼 가격
　かくやす

☐ 必要最低限 : 필요 최소한
　ひつようさいていげん

☐ 物足りない : 뭔가 아쉽다, 뭔가 미흡하다
　ものた

모의고사 제3회 정답·해설

정답 일람

📖 언어지식 (문자·어휘·문법)

問題1 もんだい		問題5 もんだい	
1	2	26	4
2	4	27	1
3	1	28	3
4	3	29	3
5	2	30	2
6	3	31	1
問題2 もんだい		32	4
7	2	33	1
8	4	34	3
9	3	35	3
10	3	問題6 もんだい	
11	1	36	2
12	1	37	1
13	3	38	2
問題3 もんだい		39	4
14	4	40	3
15	2	問題7 もんだい	
16	1	41	2
17	1	42	1
18	2	43	4
19	3	44	4
問題4 もんだい		45	4
20	1		
21	4		
22	1		
23	3		
24	4		
25	2		

📖 독해

問題8 もんだい		問題13 もんだい	
46	3	70	2
47	1	71	1
48	3		
49	3		
問題9 もんだい			
50	3		
51	1		
52	1		
53	3		
54	2		
55	4		
56	4		
57	4		
58	1		
問題10 もんだい			
59	3		
60	1		
61	4		
62	2		
問題11 もんだい			
63	3		
64	2		
65	1		
問題12 もんだい			
66	3		
67	1		
68	4		
69	4		

📖 청해

問題1 もんだい		問題4 もんだい	
例 れい	2	例 れい	3
1	1	1	3
2	1	2	1
3	3	3	2
4	1	4	3
5	2	5	1
6	4	6	1
問題2 もんだい		7	3
例 れい	3	8	3
1	4	9	3
2	4	10	3
3	3	11	3
4	3	12	1
5	3	13	2
6	2	問題5 もんだい	
7	4	1	2
問題3 もんだい		2	3
例 れい	3	3(1)	1
1	2	(2)	3
2	1		
3	2		
4	2		
5	2		
6	4		

※해설에서는 「주요어휘」에 N1레벨의 어휘를 싣고, 체크박스(□)를 붙였습니다. 설명을 위해 사용한 일부 어려운 어휘에는 △가 붙어 있습니다.

언어지식

問題 1
もんだい

1 정답 2

□ **修業**：학업이나 기술 등을 배우는 것
しゅぎょう

▶ □ **修** = シュ、シュウ／おさ－める
　例 修行（する）、修理（する）、学問を修める。
　　 しゅぎょう　　しゅうり　　　がくもん　おさ

▶ □ **業** = ギョウ
　例 営業（する）
　　 えいぎょう

2 정답 4

□ **潔く**：깨끗이, 미련없이
いさぎよ

▶ □ **潔** = ケツ／いさぎよ－い
　例 清潔な部屋、潔い性格
　　 せいけつ　へや　いさぎよ　せいかく

오답해설　1 快く　2 著しく　3 甚だしく
　　　　　 こころよ　　いちじる　　　はなは

3 정답 1

□ **分析（する）**：분석
ぶんせき

▶ □ **析** = セキ　例 解析（する）
　　　　　　　　　 かいせき

4 정답 3

□ **拒む**：거부하다
こば

▶ □ **拒** = キョ／こば－む　例 拒否（する）
　　　　　　　　　　　　　 きょ ひ

오답해설　1 拝んで　2 阻んで　4 妬んで
　　　　　 おが　　　　はば　　　　ねた

5 정답 2

□ **精密（な）**：정밀
せいみつ

▶ □ **精** = セイ、ショウ　例 精神、精進（する）
　　　　　　　　　　　　　 せいしん　しょうじん

오답해설　1 親密　3 機密　4 緻密
　　　　　 しんみつ　　きみつ　　ちみつ

6 정답 3

□ **合（い）間**：짬, 틈
あ　　　ま

▶ □ **合** = ゴウ、ガッ／あ－う、あ－わせる
　例 合理的、合併（する）、目が合う。
　　 ごうりてき　がっぺい　　　め あ

▶ □ **間** = カン、ケン／あいだ、ま
　例 夜間、世間、木と木の間、あっという間
　　 やかん　せけん　き　き あいだ　　　　 ま

問題 2
もんだい

7 정답 2

□ **交渉（する）**：교섭, 협상
こうしょう
　例 値段を交渉する。
　　 ねだん　こうしょう

오답해설

1 **交流（する）**：교류
こうりゅう
　例 外国の人との交流、国際交流
　　 がいこく ひと　　こうりゅう　こくさいこうりゅう

3 **交付（する）**：교부
こうふ
　例 免許証は警察で交付される。
　　 めんきょしょう けいさつ こうふ

4 **交代（する）**：교대
こうたい
　例 そろそろ選手を交代したほうがいい。
　　 せんしゅ こうたい

8 정답 4

□ **デリケート（な）**：섬세함, 민감함 영delicate
　例 デリケートな肌、デリケートな問題
　　 はだ　　　　　　もんだい

오답해설

1 **ソフト（な）**：부드러움 영soft
　例 ソフトな話し方。
　　 はな かた

2 **ロマンチック（な）**：로맨틱 영romantic
　例 ロマンチックな物語。
　　 ものがたり

3 **ルーズ（な）**：허술함 영loose
　例 彼は時間にルーズで、よく遅刻する。
　　 かれ　じかん　　　　　　　　　ちこく

9 정답 **3**

□ **倹約(する)**：검약, 절약
けんやく

예 倹約家
けんやく か

※「節約」는 돈 이외에도 쓰이지만, 「倹約」는 돈에
せつやく　　　　　　　　　　　　　　　けんやく
관해서만 쓴다.

오답해설

1 **統制(する)**：통제
とうせい

예 情報を統制する。
じょうほう　とうせい

2 **節制(する)**：절제
せっせい

예 酒を節制する。(※주로 음식 등에 사용)
さけ　せっせい

4 **要約(する)**：요약
ようやく

예 論文の内容を要約した。
ろんぶん　ないよう　ようやく

10 정답 **3**

□ **維持(する)**：유지
い じ

예 健康を維持する。
けんこう　い じ

오답해설

1 **保管(する)**：보관
ほ かん

예 資料を保管する。
しりょう　ほ かん

2 **整理(する)**：정리
せい り

예 書類を整理する。
しょるい　せい り

4 **抑制(する)**：억제
よくせい

예 食欲を抑制する。
しょくよく　よくせい

11 정답 **1**

□ **経緯**：경위
けい い

예 事故の経緯を説明した。
じ こ　けい い　せつめい

오답해설

2 **経験(する)**：경험
けいけん

예 経験を生かす、経験が浅い。
けいけん　い　けいけん　あさ

3 **経歴**：경력
けいれき

예 華やかな経歴を持つ。
はな　けいれき　も

4 **経路**：경로
けい ろ

예 通勤経路、チケットの入手経路。(＝手に入れ
つうきんけい ろ　　　　　　　にゅうしゅけい ろ　　　て　い
る方法)
ほうほう

12 정답 **1**

□ **~性**：~성
せい

예 植物性の油、文化の多様性
しょくぶつせい　あぶら　ぶん か　た ようせい

오답해설

2 **~的(な)**：~적
てき

예 肯定的な意見、国際的な問題
こうていてき　い けん　こくさいてき　もんだい

3 **~面**：~면
めん

예 精神面のケア、資金面で援助する
せいしんめん　　　　　 し きんめん　えんじょ

4 **~感**：~감
かん

예 達成感がある、親近感を抱く
たっせいかん　　　　　 しんきんかん　いだ

13 정답 **3**

□ **対応(する)**：대응
たいおう

예 消費者のニーズに対応する、柔軟な対応
しょう ひ しゃ　　　　　　 たいおう　じゅうなん　たいおう

오답해설

1 **接待(する)**：접대
せったい

예 高級レストランで接待を受けた。
こうきゅう　　　　　　　せったい　う

2 **待遇(する)**：대우
たいぐう

예 このホテルは待遇がよかった。
たいぐう
待遇の改善を求める。
たいぐう　かいぜん　もと

4 **反応(する)**：반응
はんのう

예 光に反応して動く、客の反応をみる。
ひかり　はんのう　うご　きゃく　はんのう

問題 **3**
もんだい

14 정답 **4**

□ **ややこしい**：복잡하다, 까다롭다

예 この問題はややこしくて説明しにくい。
もんだい　　　　　　　　　　　せつめい

오답해설

3 **あいまい(な)**：애매함

예 あいまいな言い方
い　かた

15 정답 **2**

□ **案じる**(あん) : 걱정하다

例 母は遠くに住んでいる弟のことをいつも案じていた。
(はは) (とお) (す) (おとうと) (あん)

16 정답 **1**

□ **世論**(よろん) : 여론　例 **世論調査**(よろんちょうさ)

17 정답 **1**

□ **肩を持つ**(かた)(も) : 慣 편을 들다

例 私たちがけんかすると、母はいつも妹の肩を持った。
(わたし) (はは) (いもうと)(かた)(も)

오답해설

4 **ばかにする** : 바보 취급하다

例 彼の発言は女性をばかにしたものだ。
(かれ) (はつげん) (じょせい)

18 정답 **2**

□ **手順**(てじゅん) : 순서, 순번

例 作業手順、手順を踏む (=순서에 따라 일을 진행시킴)
(さぎょうてじゅん) (てじゅん)(ふ)

19 정답 **3**

□ **そもそも** : 애초에, 처음부터

例 両者はそもそも考え方が違う。
(りょうしゃ) (かんが)(かた)(ちが)

問題4
(もんだい)

20 정답 **1**

□ **配送する**(はいそう) : 배송하다

例 商品を配送する。
(しょうひん)(はいそう)

오답해설 2 メールを送った、 3 気持ちを伝えたい、 4 子供を幼稚園に送って 등이 적당.
(おく) (きも)(つた) (こども)(ようちえん)(おく)

21 정답 **4**

□ **不備**(ふび) : 갖추어지지 않음

例 システムに不備が見つかる。
(ふび)(み)

오답해설 1 体の不調、 2 睡眠時間の不足、 3 不安の声 등이 적당.
(からだ)(ふちょう) (すいみんじかん)(ふそく) (ふあん)(こえ)

22 정답 **1**

□ **推進(する)**(すいしん) : 추진

例 宇宙開発事業を推進する。
(うちゅうかいはつじぎょう)(すいしん)

오답해설 2 ドアを押して、 3 山田課長を推薦した、 4 好みを推測して 등이 적당.
(お) (やまだかちょう)(すいせん) (この)(すいそく)

23 정답 **3**

□ **でたらめ(な)** : 엉망진창

例 でたらめなことを言う、でたらめに歌う。
(い) (うた)

오답해설 1 めちゃくちゃなので、 2 ばらばらに、 4 ごちゃごちゃしている 등이 적당.

24 정답 **4**

□ **きっぱり(と)** : 단호히

例 きっぱり(と)言う、きっぱり(と)あきらめる。
(い)

오답해설 1 はっきり(と)した人間、 2 はっきり(と)違う、 3 頭がさっぱり(と)した 등이 적당.
(にんげん) (ちが) (あたま)

25 정답 **2**

□ **説得(する)**(せっとく) : 설득

例 相手をうまく説得する、説得力がある。
(あいて) (せっとく) (せっとくりょく)

오답해설 1 警察に説明した、 3 生徒を説教した、 4 みんなに説明した 등이 적당.
(けいさつ)(せつめい) (せいと)(せっきょう) (せつめい)

問題5
もんだい

26 정답 4

□ **〜とは…だ** : 〜라니 …다

□ **〜にして** : 〜인데

例 あの子は5歳にして、ピアノが弾けるそう
こ　さい　　　　　　　　　　　　ひ
だ。

□ **〜として** : 〜라면, 〜라고 가정하면

例 夏休みに旅行に行くとして、どこに行く？
なつやす　りょこう　い　　　　　　　　　　　　い

□ **〜にあたって** : 〜에 즈음하여

例 イベントの開催にあたって、市民から多くの意
かいさい　　　　　　し みん　おお　い
見が寄せられた。
けん　よ

27 정답 1

□ **〜もかまわず** : 〜도 개의치 않고

□ **〜をものともせず** : 〜를 아랑곳하지 않고

例 激しい雨をものともせず、彼は作業を続けた。
はげ　あめ　　　　　　　　　かれ　さ ぎょう　つづ

□ **〜をよそに** : 〜를 무시하고

例 家族の心配をよそに、彼はずっと遊んでいたよ
か ぞく　しんぱい　　　　　かれ　　　　あそ
うだ。

4→ 「いるにもかかわらず」라면 OK

28 정답 3

□ **ご〜いただけますでしょうか** : 「〜しても
らえますか」의 겸양표현. 「いただけ」는 겸양어
「いただく」의 가능형

□ **差し支える** : 지장이 있다
さ　つか

例 私の名前を出しても、差し支えありません。
わたし　な まえ　だ　　　　　さ　つか

2→ 「〜されますか」는 단순히 상대방의 의사를 묻는
표현 (例 ご予約されますか。). 의뢰를 나타내는
よ やく
「差し支えなければ〜」와 맞지 않음.
さ　つか

29 정답 3

□ **〜ときたら** : 〜은, 〜로 말하면 (비난·불만에 자
주 쓰임)

例 最近の若い女性ときたら、どこでも平気で
さいきん　わか　じょせい　　　　　　　　　へいき
化粧をするんだね。
け しょう

□ **〜とすれば** : 〜라고 하면, 〜로서는

□ **〜ともなれば** : 〜라도 되면

例 お祭りともなれば、この辺りも賑やかになる。
まつ　　　　　　　　　あた　　にぎ

□ **〜とは** : 〜란 (「AとはBだ。」 B는 A의 설명이나
해석)

30 정답 2

□ **〜どころか** : 〜는 커녕

例 食事どころか、水も飲んでいない。
しょくじ　　　　　みず　の

□ **〜どころではなく** : 〜할 때가 아니라

31 정답 1

□ **〜(の)かたわら** : 〜함과 동시에, 〜하는 한편

□ **〜にともなって** : 〜에 따라

例 経済の発展に伴って、いろいろな問題が出て
けいざい　はってん　ともな　　　　　　　　もんだい　で
きた。

□ **〜はんめん** : 〜반면

例 インターネットは便利な反面、トラブルも
べんり　はんめん
多い。
おお

□ **〜もかねて** : 〜도 겸해서, 〜도 겸해서

例 英語の勉強も兼ねて、アメリカのテレビドラマ
えいご　べんきょう　か
を見ています。
み

32 정답 4

□ **〜からには** : 〜한 이상

□ **中途半端な** : 어중간한
ちゅう と はん ぱ

□ **〜からして** : 〜부터가

例 この店は名前からしてまずそうだ。
みせ　な まえ

33 정답 1

□ **～ものか**：～할까보냐

□ **連中**：한패, 일당, 그자들, 동료들 ('사람들'을 경시한 표현)

　　예 最近の若い連中は勝手なことばかり言う。

□ **～ものだ**：～것이다, 당연히 ～해야 한다

　　예 スポーツは体で覚えるものだ。

□ **～ものを**：～것을, ～텐데

　　예 言ってくれれば、手伝ってあげたものを。

34 정답 3

□ **～っていうのは**：～라는 것은

□ **わいわい**：여럿이 모여 시끄럽게 떠드는 모양

35 정답 3

□ **～わけにはいかない**：～할 수는 없다

　　예 プロとして、学生に負けるわけにはいかない。

問題6
もんだい

36 정답 2

ホームを歩きながら携帯電話などを操作する ₄こと ₃は ₂電車と ₁の 接触事故につながりかねない。

「電車と接触する」를 명사로 만드는 것이 포인트→「電車との接触」.

□ **～かねない**：～할지도 모르다

□ **～につながる**：～로 이어지다

37 정답 1

今回の実験が上手く ₂いかなかった ₄から ₁といって ₃研究自体 をあきらめることはない。

□ **～ことはない**：～할 필요 없다

38 정답 2

転職先としては、これまでの経験を ₃生かしつつ ₁キャリアアップを ₂図れる ₄会社を 希望している。

□ **～つつ**：～하면서

「経験を生かす」「キャリアアップを図る」라는 표현도 같이 외워두면 좋다.

39 정답 4

何とか ₃就職する ₂ことは ₄できた ₁ものの、将来に対して不安がないわけではない。

□ **～ものの**：～기는 하지만

□ **～ないわけではない**：～없는 것은 아니다

40 정답 3

うちは ₂共働きで ₁留守がち ₃ですが ₄ペットを飼う ことはできるでしょうか。

□ **～がちだ**：～하기 쉽다

「共働き」와「留守がち」는 둘 다 집안의 상황을 나타내는 말로,「で」로 연결한다.

70

問題7
もんだい

41 정답 2

다음과 같이 포인트를 파악한다.

「仕事に行き詰まったとき」→「沈んだ気持ち」
しごと い づ　　　　　しず　　きも
혹은 「落ち込んだ気持ち」.
お　こ　　きも
「気持ちを前向きに切り換える」→「(沈んだ気
きも　　まえむ　　き　か　　　しず　き
持ちから)解放される」.
も　　　かいほう

42 정답 1

앞 문장을 받아 「ある人」의 생각을 소개하는 내용이다.
ひと

□ ～というのだ : ～라고 한다, ～라는 것이다

　例 彼らによると、それが楽しいというのだ。
　かれ　　　　　　　　　　たの

43 정답 4

처음에 별생각 없이 행동해서(돈을 쓰고), 일을 소용없게 만드는 구체적인 예.

□ ありがち(な) : 흔히 있음

44 정답 4

앞 문장의 「はなから完璧を求めない」라는 생각을
かんぺき　もと
예로, 「最初から長い距離にチャレンジするこ
さいしょ　なが　きょり
とはない」라고 기술하고 있다.

□ ～ことはない : ～할 필요 없다

□ ～だけのことだ : ～일 뿐이다

45 정답 4

자신의 진짜 기분이나 상태를 따르는 것이 좋다는 견해를 나타내는 「無理に～必要はない」가 맞다.
むり　　　ひつよう

71

독해

問題8(短文)
もんだい　たんぶん

(1)「아버지의 역할」

46 정답 **3**

「父親」의 역할을 다하는 사람이 없다. 「舵取り(부모
ちちおや　　　　　　　　　　　　　　　　かじと
의 원래 역할)を放棄して子どもの機嫌を取る」라
ほうき　　こ　　　　　　きげん　と
고 예를 들고 있다.

오답해설

1→ 집에 있는 시간에 대해서는 문제삼고 있지 않음.

2→ 「家からいなくなる」라고는 하지 않았음.
いえ

4→ 「父親を無視する」라고는 하지 않았음.
ちちおや　むし

주요어휘

□ **一歩** : 한 걸음, 조금
いっぽ

□ **危うさ** : 위험
あや

□ **航海** : 항해
こうかい

□ **舵取り** : 키잡이, 조타(수)
かじと

□ **甘い顔をする** : (지나치게) 자상하게 대하다
あま　かお

□ **思春期** : 사춘기
ししゅんき

(2)「조깅」

47 정답 **1**

본문에서는 '지방이 잘 연소되지 않는 것'과 '생명에 관
계되는 것' 두 가지를 들고 있다.

오답해설

2→ 운동 후에 대해서는 기술하고 있지 않음.

3→ 갑자기 쓰러지는 이유는 지방이 연소되지 않기 때
문이 아님.

4→ 체온조절이나 심장의 기능에 대해서는 기술하고 있
지 않음.

주요어휘

□ **空前** : 공전, 비교할 만한 것이 이전에는 없음
くうぜん

△ **血糖値** : 혈당치
けっとうち

□ **冷や汗** : 식은땀
ひ　あせ

(3)「일의 의미」

48 정답 **3**

부정한 후에 주장을 기술하는 패턴. 4~5행「まず
は、生活を不足のないものにするための対価
せいかつ　ふそく　　　　　　　　　　たいか
として」에 주목.

오답해설

1→ 일반적인 생각이지만 본문의 취지는 아님.

4→ 첫 번째 의의가 아님.

주요어휘

△ **糧にありつく** : 살아가는 데 필요한 양식을 얻다
かて

(4)「새로운 가치체계」

49 정답 **3**

「考えを伝え合い、そのそれぞれを認めつつ、
かんが　つた　あ　　　　　　　　　　みと
新しい価値体系を構築することが求められる」
あたら　かちたいけい　こうちく　　　　　もと
라고 되어 있기 때문.

오답해설

4→ 「理解し合うのは難しい」라는 부정적인 견해는
りかい　あ　　　むずか
본문의 주제와 맞지 않음.

주요어휘

□ **価値観** : 가치관
かちかん

□ **多様化(する)** : 다양화
たようか

□ 명사 + **までも(が)〜** : 〜마저도

㉘ 不景気で、中小企業のみならず、歴史のある大
ふけいき　ちゅうしょうきぎょう　　　　れきし　　だい
企業までもが倒産している。
きぎょう　　　　　とうさん

□ **押し付ける** : 강요하다
　 　おし　つ
　例 **責任を押し付ける**
　　せきにん　　おし　つ

□ **とはいえ** : ～라고 해도

□ **真に** : 정말로
　しん

□ **～まい** : ～않을 것이다

□ **妥協(する)** : 타협
　だきょう

□ **見いだす** : (결론이나 방법 등을) 발견하다
　み

□ **ひびが入る** : 금이 가다　例 **友情にひびが入る**
　　　　はい　　　　　　　　　　ゆうじょう　　　　　　はい

□ **優先(する)** : 우선　例 **何よりも仕事を優先する**
　ゆうせん　　　　　　　　なに　　　しごと　ゆうせん

□ **望ましい** : 바람직하다
　のぞ

問題9(中文)
　もんだい　　ちゅうぶん

(1) 「노령과 건강」

　50　**정답 3**

첫 번째 단락에서 '전쟁 전에는 전염병이나 만성질환이 많고, 그런 것에 걸리지 않는 것이 건강한 것이었다' 라는 취지를 파악한다.

　51　**정답 1**

3~4행 「戦後、病気の様相も変り、…」 부분에
　　　せんご　びょうき　ようそう　かわ
주목. 설문의 「健康の定義」는 「(사람들의) 健康の
　　　　　　けんこう　ていぎ　　　　　　　　　　けんこう
とらえ方」라고 이해한다.
　　　かた

오답해설

2→ 「特効薬の開発」에 대한 언급은 없음.
　　とっこうやく　かいはつ

3→ 'WHO의 건강의 정의' 와 '사람들의 건강에 대한 의식의 변화'의 관계에 대해서는 다루지 않음.

　52　**정답 1**

「精神的ならびに社会的存在であることをよく
　せいしんてき　　　　しゃかいてきそんざい
理解」라고 평가하고 있다.
りかい

주요어휘

□ **伝染病** : 전염병
　でんせんびょう

□ **疾患** : 질환
　しっかん

□ **部局** : 부국 (관공서 등에서 사무를 분담하여 다루는
　ぶきょく
곳. 국·부·과 등을 통틀어 이르는 말)

(2) 「『やらせ(미리 짜고 하는 일)』에 대해」

　53　**정답 3**

애초에 「フィクション＝픽션, 허구」 이기 때문에 「やらせ(미리 짜고 하는 일)」가 되지 않는다.

오답해설

1→ 「感情移入できない」라고는 쓰여있지 않음.
　　かんじょういにゅう

2→ 다큐멘터리의 정의는 쓰여있지 않음.

4→ 「だまされたくてだまされる」≠믿음.

　54　**정답 2**

「番組のいいたかったのは、おそらくネパール
　ばんぐみ
の自然のきびしさだろう」라고 되어 있다.
　しぜん

오답해설

1→ 고산병은 개별적인 사실이며, 주장이 아님.

3→ 방송의 주장은 이렇게 추상적이지 않음.

4→ 방송의 주장과 크게 다름.

　55　**정답 4**

「もし後者に係るとすれば」＝ '다큐멘터리의 본질
　　　こうしゃ　かか
이『방송 전반의 주장은 거짓을 말하지 않기』이기 때문에'. 주장의 내용이 적절한가에 주목한다면, 「ネパールの自然が厳しい」라는 것이 거짓이라고는 할 수
　　　　しぜん　きび
없다.

오답해설

1, 2, 3→ 모두 '방송 전체의 주장의 진위'라는 전제와 맞지 않음.

주요어휘

□ **見せかけ** : 외관, 겉보기
　み

□ **いずれにしても** : 어느 쪽이든

□ **あらかじめ** : 사전에

□ **～に係る** : ～에 관계되다
　　かか

(3) 「농업 콩쿠르」

56 정답 **4**

다섯 번째 단락 1행 「『やさか』の取り組みは～好例だ」라고 되어 있다.

오답해설

1, 2→ '농장의 규모', '영업성적'은 특별히 문제삼고 있지 않음.

3→ 「関係機関」「専門家」「研究発表」가 잘못됨.

57 정답 **4**

두 번째 단락에서 상품의 브랜드화와 통신판매가 특징인 것을 알 수 있다.

오답해설

1, 2→ '기후와 작물의 관계', '마을 조성'은 특별히 문제삼고 있지 않음.

3→ 새로운 방법에 「若者の参加」는 관계없음.

58 정답 **1**

마지막 단락에 「生産者が、加工・製造、販売まで一貫して手がける」케이스가 눈에 띄었다고 했다.

주요어휘

☐ **従事者** : 종사자

☐ **山あい** : 산간, 산골짜기

☐ **有機栽培** : 유기농 재배

☐ **販路** : 판로

☐ **法人** : 법인

☐ **研修生** : 연수생

☐ **推進(する)** : 추진

☐ **参入(する)** : 들어감, 참가

☐ **促進(する)** : 촉진

☐ **～を柱にする** : ～를 주축으로 하다

☐ **先取りする** : 선취하다, 남보다 먼저 가지다

　　예) 時代を先取りしたファッション

☐ **ままならない** : 마음대로 되지 않다

☐ **連携(する)** : 연계

☐ **手がける** : 직접 다루다, 직접 하다

問題10 (長文)

「친구 지옥」

59 정답 **3**

「互いの関係も狭い範囲で固定化される傾向にある」가 열쇠. 첫 번째, 두 번째 단락에 주목.

오답해설

1→ 「広く」가 확실히 잘못됨.

2→ 「社会の中で」가 「脱社会的に」와 맞지 않음.

4→ 「自分らしさを持つ人」와 어울리고 싶다고는 말하고 있지 않음.

60 정답 **1**

같은 문장 안에 있는 「その結果」 = 『욕구의 대상이나 가치관이 저절로 다양화』된 결과'.

오답해설

2, 4→ 「内面に意識を向ける」「人間関係が狭く閉じている」는 원인(가치관의 다양화)의 전 단계.

3→ 타입 간의 차이에 대해서는 쓰여있지 않음.

61 정답 **4**

네 번째 단락에 「理解不可能性を前提とした人間関係を築いていく技術」라고 되어 있다. 「理解不可能性」는 「分かりあえないかもしれないこと」를 가리킨다.

오답해설

1→ 「互いの～もはやできない」라고 했으므로 오답.

2→ 나다움을 보이고 말고에 대한 언급 없음.

3→ 배려심을 가질지 말지는 쓰여있지 않음.

62 정답 **2**

다섯 번째 단락에 「葛藤の火種が多く含まれる人
間関係」를 운영하기 위해 「絶妙な距離感覚を作
り出そうとしている」라고 되어있다.

주요어휘

□ 損なう : 손상하다, 파손하다
そこ

□ ~におちいる : ~에 빠지다

□ 依存(する) : 의존
い ぞん

□ 格段に : 현격히
かくだん

□ 固有の : 고유의
こ ゆう

□ 合致(する) : 합치, 일치
がっ ち

□ 過剰 : 과잉
か じょう

□ メンタリティ : 심리 상태 영mentality

□ おのずと : 저절로, 자연히

□ 似かよう : 서로 닮은 데가 있다
に

□ 緩やか(な) : 완만함, 느슨함
ゆる

□ 内実 : 내실
ないじつ

□ 素朴(な) : 소박함
そ ぼく

□ (関係を)築く : (관계를) 쌓다
かんけい   きず

□ 回避(する) : 회피
かい ひ

□ 駆使(する) : 구사
く し

□ 確固とした : 확고한
かっ こ

□ 自覚する : 자각하다
じ かく

□ ~とみなす : ~라고 간주하다

　예 遅刻3回で欠席1回 とみなします。
　　 ちこく かい けっせき かい

□ 巧みに : 교묘히
たく

□ (もめ事を)収める : 진정시키다, 수습하다
ごと   おさ

問題 11（統合理解）
もんだい   とうごう り かい

「재택 재활(훈련)」

63 정답 **3**

3번에만 양쪽에 쓰여있다.

오답해설

1→　A만 정의에 가까운 기술이 있음.

2→　A에만 쓰여있음.

4→　B에만 쓰여있음.

64 정답 **2**

A, B 둘 다 신체적 회복(=기능회복)에 대해 기술하고
있다. A는 그것에 더해 사회복귀 (=원래 '사회생활'을
되찾음)의 측면을 들고 있다.

65 정답 **1**

A, B 둘 다 후반부에 해당 내용이 있다.

오답해설

2→　B에 해당 내용 없음.

3→　A에 해당 내용 없음.

4→　A, B 둘 다 해당 내용 없음.

주요어휘

□ リハビリテーション : 재활 영rehabilitation

□ ~をはかる : ~를 도모하다

□ 連想(する) : 연상
れんそう

□ 合併症 : 합병증
がっぺいしょう

□ インフラ : 인프라

□ 現行の : 현행의
げんこう

□ 相対的に : 상대적으로 ⇔絶対的に
そうたいてき   ぜったいてき

□ ~をこうむる : ~을 입다, ~을 받다

□ 介助(する) : 도움, 시중 듦
かいじょ

□ 寝たきり : 다치거나 질병으로 누워있는 상태가 장기
ね
　　 간 계속되는 상태

□ 肝心：매우 중요함
　かんじん
□ 主治医：주치의
　しゅ じ い
□ 作業療法士：작업치료사
　さ ぎょうりょうほう し
□ ～をあおぐ：(조언, 지도, 원조)를 구하다
□ 指南（する）：지남, 지도, 이끌어 가르침
　し なん
□ 代替（する）：대체
　だいたい
□ 世間体：체면
　せ けんてい
　㉑ 世間体を気にして離職できない。
　　せけんてい　き　　　　　　りしょく
□ 抵抗を感じる：거부감을 느끼다
　ていこう　かん

問題12（主張理解）
　もんだい　　　　　　　しゅちょうりかい

「『고민』의 정체」

66　정답 3

「『楽しいのは十代のうちだけ』という価値観」
　たの　　　　　じゅうだい　　　　　　　　かちかん
이 포인트.

오답해설

1, 2, 4 → '괴로울 뿐', '모든 목표를 이루었다', '누군가
해 버렸다'라고는 말하지 않았음.

67　정답 1

「バブル崩壊後～という感覚が広まっている」
　　　ほうかい ご　　　　　　かんかく　ひろ
에 주목한다.

오답해설

2 → 사람들이 「無気力」하다고는 말하고 있지 않음.
　　　　　　む き りょく

3 → 「大人たち」의 발언이나 생각은 언급이 없음.
　　　おとな

4 → 「競争に疲れる」「意欲や目標を失う」 등의 언
　　　きょうそう　つか　　いよく　もくひょう　うしな
급은 없음.

68　정답 4

사회를 「人間のライフコース」에 비유하고 있다.
　　　　にんげん

오답해설

1 → 사람들의 「年齢」가 아니라, 「社会」의 연령에 대해
　　　　　ねんれい　　　　　　しゃかい
설명하고 있음.

2 → 성장기나 전성기는 지났지만, 「衰退」라고까지는 하
　　　　　　　　　　　　　　　　　すいたい
지 않았음.

3 → '젊은 사람들의 안정지향'은 화제에 없음.

69　정답 4

오답해설

1 → 「若い人ががんばる」 등의 언급은 없음.
　　　わか　ひと

2 → 「街をきれいにする」「マナーを守る」에 대한
　　　まち　　　　　　　　　　　　　　まも
언급은 없음.

3 → 경제발전을 목표로 하는 것은 본문에 맞지 않음.

주요어휘

□ （若い）層：층　㉑ 若い男性層、主婦層
　わか　そう　　　　わか　だんせいそう　しゅ ふ そう
□ 悔い：후회
　く
□ 繁華街：번화가
　はん か がい
□ バブル（経済）：버블(경제)
　　　　けいざい
□ なぞらえる：비하다, 비교하다
□ さらなる：지금 이상의
□ 得策：득책, 상책
　とくさく
□ 虚無感：허무감
　きょ む かん

問題13(情報検索)
もんだい　　　　じょうほうけんさく

「구인 정보」

70 정답 **2**

토 씨의 조건을 정리하면 다음과 같다.

○ 영어와 중국어를 할 수 있다.
○ 통역이나 번역의 경험 없음.
○ 8월 10일부터 2주간은 귀국함.
○ 월요일, 수요일, 금요일은 오후 5시부터 9시까지 자원봉사를 하고 있음.
○ 자동차나 오토바이 면허는 없음.

조건에 맞는 아르바이트는 1, 2, 8, 11번

〈조건에 맞지 않는 아르바이트〉

3, 7, 10 ➡ 근무기간이 맞지 않음.

4 ➡ 번역 경험이 필요.

5 ➡ 자동차나 오토바이 면허가 필요.

6, 9 ➡ 주중에 가능한 일수가 부족.

71 정답 **1**

(1, 2, 8, 11에서) 근무 기간이 맞지 않는 것을 지워 간다. 「出勤日要相談」은 '현재 특별히 구체적인 조건
しゅっきん び ようそうだん
이 없다'고 이해할 수 있다.

주요어휘

□ **ファミレス** : 패밀리 레스토랑

□ **ホール** : 홀

□ **要相談** : 상담을 필요로 함
ようそうだん

□ **誘導(する)** : 유도
ゆうどう

□ **チェーン店** : 체인점 ⑲chain store
てん

□ **自動二輪** : 오토바이
じ どう に りん

□ **原動機付自転車** : 연료 소비가 적은 오토바이.
げんどう き つき じ てんしゃ

□ **週休** : 주휴
しゅうきゅう

□ **セキュリティ** : 보안

□ **清掃** : 청소
せいそう

□ **箱詰め** : 박스 포장
はこ づ

청해

問題1
もんだい

例 정답2
れい

大学で男の学生と先生が話しています。学生はこ
だいがく おとこ がくせい せんせい はな   がくせい
のあとどうしますか。

男：先生、すみません、私の発表が再来週なんで
おとこ せんせい   わたし はっぴょう さらいしゅう
　　すが、ちょうどその日に企業の実習が重なっ
　　　　　　　　　ひ きぎょう じっしゅう かさ
　　てしまいまして…。就職を希望しているとこ
　　　　　　　　　　しゅうしょく きぼう
　　ろなので、できればそれに行きたいのですが、
　　　　　　　　　　　い
　　発表の日にちを変更していただくことはでき
　　はっぴょう ひ   へんこう
　　ないでしょうか。
女：そうですか。そういうことなら仕方ないです
おんな   しかた
　　ね。じゃあ、その日は発表は誰かに代わって
　　　　　　　　ひ はっぴょう だれ か
　　もらいましょうか。ああ、田中さんがまだ一
　　　　　　　　　　　　　たなか   いち
　　度も発表していないから、まずは田中さんに
　　ど はっぴょう   たなか
　　聞いてみてください。
　　き
男：わかりました。すぐに確認します。
おとこ   かくにん
女：もし田中さんが無理だったら、次のゼミの時
おんな たなか   むり   つぎ   とき
　　に全員に聞いてみましょう。
　　ぜんいん き
男：はい、わかりました。
おとこ
女：どちらにしても、わかり次第連絡してください。
おんな   しだいれんらく
男：はい、ありがとうございます。
おとこ

学生はこのあとどうしますか。
がくせい

1番 정답1
ばん

女の人が、会社が企画したパーティーの参加者リ
おんな ひと かいしゃ きかく   さんかしゃ
ストを作っています。女の人は何を入力しますか。
　　　つく   おんな ひと なに にゅうりょく

男：今度のパーティーの件なんだけど、受付用に参
おとこ こんど   けん   うけつけよう さん
　　加者のリストを作ってくれない？これが申込
　　かしゃ   つく   もうしこみ
　　書。
　　しょ

女：わかりました。あの…申込書には所属とか住
おんな   もうしこみしょ しょぞく   じゅう
　　所とかいろいろ書いてありますが、リストに
　　しょ   か
　　はどこまで入れればいいでしょうか。
　　　　　　い
男：その場で出欠の確認をするだけだから、連絡
おとこ   ば しゅっけつ かくにん   れんらく
　　先とかは要らないよ。
　　さき   い
女：では…名前のみの一覧にしましょうか。
おんな   なまえ   いちらん
男：それだと、どんな人が来ているのか全然把握
おとこ   ひと き   ぜんぜんはあく
　　できないから、所属は残しといて。
　　　　　　しょぞく のこ
女：わかりました。
おんな

女の人は何を入力しますか。
おんな ひと なに にゅうりょく

주요어휘

□ 所属（する）：소속
　しょぞく

□ 出欠：출결
　しゅっけつ

□ 把握（する）：파악
　はあく

2番 정답1
ばん

男の人と女の人が電話で話しています。女の人は
おとこ ひと おんな ひと でんわ はな   おんな ひと
このあとすぐ何をしなければなりませんか。
　　　　なに

男：あ、もしもし。伊藤だけど。
おとこ   いとう
女：お疲れさまです。田中です。
おんな つか   たなか
男：今、仕事が終わってこれからそっちに戻るん
おとこ いま しごと お   　　　もど
　　だけど、何か変わったことはなかった？
　　　　なに か
女：あの、お客様の木村さんという方とアカサタ
おんな きゃくさま きむら   かた
　　ナ銀行の本田さんからお電話がありまして、課
　　　ぎんこう ほんだ   でんわ   か
　　長が戻られたら折り返しご連絡するとお伝えし
　　ちょう もど   お かえ   れんらく   つた
　　ました。
男：本田さんは振込の件だな…。悪いんだけど、
おとこ ほんだ   ふりこみ けん   わる
　　至急、会計課に行って、振込の記録を確認し
　　しきゅう かいけいか い   ふりこみ きろく かくにん
　　てもらえるかな？
女：はい。あの、木村さまも早めに連絡がほしい
おんな   きむら   はや れんらく
　　とのことでしたが。
男：わかった。木村さんにはこちらからすぐ電話
おとこ   きむら   でんわ
　　するよ。

78

女：わかりました。振込の件は、確認でき次第、
　　課長にお電話すればよろしいでしょうか。

男：ああ。頼むよ。

女：はい。それでは、また後ほどご連絡します。

女の人はこのあとすぐ何をしなければなりませ
んか。

□ 折り返し：(받은) 즉시

3番　정답3

大学の学生課で、職員と男の学生が話しています。
男の学生はこのあと何をしなければなりませんか。

男：すみません、奨学金の申請書類を提出したい
　　んですが。

女：奨学金ですね。はい。え～と、申請書に、推
　　薦書に…あれ？　所得証明が入っていないよ
　　うですが。

男：えっ？　所得証明？

女：ええ、ご家族の一年間の収入が書かれた書類
　　ですが、お持ちではないですか。

男：すみません、すっかり忘れていました。

女：その書類は収入を得ている本人が、直接印鑑
　　を持って役所に行かないともらえませんよ。

男：そうですか…。

女：締切まであと2週間ですので、早めに準備し
　　てくださいね。

男：わかりました。すぐに家族に連絡してみます。

女：それでは、今ある書類はいったんお返しします
　　ね。

男：はい、書類がそろい次第、改めて伺います。

男の学生はこのあと何をしなければなりませんか。

□ 所得：소득

4番　정답1

企業の採用試験会場で、係の人が話しています。
参加者はこれから何をしなければなりませんか。

男：本日は、当社の採用試験にお越しいただき、
　　ありがとうございます。本日は筆記試験と面
　　接を予定しています。まず各会場に分かれて
　　筆記試験を受けていただき、終わった人から
　　待合室で待機していただきます。すでに皆様
　　からメールで履歴書をお送りいただいており
　　ますので、面接はその内容をもとに行います。
　　面接は一人ずつ行いますので、終わったら、
　　各自解散となります。それでは、今からそれ
　　ぞれの会場に移動していただきます。

参加者はこれから何をしなければなりませんか。

□ 待機(する)：대기

5番　정답2

母と娘が話しています。娘はこのあと何をしますか。

女1： お母さん、ちょっと聞きたいんだけど。

女2： その服どうしたの。かわいいじゃない。

女1： 今度友達の結婚式の披露宴に出るから買っ
　　　たの。夏だからサンダルに素足でいいかな。
　　　ストッキングは暑いよね。

女2： 披露宴はフォーマルな場だから、ストッキ
　　　ングは履くものよ。

女1： えー！　そうなんだ。知らなかった。危ない
　　　なあ。恥をかくところだったよ。黒のタイ
　　　ツしかないけど、黒でいいの？

女2： 結婚式だから、黒じゃなくて肌色がいいわ
　　　ね。貸してあげたいところだけど、サイズ
　　　が合わないだろうな。

女1： そうか…。じゃあ、後でお店に行って見て
　　　くる。

女2： 美容院はもう予約したの？

女1： 自分でセットするつもりだから、手伝って
　　　ほしいの。

女2：はいはい。
おんな

娘はこのあと何をしますか。
むすめ　　　　　　なに

□ 披露宴：피로연
　ひろうえん

□ 素足：맨발
　すあし

□ ストッキング：스타킹

□ フォーマル(な)：형식적, 의례적 ⑨formal

□ セットする：(머리를) 손질하다 ⑨set

6番　정답4
　ばん

 09 3회

女の人と男の人がパソコンのトラブルについて話
おんな　ひと　おとこ　ひと　　　　　　　　　　　　　　　　はな
しています。男の人はこのあと何をしなければな
　　　　　おとこ　ひと　　　　　　　なに
りませんか。

女：お仕事中にすみません。インターネットにつ
おんな　しごとちゅう
　　ながらないので見ていただけますか。
　　　　　　　　　　み
男：いいですよ。どのような状況ですか。
おとこ　　　　　　　　　　　　じょうきょう
女：さっきまでは普通に使えていたんですが、突
おんな　　　　　　ふつう　つか　　　　　　　　　　　　とつ
　　然つながらなくなってしまって。一度電源を
　　ぜん　　　　　　　　　　　　　いちどでんげん
　　切ってみたんですが、だめでした。
　　き
男：ほかの方はつながりますか。
おとこ　　　かた
女：山田さんも、松村さんも問題ないみたいです。
おんな　やまだ　　　まつむら　　もんだい
男：ケーブルははずれていませんか。
おとこ
女：はい、確認しました。周辺機器も全部見ました。
おんな　　　かくにん　　　　　しゅうへんきき　ぜんぶみ
男：ほかの方が問題ないなら、パソコン自体に問
おとこ　　　かた　もんだい　　　　　　　　　　じたい　　もん
　　題があるかもしれません。一度こちらでお預
　　だい　　　　　　　　　　　　　いちど　　　　　　　あず
　　かりしてもよろしいですか。
女：わかりました。ちょっと急ぎの仕事があるんで
おんな　　　　　　　　　　いそ　　しごと
　　すが、代わりのパソコンはお借りできますか。
　　　　か　　　　　　　　　　　　　か
男：今、うちの部署の者に持って来させますね。
おとこ　いま　　　　　ぶしょ　もの　も　　こ
女：ありがとうございます。
おんな

男の人はこのあと何をしなければなりませんか。
おとこ　ひと　　　　　　なに

□ 周辺機器：주변기기
　しゅうへんきき

問題2
　もんだい

例　정답3
　れい

11 3회

男の人と女の人が話しています。男の人が国内旅
おとこ　ひと　おんな　ひと　はな　　　　　　　おとこ　ひと　こくないりょ
行にしたいと言っている理由は何ですか。
こう　　　　　い　　　　　　りゆう　なん

男：夏休みのオーストラリア旅行の件だけど、あ
おとこ　なつやす　　　　　　　　　　　りょこう　けん
　　れ、やっぱり国内旅行にしない？
　　　　　　　　こくないりょこう
女：えっ？どうして急にそんなこと言うの？ずっ
おんな　　　　　　　きゅう　　　　　　　　　い
　　と前から計画して、貯金もしてきたじゃない。
　　まえ　けいかく　　　ちょきん
男：う、うん…。
おとこ
女：それに、シドニーの山田さんに街を案内して
おんな　　　　　　　　　やまだ　　　まち　あんない
　　もらう約束までしてたじゃない。急にキャン
　　　　やくそく　　　　　　　　　　　きゅう
　　セルなんてできないわよ。
男：それはそうなんだけど、8月に大きなプロ
おとこ　　　　　　　　　　　がつ　おお
　　ジェクトを任されて、休むわけにいかなく
　　　　　　　まか　　　　やす
　　なったんだよ。
女：そんな…。
おんな
男：山田さんにはまた別の機会に行くって連絡し
おとこ　やまだ　　　　　　べつ　きかい　い　　　　れんらく
　　とくからさ。
女：うーん。
おんな
男：まあ、でも、近場の温泉とかでのんびりする
おとこ　　　　　　　　ちかば　おんせん
　　のもいいんじゃないかな？
女：あーあ。せっかく楽しみにしてたのに。
おんな　　　　　　　　たの

男の人が国内旅行にしたいと言っている理由は何
おとこ　ひと　こくないりょこう　　　　い　　　　　りゆう　なん
ですか。

1番　정답4
　ばん

 12 3회

お年寄り二人が話しています。男の人が観光ガイ
としよ　ふたり　はな　　　　　　　おとこ　ひと　かんこう
ドのボランティアを続けている一番の理由は何で
　　　　　　　　　　つづ　　　　いちばん　りゆう　なん
すか。

女：加藤さん、ボランティアで観光ガイドをな
おんな　かとう　　　　　　　　　　かんこう
　　さっているんですって？
男：はい、この地域の観光案内をしているんです。
おとこ　　　　ちいき　かんこうあんない
女：旅行会社に勤めていらしたんでしょう？長
おんな　りょこうがいしゃ　つと　　　　　　　　　ねん
　　年のご経験が生かせるというのはいいですね。
　　　けいけん　い
男：まあ、それはそうなんですが…。実は、妻に
おとこ　　　　　　　　　　　　　　じつ　　つま
　　勧められて始めたんです。定年まで仕事一筋
　　すす　　　　はじ　　　　　　ていねん　　しごとひとすじ

で、地域との関わりがほとんどなかったん
で…。

女：そうだったんですか。地域に貢献できるとい
うのはすばらしいですね。

男：貢献というほどでは…。実は、初めは気が進ま
なくて、続かないんじゃないかと思ってたんで
す。でも、実際やってみると楽しくなってき
て…。

女：最近は外国からの観光客も増えていますから、
いろいろな方と接することができるんでしょ
うね。

男：それはもちろんそうなんですが、何より、こ
の地域の今まで知らなかった一面を知ること
ができるのがおもしろいんですよ。

女：そうなんですか。なんだか楽しそうなご様子
でうらやましいです。

男：ええ、今はこれが一番楽しいですね。

男の人が観光ガイドのボランティアを続けている
一番の理由は何ですか。

1, 2, 3→ 여성이 말한 내용이며, 남성은 어떤 것도 첫 번
째 이유라고는 말하고 있지 않음.

주요어휘

□ **長年**：오랜 세월

□ **〜一筋**：외곬, 〜에만 전념함

□ **気が進まない**：내키지 않다

2番　정답4

テレビのレポーターが、街で女の人にインタ
ビューしています。女の人は、有料公衆トイレの
一番いい点は何だと言っていますか。

男：今、新しくできた有料公衆トイレの前に来て
おります。トイレの入口で受付の人にお金を
払って利用するという、日本では珍しいタイ
プの公衆トイレです。早速、街の人にお話を
伺ってみましょう。あ、すみません。ちょっ
とよろしいでしょうか。

女：はい。

男：失礼ですが、こちらに有料公衆トイレが設置
されたことをご存知でしたか。

女：はい。何度か使ったことがあります。

男：そうですか。利用されてみて、いかがでし
たか。

女：やっぱり有料だけあって、広くて清潔ですね。
設備も充実してますし。

男：なるほど。こちらのトイレは、最新の技術に
よって臭いをなくしているそうですが、その
あたりはどう感じられましたか。

女：あ、言われてみればそうですね。気づきませ
んでした。

男：そうでしたか。あのー、入口で受付の人にお
金を払って利用するということに抵抗を感じ
る方もいらっしゃいますが、それについては
どう思われますか。

女：初めはそう思ったんですが、実際に使ってみ
て、スタッフが常にいるというのはいいと思
いました。安心して使えるのが一番の魅力
です。

男：そうですか。ありがとうございました。

女：いえ。

女の人は、有料公衆トイレの一番いい点は何だと
言っていますか。

주요어휘

□ **設置（する）**：설치

□ **最新**：최신

3番　정답3

地域政策の専門家と役所の職員が話しています。
専門家はどのような提案をしていますか。

女：この町は今、高齢化に歯止めがかからず、高
齢者福祉にたくさんの予算が必要とされてい
ます。我々はどのような高齢化対策を取るべ
きでしょうか。

男：そうですね。もちろん、高齢者福祉がとても
重要なテーマであることに変わりはないので
すが、ただ、少し視点を変えてみてはどうか
と思います。

女：というのは？

男：これは、ある村の事例なんですが、その村の出生率は全国平均よりもかなり高く、村の人口における子どもの割合も急速に伸びているんです。

女：えっ、何か特別なことをされているんでしょうか。

男：ええ、実はその村は、とにかく子育て世代を呼び込むことに力を注いだんです。例えば、子供がいる家族に村が運営する住宅を安く提供するなどしたんです。

女：それは魅力的ですね。でも、それでは財政的にかなり厳しいんじゃないでしょうか。

男：確かに、お金の面ではずいぶん苦労したようですが、これまでの予算を見直して、無駄なものを大幅に削減していったそうです。この町でも同じことができると思うんです。

女：そうですか。この町の将来を考えるうえでも、大変参考になりました。

専門家はどのような提案をしていますか。

주요어휘

□ 歯止めがかからない：멈춰지지 않다

□ 事例：사례

□ 出生率：출생률

□ ～に力を注ぐ：～에 힘쓰다

□ 財政：재정

□ 大幅(な)：큰 폭

□ 削減：삭감

4番　정답 3

男の学生が、大学のスポーツサークルのメンバーに挨拶をしています。男の学生はほかのメンバーに何を伝えようとしていますか。

男：皆さん、これまで本当にありがとうございました。このサークルをずっと続けていきたいと思っていましたが、以前からの夢だったアメリカ留学が決まり、今日をもってやめることになりました。それで、最後にこれだけは皆さんに伝えておきたいということがあります。それは、このサークルでの活動を楽しむだけのものにしてほしくないということです。もちろん、楽しむことを否定するわけではありません。でも、それだけを目的にするのではなく、あくまでも勝利を目指して、メンバー同士切磋琢磨し、一生懸命練習してほしいんです。一生懸命練習して、上達して、試合に勝利したりした結果として、単なる楽しさ以上の、喜びや感動を味わうことができると思うんです。なんだか古臭いって言われるかもしれないけど、やっぱり、遊び目的だけのサークルにはしてほしくないんです。これが僕の願いです。

男の学生はほかのメンバーに何を伝えようとしていますか。

주요어휘

□ あくまでも：어디까지나

　예) あくまでも噂です。

□ 切磋琢磨(する)：절차탁마

□ 古臭い：낡아 빠지다, 케케묵다, 진부하다

5番　정답 3

女の人と男の人が冷蔵庫について話をしています。女の人が冷蔵庫を選んだ一番の決め手は何ですか。

女：最近、冷蔵庫を買ったの。

男：へー、そうなんだ。うちも買い替えを検討してるんだけど、どうやって選んだ？

女：最初は機能にはそんなにこだわらなくて、値段で決めようと思ってたんだけど、お店の人の説明を聞いてたらいろいろと目移りしちゃって。

男：冷蔵庫もどんどん進化してるよね。省エネなんて、もう当たり前だし。

女：そうなの。それで、今までの冷蔵庫は臭いが気になってたから、消臭機能があるものにしたの。予算はちょっと超えちゃったんだけど、長く使うものだし、と思って。

男：僕は食品をなるべく新鮮な状態で保てるものがほしいんだよね。

女：ああ、食品を乾燥から守ってくれるんでしょ。私もそれ、いいなと思ったんだけど、手が出なかった。

女の人が冷蔵庫を選んだ一番の決め手は何ですか。

주요어휘

□ 目移りする：눈이 가다

□ 省エネ：省エネルギー의 약자. 에너지를 절약하는 것

□ 手が出ない：(여기서는) 비싸서 살 수가 없다

6番 정답 **2**

女の人と男の人があるスポーツのチームについて話をしています。このチームが強くなった理由は何だと言っていますか。

女：大会前の予想を裏切り、これまで優勝候補として一度も名前の挙がらなかったチームの優勝という結果になりました。いやあ、驚きました。

男：そうですね。去年は予選で敗退しましたから、この一年で大きく力をつけましたね。

女：この成長の要因は何でしょうか。

男：一言で言うと、弱点を強みに変えたことでしょう。他のチームに比べて小柄な選手が多く、体格的に不利な分、基礎的な体力づくりを徹底的に行ったんですね。その結果、試合での運動量が増え、大会を通じて調子を落とさず戦い抜くことができたんだと思うんです。あと、選手層の薄さを補うために一人一人が自分の役割をきちんと果たしていましたね。チームとしてよくまとまっていたと思います。

女：なるほど。今後に向けた課題は何でしょうか。

男：そうですね。若い選手のレベルアップですね。それができれば層も厚くなって、さらに強くなるでしょう。

このチームが強くなった理由は何だと言っていますか。

주요어휘

□ 予想を裏切る：예상을 뒤엎다, 예상이 빗나가다

□ 敗退(する)：싸움에 지고 물러남

□ 選手層の薄さ：선수층이 얇음

□ レベルアップ：레벨 업

7番 정답 **4**

男の人がある芸術作品について話しています。この芸術作品のどういうところが素晴らしいと言っていますか。

男：こちらの作品はこの画家の代表作の一つで、晩年によく通っていた食堂を描いたものです。モチーフ自体はそれまでと同じく日常の風景なのですが、この作品は彼の他の作品のように、すっと心に入ってきませんでした。まず目に飛び込んでくるのは、正面のテーブルと、その脇に力なく腰かける中年男性です。薄暗い店内に浮かび上がる明るい色のテーブルが、男性の複雑な表情を際立たせています。周囲には薄い色のテーブルが壁に沿って置かれており、そのうち数席には他の男性客がぼんやりと座っています。どこにでもあるような食堂に、何も食べずにただそこにいる人々。作品自体が細かいところまで丁寧に描かれリアルなだけに、この不自然さが見る者の好奇心や想像力をかきたてるのです。見れば見るほどこの不思議な空間に引き込まれるようで、私も実際の作品を美術館で見た時は、作品の前を長いこと離れられませんでした。人によって、また、その時の精神状態によって受け取り方が変わってくるおもしろさが、この作品にはあります。

この芸術作品のどういうところが素晴らしいと言っていますか。

주요어휘

□ 晩年：만년

□ モチーフ：모티프

□ 目に飛び込んでくる：눈에 들어오다

□ **リアル（な）**：사실적 ㉐real

□ **好奇心**：호기심
　こうきしん

□ **かきたてる**：불러일으키다

問題3
もんだい

例　정답3
れい

テレビでレポーターが話しています。
　　　　　　　　　　　　はな

男：Uターン就職とは、地方出身の人が、都心で
おとこ　　　　しゅうしょく　　　ちほうしゅっしん　ひと　　としん
　一度働いた後に、再び自分の故郷に戻って働
　いちどはたら　あと　ふたた　じぶん　こきょう　もど　はたら
　くことをいいます。例えば、北海道出身の人
　　　　　　　　　　たと　　　ほっかいどうしゅっしん　ひと
　が一度東京に出て働き、その後再び北海道に
　　いちどとうきょう　で　はたら　　　ごふたた　ほっかいどう
　戻って仕事をする、というようなケースです。
　もど　　しごと
　Uターン就職をした人の声を聞くと、自分の
　　　　　しゅうしょく　　ひと　こえ　き　　　じぶん
　ふるさとの自然やライフスタイルに魅力を感
　　　　　　しぜん　　　　　　　　　　みりょく　かん
　じて決断した人が多いようです。都会では時
　　けつだん　ひと　おお　　　　とかい　じ
　間に余裕のないライフスタイルになりがちで
　かん　よゆう
　すし、物価も高く、住宅を購入することも困
　　　ぶっか　たか　じゅうたく　こうにゅう　　　こん
　難です。そこで、自分のライフスタイルを見
　なん　　　　　　　じぶん　　　　　　　　　み
　直したいという人を中心に、Uターン就職が
　なお　　　　　ひと　ちゅうしん　　　　　しゅうしょく
　注目されているのです。
　ちゅうもく

レポーターは主に何について話していますか。
　　　　　　おも　なに　　　　はな

1　都会のライフスタイル
　とかい
2　都会と地方の物価の差
　とかい　ちほう　ぶっか　さ
3　Uターン就職の魅力
　　　　しゅうしょく　みりょく
4　ふるさとにUターン就職する人の数
　　　　　　　　しゅうしょく　ひと　かず

주요어휘

□ **Uターン**：왔던 길을 다시 돌아감, 도쿄 등의 도시에
　　와서 살다가 본가가 있는 지방으로 돌아감

□ **購入（する）**：구입
　こうにゅう

1番　정답2
　ばん

大学の授業で先生が話しています。
だいがく　じゅぎょう　せんせい　はな

女：では、授業を始めます。今日は初回ですから、
おんな　　　じゅぎょう　はじ　　　きょう　しょかい
　まず、授業の内容について説明します。この
　　　じゅぎょう　ないよう　　　　せつめい
　授業で取り上げる発達心理学とは、人間の生
　じゅぎょう　と　あ　はったつしんりがく　にんげん　しょう
　涯にわたる発達の過程を研究する心理学の一
　がい　　　　はったつ　かてい　けんきゅう　しんりがく　いち
　分野です。みなさんは将来、保育や教育に関
　ぶんや　　　　　　　しょうらい　ほいく　きょういく　かか
　わる職業に就くことを目標としていますから、
　　しょくぎょう　つ　　　もくひょう
　特に乳幼児期から青年期の発達に焦点を当て
　とく　にゅうようじき　せいねんき　はったつ　しょうてん　あ
　たいと思います。そして、赤ちゃんや幼児の
　　　おも　　　　　　　あか　　　ようじ
　保育、児童や生徒に対する教育の現場での実
　ほいく　じどう　せいと　たい　きょういく　げんば　じつ
　例も交えながら講義をしていきます。次年度
　れい　まじ　こうぎ　　　　　じねんど
　から本格的にテーマ研究や実習が始まります
　　ほんかくてき　けんきゅう　じっしゅう　はじ
　から、この授業ではそのための基礎的な知識
　　　　じゅぎょう　きそてき　ちしき
　を身につけてください。そして、今後、自分
　み　　　　　　　　　こんご　じぶん
　がどのような形で人間の発達というテーマと
　　　　かたち　にんげん　はったつ
　関わっていくかという方向性も見つけてもら
　かか　　　　　　ほうこうせい　み
　えたらと思います。
　　　おも

この授業ではどのようなことを学びますか。
　じゅぎょう　　　　　　　　まな

1　保育や教育に関する仕事に就くための方法
　ほいく　きょういく　かん　しごと　つ　ほうほう
2　子どもや青年の発達についての基礎知識
　こ　せいねん　はったつ　きそちしき
3　人間の発達についての研究方法
　にんげん　はったつ　けんきゅうほうほう
4　教育制度と個人の発達との関係
　きょういくせいど　こじん　はったつ　かんけい

주요어휘

□ **生涯**：생애
　しょうがい

□ **乳幼児**：영유아
　にゅうようじ

□ **本格的（な）**：본격적
　ほんかくてき

2番 정답 **1**

交通教室で警察官が話しています。

女：皆さんは自転車に乗る機会が多いと思います
　　が、きちんと規則を守っているでしょうか。
　　普段、歩道を走っている自転車をよく見かけ
　　ますが、自転車は軽車両、つまり車ですので、
　　原則として車道を走らなければなりません。
　　歩道はあくまで歩行者優先ですので、やむを
　　得ず歩道を走る際は、歩行者に十分気をつけ
　　て運転しましょう。自動車と同様、飲酒運転
　　や携帯電話を操作しながらの運転は事故につ
　　ながりますから、絶対にしてはいけません。
　　自転車は、自動車と違って免許証がなくても
　　乗ることができますし、手軽で便利だと思わ
　　れがちですが、さまざまな決まりがあるとい
　　うことを忘れないでください。

警察官は、主に何について話していますか。

1　自転車に乗るときに注意する点
2　自転車事故が増えている原因
3　自転車の運転免許の必要性
4　自転車と自動車の違い

주요어휘

□ **軽車両**：모터가 없는 차량

□ **歩行者**：보행자

□ **やむを得ず**：어쩔 수 없이

3番 정답 **2**

テレビで専門家が話しています。

女：トマトは、私たちの食生活にはおなじみの野
　　菜ですが、皆さん、「トマトが赤くなると医者
　　が青くなる」という言葉をご存知でしょうか。
　　トマトには豊富な栄養が含まれているので、
　　食べると病気の予防になるのです。それで、
　　病院に行く人が減ってしまい、医者が困って
　　しまうというわけです。近年、トマトの持つ
　　栄養素の中でも、特にリコピンというものが
　　注目されています。リコピンは美容やダイ
　　エット、さまざまな病気にも有効に働くと言
　　われています。摂取量の目安としては一日15
　　ミリリットル…えー、つまりこれはトマト2
　　個分、トマトジュースでグラス約1杯分です。
　　皆さんも、サラダやジュース、あるいはいろ
　　いろな料理に使うなどして、トマトをもっと
　　食べるようにしてみませんか。野菜の中では
　　比較的安いほうですし、家庭菜園でも簡単に
　　作れます。美容と健康におすすめですよ。

専門家の話のテーマは何ですか。

1　トマトの調理方法
2　トマトの栄養価
3　トマトの消費量
4　トマトの育て方

주요어휘

□ **(お)なじみ**：친숙함, 익숙함

□ **摂取(する)**：섭취

□ **目安**：목표, 기준

□ **家庭菜園**：가정 재배, 가정 텃밭

4番　정답2

25
3회

会社の会議で人事担当の社員が話しています。

男：近年、日本への留学生数が増えたことや、企業活動のグローバル化が進んだことにより、国籍を問わず優秀な人材を確保したいと考える企業が増えています。わが社でも、今後留学生を積極的に採用していくことで、さまざまな事業の可能性を広げることができるのではないかと考えています。特に語学力のある留学生、例えば母国語、日本語、さらにそれ以上の言語を話せるような人材は、今後海外展開に力を入れていくわが社にとって必要不可欠です。そういった人材には、現地スタッフとの橋渡しになってもらうのはもちろんのこと、ぜひ現地支社のリーダーになってほしいと期待しています。

社員は主に何について話していますか。

1　会社の海外展開の可能性
2　留学生の採用
3　日本人社員の語学力
4　現地スタッフの採用

주요어휘

□ **グローバル化**：글로벌화, 세계화

□ **確保（する）**：확보

□ **必要不可欠（な）**：필요불가결

□ **橋渡し**：중개, 중간역할

5番　정답2

26
3회

講演会で男の人が話しています。

男：この報告書では、日本で絶滅の恐れのある約5000種の動植物について、その絶滅の危険性の高さから4つに分類しています。危険性の高いものは、例えば動物なら、他の地域で人工的に飼育した後、元の地域に戻すことによって繁殖させます。また、それぞれの地域でその動物を守る市民の会が発足するなどの保護活動が行われたりしています。世界ではこの30年間で膨大な数の生物が死滅したと推測されていて、その原因のほとんどは人口の増加や開発など、人間によるものです。また、グローバル化により人や物の移動が激しくなったことで、外来生物が元々その土地にいた生物を絶滅に追いやっていることも、近年問題となっています。現在、このように生存の危機にさらされている生物をどう守っていくか、さまざまな方法が模索されているところです。

男の人はどのようなテーマで話をしていますか。

1　地球環境の危機
2　野生生物の保護
3　自然破壊の要因
4　動物保護の精神

주요어휘

□ **繁殖（する）**：번식

□ **発足（する）**：발족

□ **死滅（する）**：사멸

□ **グローバル化**：글로벌화, 세계화

□ **外来**：외래

□ **生存（する）**：생존

□ **模索（する）**：모색

6番 정답 4

テレビでレポーターが話しています。

男：この夏も全国的に暑くなりそうです。企業で節電が定着してきましたが、家庭での取り組みとして人気なのは、緑のカーテンです。これは日の当たる場所に植物を育てて作る自然のカーテンです。植物のツルと葉で日光を遮るだけでなく、葉っぱが水分を蒸発させるので周囲の温度を下げてくれます。最近のガーデニングブームも手伝い、多くの家庭で見られるようになりました。特に人気のある植物は沖縄でよく食べられている野菜、ゴーヤです。涼しくしてくれる上に、料理にも使えるなんて一石二鳥ですね。これから本格的な夏を迎えますが、さまざまな工夫で乗り切りたいですね。

レポーターは主に何について伝えていますか。

1　企業での節電の取り組み
2　企業と家庭の節電方法の違い
3　カーテンの色による印象の違い
4　緑のカーテンの効果

주요어휘

□ **ツル（植物）**：덩굴

□ **遮る**：가리다, 막다, 차단하다

□ **ガーデニング**：원예 ㊜gardening

□ **ブーム**：유행 ㊜boom

□ **一石二鳥**：일석이조

□ **本格的（な）**：본격적

問題 4

例　정답 3

男：すみません、今お時間よろしいでしょうか。

女：1　ええ、よろしいです。
　　2　いいえ、結構です。
　　3　ええ、何でしょうか。

1番　정답 3

男：課長、この古いプリンター、もうずっとほこりかぶってる状態なんで、処分してもよろしいでしょうか。

女：1　うん。処分は免れないだろうな。
　　2　うん。ずっとそのままの状態を保てるといいね。
　　3　うん。もう誰も使ってないしね。

1→　「処分は免れない」는 사람에게 쓰는 표현.

주요어휘

□ **ほこりをかぶる**：먼지를 뒤집어쓰다

□ **処分（する）**：처분

2番　정답 1

女：うちの両親ったら、妹の肩ばかり持つんだよ。私、悪くないのに。

男：1　その気持ち、よくわかるよ。
　　2　ごめん。僕が悪かったよ。
　　3　じゃ、謝ったほうがいいよ。

주요어휘

□ **肩を持つ**：편을 들다

3番 정답 2

女：企画書の修正で手いっぱいなら、書類の整理
　　やっとこうか。

男：1 さすが、手が込んでるね。
　　2 悪い。そうしてもらえると助かる。
　　3 遠慮しなくていいよ。大したことないから。

바쁜 사람에게, 대신 해 줄까 하고 묻고 있다.

1→ 누군가의 일을 평가하는 말

3→ 도와주는 사람이 할 수 있는 말

주요어휘

□ 手いっぱい : 다른 여유가 없다

□ やっとこう : 해 두자

□ 手が込む : 품이 들다

4番 정답 3

男：先輩、取引先との交渉、手ごたえはいかがで
　　したか。

女：1 うん。まあまあよくできていると思うよ。
　　2 うん。その話はなくなったと思うよ。
　　3 うん。できる限りのことはやってきたよ。

교섭이 잘 되었는지 묻고 있다.

1→ 상대방의 일을 평가할 때의 말

2→ 이미 끝난 교섭에 대해 묻고 있으므로 「その話は
　　なくなったと思う」라고 말하는 것은 이상함.

주요어휘

□ 手ごたえ : 좋은 반응, 느껴지는 효과

5番 정답 1

男：あーあ、なんでカメラを持ってこなかったん
　　だろう…。

女：1 せっかくのいい景色なのにね。
　　2 カメラ持ってきてたんだ。
　　3 じゃあ、貸してもらってもいい？

카메라를 두고 와서 후회하고 있다.

2, 3→ 카메라를 갖고 오지 않았으므로 이상함.

6番 정답 1

男：山田くん、今晩、一杯どうだい？

女：1 すみません、今日はちょっと予定が入って
　　　おりまして……。
　　2 いえ、5杯ぐらい飲みますよ。
　　3 ええ、それで結構です。

상사의 권유를 정중히 거절하는 장면.

주요어휘

□ 一杯どう？ : 한잔 어때?

□ 〜い？ : 「い」는 회화문 끝에 붙어 의미를 강조함
　　예) 彼は本当に来るのかい？

7番 정답 3

男：急で本当に悪いんだけど、明日のバイト、代
　　わってくんないかな？

女：1 急いでたんだからしょうがないね。
　　2 それは大変だったね。
　　3 代わってあげられないことはないけど…。

주요어휘

□ 〜ないことはないけど : 〜(할 수) 없는 것은 아니
　　지만

8番 정답 3

男：一度や二度の失敗で、そんなに気を落とすことはないよ。

女：1 残念ですね、三度目は成功したのに。
　　2 どうしたら上げられるでしょうか。
　　3 はい、次こそうまくやります。

2→ 「気を上げる」라고는 하지 않음.

3→ 격려에 대답하는 말

주요어휘

□ 気を落とす：낙심하다

9番 정답 3

女：論文の発表会、無事に終わってよかったですね。

男：1 はい、無事で何よりです。
　　2 はい、明日は頑張ります。
　　3 はい、先生のご指導のおかげです。

1→ 「無事で何より」는 사고 등이 나지 않았을 때 씀.

10番 정답 3

女：ねえねえ、仕事中の間食が禁止になったんだって。信じられないよね。

男：1 え、食事中はいいの？
　　2 え、全部食べたの？　すごい。
　　3 え、知らなかった。いつから？

주요어휘

□ 間食：간식

11番 정답 3

男：本当に家族思いのいい旦那さんだね。

女：1 そう？　うらやましいわ。
　　2 そう？　期待しすぎよ。
　　3 そう？　ほめすぎよ。

남자가 여자의 남편에 대해 말하고 있다.

주요어휘

□ 家族思い：家族を 大切に 思うこと, 또는 그런 사람 例 親思い

12番 정답 1

女：こっちの作業を先に済ませたらどう？

男：1 ああ、そのほうが効率的ですね。
　　2 すみません、まだです。
　　3 よかったと思います。

2→ 여자는 아직인 것을 전제로 제안하고 있음.

13番 정답 2

女：大変申し訳ございません。すぐに新しいものにお取り替えいたします。

男：1 そんなに新しくなくて結構ですよ。
　　2 お願いします。
　　3 ご迷惑をおかけしました。

가게 등에서 불량품이 있었을 때의 대화 장면.

1→ 「新しい」는 불량품이 아니라 신품이라는 의미.

問題5
もんだい

1番 정답2
ばん

44
3회

通信販売の会社で会議をしています。
つうしんはんばい かいしゃ かいぎ

男 ： では次に、婦人服部門のインターネット販
おとこ つぎ ふじんふくぶもん はん
売について、改善点を検討しましょう。
ばい かいぜんてん けんとう

女1： はい。お客様に、ウェブサイトをどう改善
おんな きゃくさま かいぜん
すれば商品がより選びやすくなるかという
しょうひん えら
質問をしたところ、着ているときのイメー
しつもん き
ジがもっとよくわかるようにしてほしいと
いう意見が最も多かったです。
いけん もっと おお

女2： 具体的には、いろいろな角度から見られる
おんな ぐたいてき かくど み
ように動画があるといい、モデルが商品を
どうが しょうひん
着ている写真を増やしてほしい、などの声
き しゃしん ふ こえ
が多く寄せられました。
おお よ

男 ： どちらも検討すべき点ですが、コストがか
おとこ けんとう てん
かりますね。ほかにはどんな意見がありま
いけん
したか。

女1： はい。商品の説明をもっと詳しくしてほし
おんな しょうひん せつめい くわ
いとか、商品の分類をもっと細かくしてほ
しょうひん ぶんるい こま
しいといった意見が比較的多かったです。
いけん ひかくてきおお

男 ： 商品の説明を加えるのはすぐにできそうで
おとこ しょうひん せつめい くわ
すね。

女2： そう考えたんですが、これ以上細かく説明
おんな かんが いじょうこま せつめい
すると、文字が多くなりすぎてしまうと思
もじ おお おも
うんです。実際、もっと簡潔な説明でよい
じっさい かんけつ せつめい
という意見もありました。
いけん

男 ： じゃあ、商品のカテゴリーを今より細かく
おとこ しょうひん いま こま
することを検討してみましょうか。
けんとう

女1： あのー、それについてですが、以前、種類
おんな いぜん しゅるい
の多いTシャツを細かく分類してみたとこ
おお こま ぶんるい
ろ、とても複雑になって、かえって不便だ
ふくざつ ふべん
と言われたんです。
い

女2： なかなか難しいですね。どうでしょう。ま
おんな むずか
ずは最も要望の多い点について改善を進め
もっと ようぼう おお てん かいぜん すす
ては？

男 ： そうですね。動画で商品を見せるにはシス
おとこ どうが しょうひん み
テムを大幅に変更する必要がありますから、
おおはば へんこう ひつよう
写真の方を何とかしましょうか。
しゃしん ほう なん

女1： では、早速予算を立ててみます。
おんな さっそくよさん た

商品を選びやすくするためにどうすることにしま
しょうひん えら
したか。

1 商品を動画で表示させる
しょうひん どうが ひょうじ
2 商品の写真を増やす
しょうひん しゃしん ふ
3 商品の説明を詳しくする
しょうひん せつめい くわ
4 商品を細かく分類する
しょうひん こま ぶんるい

□ 動画：동영상
どうが

□ 大幅(な)：큰 폭, 대폭
おおはば

□ 表示(する)：표시
ひょうじ

2番 정답3
ばん

45
3회

デパートで店員と客が話しています。
てんいん きゃく はな

男 ： 友人の子供の2歳の誕生日プレゼントを探
おとこ ゆうじん こども さい たんじょうび さが
しているんですが、どういうものが人気が
にんき
ありますか。

女1： 2歳のお子様のお祝いでしたら、ベビー服、
おんな さい こさま いわ ふく
食器、おもちゃなどをお求めになるお客様
しょっき もと きゃくさま
が多いですが…。
おお

男 ： ベビー服とかいいんじゃない？ かわいい服
おとこ ふく ふく
買ってあげようよ。
か

女2： そうね…、でも、田中さんとこ、女の子二人
おんな たなか おんな こ ふたり
目でしょ。服とか、あと食器とか、上の子
め ふく しょっき うえ こ
のがあるから、そんなに不自由してないん
ふじゆう
じゃないかなあ。

男 ： たしかにな…。
おとこ

女1： それでしたら、おもちゃはいかがでしょう
おんな
か。当店では輸入ものの珍しいものも含め
とうてん ゆにゅう めずら ふく
豊富に取り揃えております。
ほうふ と そろ

女2： 面白そう！ いいんじゃない？ 見てみま
おんな おもしろ み
しょうよ。

男 ： そうだね。でも、実は絵本もいいなって
おとこ じつ えほん
思ってたんだよね。
おも

女2： 絵本か…。まあ、確かに、悪くはないと思
おんな えほん たし わる おも
うけど…。でも、選ぶのが大変そう。
えら たいへん

男 ： とりあえずみてみようよ。ぴんときたものがな
おとこ
ければ、無理に絵本にしなくてもいいからさ。
むり えほん

女2： わかったわ。
おんな

女の人は、何がいいと思っていますか。
おんな ひと なに おも

1　ベビー服　　　2　食器
　　　ふく　　　　　　しょっき
3　おもちゃ　　　4　絵本
　　　　　　　　　　えほん

주요어휘

□ **不自由する**：(없어서) 곤란하다
　ふ じ ゆう

□ **ぴんとくる**：직감적으로 느껴지다

3番　질문1 : 정답**1**　질문2 : 정답**3**
　ばん

テレビで男の人が話しています。
　　　　おとこ ひと　はな

男1：この地域では家庭ごみの削減に早くから取
おとこ　　　ちいき　　かてい　　　さくげん　はや　　　と
　　り組んでいます。レジ袋の有料化は5年前
　　く　　　　　　　　　　ぶくろ ゆうりょうか　 ねんまえ
　　から、ごみ袋の指定、有料化も3年前から
　　　　　　ぶくろ　してい ゆうりょうか　ねんまえ
　　行っていて、家庭から出されるごみの量を
　　おこな　　　　　かてい　　だ　　　　　　　りょう
　　5年前に比べて20％も減らすことに成功し
　　ねんまえ くら　　　　　　　　へ　　　　　　せいこう
　　ました。毎年行われているリサイクルフェ
　　　　　　まいとしおこな
　　アでは、集めたペットボトルのふたを、そ
　　　　　　あつ
　　れから作られるボールペンに交換できるな
　　　　　　つく　　　　　　　　　　　こうかん
　　ど、面倒だと思われがちなリサイクルを楽
　　　　めんどう　　おも　　　　　　　　　　　　たの
　　しくする取り組みが行われています。この
　　　　　　と　く　　　おこな
　　ように市民の環境に対する問題意識を高め
　　　　　しみん かんきょう たい　もんだいいしき たか
　　たことで、ほかにも各家庭でさまざまな努
　　　　　　　　　　　　かくかてい
　　力が行われるようになりました。例えば、
　　りょく おこな
　　家庭から出る燃えるごみの約40％を占める
　　かてい　　で　も　　　　　　やく　　　　　し
　　生ごみを、肥料にして家庭菜園やガーデニ
　　なま　　　 ひりょう　　　かていさいえん
　　ングに使えば、野菜や植物も良く育ち、生
　　　　　つか　　　やさい しょくぶつ よ　 そだ　　なま
　　ごみを減らすことになります。また、古着
　　　　　へ　　　　　　　　　　　　　　　　　ふるぎ
　　や使い古しのタオルを買い物バッグや雑巾
　　　つか ふる　　　　　　か　もの　　　　　ぞうきん
　　にする、チラシの裏面をメモ用紙にするな
　　　　　　　　　　うらめん　　 ようし
　　ど、地道な努力が大きな成果へと結びつい
　　　じみち どりょく おお　せいか　　　むす
　　ています。

女：20％って結構大きいね。私たちもできるこ
おんな　　　　けっこうおお　　 わたし
　　とをしないとね。
男2：すぐに始められそうなこともあったな。俺、
おとこ　　　はじ　　　　　　　　　　　　　　おれ
　　今までキャップ捨てちゃってたよ。
　　いま　　　　　　　　す
女：あら、私は集めてたわよ。近所のスーパー
おんな　　　わたし あつ　　　　　　 きんじょ
　　に回収ボックスがあるじゃない。
　　　かいしゅう
男2：え、あそこのスーパー？　知らなかった！
おとこ
　　今度から持っていくよ。
　　こんど　　も

女：私はつい最近、古いミシンを譲ってもらっ
おんな　わたし　　さいきん ふる　　　　　 ゆず
　　たところ。
男2：じゃ、もう着なくなったような服で縫う練
おとこ　　　　　　き　　　　　　　　　ふく ぬ　 れん
　　習をしたら？
　しゅう
女：そうね。たんすで眠っている服がたくさん
おんな　　　　　　　　　ねむ　　　　　 ふく
　　あるし。

質問1　男の人は何のリサイクルをすることにし
しつもん おとこ ひと なん
　　　　ましたか。

質問2　女の人は何のリサイクルをすることにし
しつもん おんな ひと なん
　　　　ましたか。

주요어휘

□ **削減（する）**：삭감
　さくげん

□ **ガーデニング**：원예 ⑱gardening

□ **使い古し**：오래 사용하여 낡은 것
　つか ふる

□ **雑巾**：걸레
　ぞうきん

□ **地道（な）**：착실함, 견실함
　じみち

□ **キャップ**：뚜껑

□ **回収（する）**：회수
　かいしゅう

□ **たんすで眠る**：장롱 속에 잠들다 (옷 등을 계속 사
　　　　ねむ
　　용하지 않는 것을 의미하는 관용구)

91

모의시험 채점표

배점은 이 모의시험에서 설정한 것입니다. 실제 시험에는 공표되어있지 않지만, 각 과목의 합계득점이 표시되어 있어(60점) 그것을 바탕으로 하였습니다. 「기준점 * 목표」와 「합격점 목표」도 각각 실제 점수(19점, 100점)를 참고로 설정하였습니다.

★ 합격 가능성을 높이기 위해 110점 이상을 목표로 합시다.
★ 기준점에 도달하지 못한 과목이 있으면 중점적으로 복습합시다.

📋 언어지식 (문자 · 어휘 · 문법)

문항	배점	만점	제 1 회		제 2 회		제 3 회	
			정답 수	득점	정답 수	득점	정답 수	득점
問題 1	1 点 × 6 問	6						
問題 2	1 点 × 7 問	7						
問題 3	1 点 × 6 問	6						
問題 4	2 点 × 6 問	12						
問題 5	1 点 × 10 問	10						
問題 6	2 点 × 5 問	10						
問題 7	2 点 × 5 問	10						
	합계	61						
	(기준점 목표)		(20)		(20)		(20)	

＊ 기준점 : 득점이 이 점수에 도달하지 못할 경우, 총 득점에 관계 없이 불합격 된다.

📖 독해

문항	배점	만점	제 1 회		제 2 회		제 3 회	
			정답 수	득점	정답 수	득점	정답 수	득점
問題 8 もんだい	2点×4問 てん もん	8						
問題 9 もんだい	2点×9問 てん もん	18						
問題 10 もんだい	3点×4問 てん もん	12						
問題 11 もんだい	3点×3問 てん もん	9						
問題 12 もんだい	3点×4問 てん もん	12						
問題 13 もんだい	2点×2問 てん もん	4						
합계		63						
(기준점 목표)				(20)		(20)		(20)

💬 청해

문항	배점	만점	제 1 회		제 2 회		제 3 회	
			정답 수	득점	정답 수	득점	정답 수	득점
問題 1 もんだい	2点×6問 てん もん	12						
問題 2 もんだい	2点×7問 てん もん	14						
問題 3 もんだい	2点×6問 てん もん	12						
問題 4 もんだい	1点×13問 てん もん	13						
問題 5 もんだい	3点×4問 てん もん	12						
합계		64						
(기준점 목표)				(21)		(21)		(21)

	제 1 회	제 2 회	제 3 회
종합 득점	╱ 188	╱ 188	╱ 188
(합격점 목표)	(105)	(105)	(105)

채점표

시험에 나오는
중요 어구·문형 리스트

☑ **문자**   훈독이 여러 개인 한자

☑ **어휘**   의미가 비슷한 어휘

☑ **문법**   꼭 알아야 할 빈출 문형 70
             의미나 기능이 비슷한 표현(문말표현/부정표현)

☑ **독해**   독해 문제에 나오는 키워드

☑ **청해**   청해 문제에 나오는 키워드

문자 훈독이 여러 개인 한자

	弾	ひ-く はず-む たま	ギターを弾く ボールが弾む、 会話が弾む 弾が当たる
□	怠	なま-ける おこた-る	仕事を怠ける、怠け者 注意を怠る
□	担	かつ-ぐ にな-う	荷物を担ぐ 重要な役割を担う
□	速	はや-める はや-い すみ-やか(な)	速度を速める 流れが速い川 速やかに行動する
□	和	やわ-らぐ なご-む なご-やか(な)	痛みが和らぐ 心が和む 和やかな雰囲気
□	富	と-む とみ	バラエティーに富む 莫大な富を築く
□	潜	ひそ-む もぐ-る	どこかにヘビが潜んで いるかもしれない。 海に潜る
□	覆	おお-う くつがえ-す	両手で顔を覆う 常識を覆す
□	省	はぶ-く かえり-みる	説明を省く、無駄を省く 自分の行動を省みる
□	抱	だ-く いだ-く かか-える	赤ちゃんを抱く 疑問を抱く、夢を抱く 両手でかばんを抱える

□	負	ま-ける お-う	２対０で負ける 責任／義務／負担／罪 ／傷を負う
□	悔	く-やむ く-いる くや-しい	過去を悔やむ 罪を悔いる 悔しい思いをする
□	緩	ゆる-む ゆる-い ゆる-やか(な)	ねじが緩む、気が緩む (服の)ゴムが緩い 緩やかな坂道
□	占	し-める うらな-う	大部分を占める 未来を占う
□	断	ことわ-る た-つ	誘いを断る 関係を断つ
□	頼	たの-む たよ-る たの-もしい	仕事を頼む 知人を頼る 頼もしい味方
□	優	すぐ-れる やさ-しい	優れた技術 優しい声
□	逃	に-げる のが-す	犯人が逃げる タイミングを逃す
□	平	たい-ら(な) ひら	平らな土地 平社員
□	触	ふ-れる さわ-る	画面に触れると音が鳴 り出した。／その話題 には触れたくない。 汚れた手で触らないで ください。

□ 汚	けが－れる	心が**汚れる**、名前が**汚れる**
	よご－れる	服が**汚れる**、**汚れた**手
	きたな－い	部屋が**汚い**、**汚い**やり方
□ 外	はず－す	指輪を**外す**、席を**外す**
	はず－れる	ボタンが**外れる**、コースから**外れる**
	ほか	思いの**外**
	そと	**外**で遊ぶ
□ 著	あらわ－す	歴史小説を**著す**
	いちじる－しい	**著しい**成長
□ 指	さ－す	北の方角を**指す**
	ゆび	長い**指**
□ 治	なお－る	けがが**治る**
	おさ－める	国を**治める**
□ 細	ほそ－い	**細い**線
	こま－かい	**細かい**説明
□ 空	あ－く	席が**空く**
	から	**空**のビン
	そら	青い**空**
□ 重	かさ－なる	予定が**重なる**
	かさ－ねる	**重ねて**置く
	おも－い	**重い**カバン
□ 降	お－りる	バスを**降りる**
	ふ－る	雪が**降る**
□ 傷	いた－む	果物が**傷む**
	きず	家具に**傷**がつく
□ 割	わ－る	卵を**割る**
	さ－く	時間を**割く**
□ 結	むす－ぶ	ひもを**結ぶ**
	ゆ－う	髪を**結う**

□ 嫌	きら－う	けんかを**嫌う**
	きら－い(な)	**嫌いな**食べ物
	いや(な)	**嫌な**仕事
□ 集	あつ－める	お金を**集める**
	つど－う	広場に**集う**
□ 怒	おこ－る	先生が**怒る**
	いか－り	**怒り**を表す
□ 勝	まさ－る	相手に**勝る**
	か－つ	試合に**勝つ**
□ 厳	きび－しい	**厳しい**父親
	おごそ－か(な)	**厳かな**儀式
□ 親	した－しむ	音楽に**親しむ**
	した－しい	**親しい**友人
	おや	**親**と子の関係
□ 新	あたら－しい	**新しい**服
	あら－た(な)	**新たな**気持ち
□ 実	みの－る	作物がよく**実る**／努力が**実る**
	み	木の**実**

97

 **의미가 비슷한 어휘**

동사

☐ 高まる _{たか} ㉠ 新首相への期待が**高**まっている。_{しんしゅしょう　　　　きたい　たか}
　 上昇する _{じょうしょう} ㉠ 株価が**上昇**した。_{かぶか　　じょうしょう}

★ 가격이나 온도 등 수치에 대해 말하는 경우에는 「上昇_{じょうしょう}する」를 쓰는 경우가 많다.

☐ **案じる** _{あん} ㉠ 国の将来を**案**じる_{くに　しょうらい　あん}
　 気にする _き ㉠ 失敗を**気**にする、髪を**気**にする_{しっぱい　き　　　　かみ　き}
　 気にかける _き ㉠ 他人のことを**気**にかける_{たにん　　　　　き}

★ 「案じる_{あん}」는 앞으로 어떻게 될지 걱정할 때 주로 쓰인다. 「気にする_き」는 어떤 일이 머리에서 떠나지 않는 모양.

☐ **回復する** _{かいふく} ㉠ 景気が**回復**する、体力の**回復**_{けいき　かいふく　　　たいりょく　かいふく}
　 復旧する _{ふっきゅう} ㉠ 道路が**復旧**する、システムが_{どうろ　ふっきゅう} **復旧**する、被災地の**復旧**、**復旧**工事_{ふっきゅう　　ひさいち　ふっきゅう　ふっきゅう　こうじ}

★ 「復旧_{ふっきゅう}する」는 전기나 도로 등 설비에 대해 말하는 경우가 많다.

☐ **強制する** _{きょうせい} ㉠ 参加を**強制**する_{さんか　きょうせい}
　 強いる _し ㉠ 精神的苦痛を**強**いる_{せいしんてきくつう　し}

★ 「強いる_し」는 고통이나 긴장 등 구체적인 동작이 아닌 경우에도 쓰인다.

☐ **怠ける** _{なま} ㉠ **怠**けて勉強しない、**怠**け者_{なま　　べんきょう　　　　なま　もの}
　 怠る _{おこた} ㉠ 確認を**怠**る、義務を**怠**る_{かくにん　おこた　　ぎむ　おこた}
　 おろそかにする
　 ㉠ 基本を**おろそかにして**はいけない。／家庭を**おろそかにする**_{きほん　　　　　　　　　　　　　　　　かてい}

★ 「怠ける_{なま}」는 귀찮다고 생각해서 공부나 일을 하지 않는 경우에 쓴다. 「おろそかにする」는 적당히 하거나 가볍게 생각하거나 하는 것.

☐ **付け加える** _{つ　くわ} ㉠ 最後に一言**付け加える**_{さいご　ひとことつ　くわ}
　 補足する _{ほそく} ㉠ 説明を**補足**する_{せつめい　ほそく}

★ 「補足_{ほそく}する」는 현재로는 부족하다고 생각해 내용을 더하는 경우에 쓰인다.

명사

☐ **根回し** _{ねまわ} ㉠ 会議の前に**根回し**をしておく。_{かいぎ　まえ　ねまわ}
　 手回し _{てまわ} ㉠ 彼はいつも**手回し**がいい。_{かれ　　　　　てまわ}

★ 「根回し_{ねまわ}」는 교섭이나 회의가 잘 되도록 그 전에 관계자와 조정하는 것.

☐ **進路** _{しんろ} ㉠ 卒業後の**進路**について先生と相談した。／船の**進路**を妨害する。_{そつぎょうご　しんろ　　　　せんせい　そうだん　　　　ふね　しんろ　ぼうがい}
　 前途 _{ぜんと} ㉠ 会社の**前途**は明るい。_{かいしゃ　ぜんと　あか}

★ 구체적인 목적지가 있는 경우에는 「進路_{しんろ}」.

☐ **逆さま** _{さか} ㉠ 地図を**さかさま**に見ていた。_{ちず　　　　　　　み}
　 あべこべ ㉠ 日本人が外国人に日本語を教わるなんて、**あべこべ**だ。_{にほんじん　がいこくじん　にほんご　おそ}

★ 「逆さま_{さか}」는 올바른 것을 기준으로 그것과 반대되는 모양을 나타낸다.

☐ **手はず** _て ㉠ パーティーの**手はず**はすでに整っている。_{ととの}
　 手配（する） _{てはい} ㉠ チケットの**手配**をする。／旅行の**手配**、**手配**を頼む（×**手**はずを頼む）_{てはい　　　りょこう　てはい　てはい　たの　　て　　　　たの}

★ 「手配_{てはい}」는 예약과 관련해 주로 쓰인다.

☐ **手順** _{てじゅん} ㉠ 申し込みの**手順**、作業**手順**、決められた**手順**に従う_{もう　こ　てじゅん　さぎょうてじゅん　き　　　　てじゅん　したが}
　 段取り _{だんど} ㉠ 彼はいつも**段取り**が悪い。_{かれ　　　　　だんど　わる}

★ 「手順_{てじゅん}」은 순서, 「段取り_{だんど}」는 준비에 중점이 있다.

형용사

著しい
いちじる
甚だしい
はなは
猛烈（な）
もうれつ

例 著しい進歩、成長著しい選手
いちじる　しんぽ　せいちょういちじる　せんしゅ

例 甚だしい被害／そんなことを言
はなは　ひがい
うなんて、非常識も甚だしい。
ひじょうしき　はなは

例 猛烈な雨、猛烈な勢い
もうれつ　あめ　もうれつ　いきお

★「甚だしい」는 바람직하지 않은 일에 쓰이는 경우가 많다. 「猛烈」는 기세가 좋은 모양.
はなは　　　　　　　　　　　　　　もうれつ

巧み（な）
たく
巧妙（な）
こうみょう
見事（な）
みごと

例 彼は巧みな技を見せてくれた。
かれ　たく　わざ　み

例 彼は巧妙な方法で大金を得た。
かれ　こうみょう　ほうほう　たいきん　え

例 彼は見事な成績を収めた。
かれ　みごと　せいせき　おさ

★「巧妙」는 나쁜 의미로 쓰이는 경우가 많다. 「見事」는 결과가 완전한 모양을 나타낸다.
こうみょう　　　　　　　　　　　　みごと

曖昧（な）
あいまい
あやふや（な）

例 ここの表現がちょっと曖昧
ひょうげん　　　　　　　あいまい
だと思う。
おも

例 あやふやな態度
たいど

★둘 다 분명하지 않은 모습을 나타내지만, 「あやふや」는 「信頼できない、疑わしい」라는 부정적인 생각을 포함한다.
しんらい　　　うたが

地味（な）
じみ
内気（な）
うちき
控えめ（な）
ひか

例 地味な服装、地味な印象
じみ　ふくそう　じみ　いんしょう

例 内気な子ども
うちき　こ

例 控えめな甘さ、控えめな性格
ひか　あま　ひか　せいかく

★「内気」는 사람의 성격에 대해 쓰인다.
うちき

煩わしい
わずら
やっかい（な）
ややこしい

例 煩わしい人間関係
わずら　にんげんかんけい

例 やっかいな客
きゃく

例 ややこしい計算
けいさん

★「煩わしい」「やっかい」는 귀찮아서 가능한 한 피하고 싶은 기분을 포함한다.
わずら

まちまち
ばらばら

例 参加者の意見はまちまちだった。
さんかしゃ　いけん

例 戦争で家族がばらばらになった。
せんそう　かぞく
／リーダーがいなくなって、
チームはばらばらになった。

★「まちまち」는 전부 다른 모양. 「ばらばら」는 정돈되지 않은 모양.

莫大（な）
ばくだい
膨大（な）
ぼうだい
巨大（な）
きょだい

例 莫大な財産／損害／費用
ばくだい　ざいさん　そんがい　ひよう

例 膨大な資料／時間／数／努力
ぼうだい　しりょう　じかん　かず　どりょく

例 巨大な船／生物／穴／企業
きょだい　ふね　せいぶつ　あな　きぎょう

★「莫大」는 단순히 「この上なく大きい・多いこと」를 나타내고, 「膨大」는 「膨れ上がってこれだけの量になる」라는 뉘앙스가 특징이다. 둘 다 수량이나 정도의 크기를 나타내므로 상당히 겹친다. 「巨大」는 구체적인 사물의 크기를 나타낸다.
うえ　おお　おお　　ふく　あ　　りょう　きょだい

つまらない

例 仕事がつまらない。／彼の話はいつもつまらない。／つまらないミス／つまらないものですが、お一つどうぞ。（「くだらないものですが…」は×）
しごと　かれ　はなし　　　　　　　　ひと

くだらない

例 くだらない番組／そういうくだらない話には付き合っていられない。
ばんぐみ　　　　　　　　　はなし　つ　あ

★「つまらない」는 「面白くない、満足させるようなものでない」, 「くだらない」는 「内容に乏しい、レベルが低い」가 특징이다.
おもしろ　まんぞく　ないよう　とぼ　ひく

부사

元来
がんらい
そもそも

例 元来、彼は無口な人間だ。
がんらい　かれ　むくち　にんげん

例 そもそも彼女はここに来るべきではなかった。
かのじょ　　　く

★「そもそも」는 처음으로 돌아가 문제를 지적할 때 사용된다.

とっさに
さっと

例 飛んできたボールをとっさによけた。
と

例 名前を呼ばれ、その子はさっと立ち上がった。
なまえ　よ　こ　た

★「とっさに」는 반사적으로 행동하는 동작에 쓰인다. 「さっと」는 동작이 빠르고 순간적인 모양.

丸ごと
まる
丸々
まるまる

例 トマトを一個、丸ごと食べた。
いっこ　まる　た

例 昨日は丸々一日寝てしまった。
きのう　まるまるいちにち　ね

★「丸ごと」는 사물 등을 분할하지 않은 그대로 모습을 나타낸다.
まる

☐ すんなり　㉐ 代表選手はすんなり決まった。
だいひょうせんしゅ　き

あっさり　㉐ 犯人はあっさり罪を認めた。
はんにん　つみ　みと

★ 「あっさり」는 사람의 행동 모습을 나타낸다.

☐ 潔く　㉐ 彼は潔く負けを認めた。
いさぎよ　かれ　いさぎよ　ま　みと

きっぱり（と）　㉐ 彼の頼みはきっぱり断った。
かれ　たの　ことわ

★ 「潔く」는 (망설임이나 후회 없이) 마음이 정리 되어 마음이 놓인 모양. 그것이 호감을 주는 것을 포함한다. 「きっぱり」는 태도를 분명히 하는 모양을 나타내며, 거절하거나 관계를 끊을 때 주로 사용된다.

☐ やんわり（と）　㉐ やんわりと彼女に注意しておいた。
かのじょ　ちゅうい

遠回しに　㉐ 彼女は遠回しに同僚の悪口を言っていた。
とおまわ　かのじょ　とおまわ　どうりょう　わる　ぐち　い

それとなく　㉐ 食事に誘われたが、それとなく断った。
しょくじ　さそ　ことわ

★ 「やんわり」는 상냥하게 말하는 모양. 「遠回し」는 간접적으로 말하는 모양. 「それとなく」는 확실하지 않고 두드러지지 않게 말하는 것.

☐ ついに　㉐ ついに、N1に合格しました。
ごうかく

とうとう　㉐ なんとか使っていましたが、とうとう壊れてしまいました。
つか　こわ

★ 「ついに」는 최종적으로 무언가 실현되었다는 의미. 「とうとう」는 긴 시간이 든 후에 어떤 결과가 되었다는 의미.

☐ いずれ　㉐ 急がなくても、いずれ結果はわかるよ。
いそ　けっか

やがて　㉐ 日本に来てから、やがて3年になります。
にほん　き　ねん

★ 「やがて」는 그것이 확실히 일어날 거라고 생각될 때 사용한다. 「いずれ」는 「やがて」보다 시기가 애매하다.

☐ せめて　㉐ せめて理由だけでも聞かせてください。
りゆう　き

少なくとも　㉐ 少なくとも、失敗だけはしないようにしたいと思う。
すく　すく　しっぱい　おも

★ 「せめて」는 최소한의 기대를 말할 때 쓴다. 「少なくとも」는 최소한의 수나 상태 등을 말한다.
すく

☐ とても　㉐ 私には、とてもできそうにありません。
わたし

とうてい　㉐ 今から家を出ても、とうてい間に合わないと思う。
いま　いえ　で　ま　あ　おも

★ 「とうてい」는 「~ない」라는 부정표현과 함께 쓰인다.

☐ まるで　㉐ その人形は、まるで生きているかのようだった。
にんぎょう　い

いかにも　㉐ きょろきょろしていて、いかにも観光客のようだった。
かんこうきゃく

さも　㉐ さも詳しいかのように言ったけれど、本当はよく知らないんです。
くわ　い　ほんとう　し

あたかも　㉐ あたかもそこに誰かがいるように、彼は話し続けた。
だれ　かれ　はな　つづ

さながら　㉐ 彼女が泳ぐ様子は、さながら魚のようだった。
かのじょ　およ　ようす　さかな

★ 「いかにも」는 「どう見ても、明らかに」라는 뉘앙스가 있다. 「あたかも」「さながら」는 문어체로 쓰이는 경우가 많다.
み　あき

□ ~きわまりない ~하기 짝이 없다

例 遅れて来た上に名前を間違えるとは、失礼**極まりない**。

「この上なく~／非常に~」という意味。「限りないほどだ」と、あきれた気持ちを強く込めた表現。

□ ~ざるを得ない/なかった
~하지 않을 수 없다

例 けがの回復が遅れている以上、次の試合への出場はあきらめ**ざるを得ない**。

「~たくないが、事情があってしかたなく~なければならない」という意味。

□ ~始末だ ~하는 꼴이다

例 彼女はまた会議に遅刻した上に、配布資料を忘れてくる**始末だ**。

「（最後には）~という悪い状況にいたる」という意味。前には「困ったりあきれたりする状況や事態」が来る。

□ ~とみるや ~로 보이면

例 あのレストランは客が金持ち**とみるや**、高いワインばかりを勧めてくる。

「~であることがわかると（それをいい機会ととらえて）」という意味。後には「素早い行動や積極的な様子を著す内容」が来る。

□ ~(の)にひきかえ ~와 반대로

例 無口な兄**にひきかえ**、弟は社交的だ。

「~とは反対に」という意味。対照的な評価を表す。

□ ~にもまして ~보다 더

例 昨年**にもまして**猛暑日が続き、水不足が深刻になっている。

「~よりさらに」という意味。程度がさらに増すことを表す。

□ ~ばかりに ~하는 바람에

例 はっきり「ノー」と言わなかった**ばかりに**、彼女はまた面倒な仕事を押し付けられた。

「Aばかりに B」の形で、「Aが原因で、Bという悪い結果になった」という意味。

□ ~までもない ~할 것도 없다

例 富士山が日本人にとって特別な存在であることは言う**までもない**。

「当然~する必要はない」という意味。

□ ~をもって ~로

例 (1) コンクールへのご応募は、本日**をもって**締め切らせていただきました。
(2) 今回の検査結果**をもって**、商品の安全性が保証された。

(1)「~で、~を区切りとして」という意味で、時間的な基準を表す。

(2)「〜で、〜によって」という意味。方法や基準を表す。

□ 〜をものとも（しない/せず）

〜을 아랑곳하지 않고

例 周囲の反対**をものともせず**、彼は会社を辞めて新しい事業を始めた。

「〜を問題にもしないで、〜を少しも恐れないで」という意味。困難を前に、少しも弱気になっていない様子を表す。

□ 〜とは 〜하다니

例 入社式に遅刻する**とは**、あきれたやつだ。

「〜なんて」という意味で、予想外のことへの驚きや感嘆を表す。

□ 〜ともなると 〜쯤 되면

例 この動物園は、平日は人が少ないけど、休日と**もなると**かなり混む。

「〜という場合になると」という意味。後に「当然と思われること」が来る。

□ 〜なくして(は)…ない

〜없이는 …없다

例 彼**なくして**、今回の優勝**はなかった**。／努力**なくして**、成功なし。

「Aなくして Bない」の形で、「Aがなかったら、B（の成立）はない」という意味。前には「大事なこと・もの」が来る。

□ 〜はおろか 〜는 물론

例 彼の鉄道マニアぶりはすごくて、奥さん**はおろか**、子どもにまであきれられている。

「〜はもちろん」「〜は当然だが、それだけでなく」という意味。

□ 〜うにも…ない 〜하려 해도 …할 수 없다

例 あまりに散らかっているので、片づけ**ようにも**、どこから片づけていいか、わから**ない**。

「〜したいと思っているが、この状況ではできない」ということを表す。意志的な行為を表す動詞に付き、後で同じ動詞の否定形を続ける形が多い。

□ 〜がさいご (일단)〜했다 하면

例 こんな貴重な機会は、一度逃した**が最後**、二度とないだろう。

「〜たら、もうだめだ」という意味で、「そうなったら、もう元には戻せない」という見方を表す。後には「必ずそうなると予想される事柄」が来る。

□ 〜からある 〜나 되는

例 身長2メートル**からある**大男が、突然、目の前に現れた。

「〜か、それ以上もある」という意味で、とても大きいことを強調する。前には「具体的な数量を表す語」が来る。

□ 〜をかわきりに(して)

〜를 시작으로

例 選挙に向けて、田中代表は、東京**を皮切りに**日本全国を演説して回る予定だ。

「〜をその始まりとして」という意味。前には「物事が行われる場所」などが来る。

□ 〜こととて 〜이므로

例 小さい子どもがやった**こととて**、今回はどうか許していただけませんか。

「〜（な）ので」の堅い言い方。何か困難な状況を説明する場合が多い。

□ ～ずくめ(だ/の) ～투성이, ～일색

例 学生寮に入った最初の頃は、規則**ずくめ**の生活にストレスがたまった。／バンドのメンバーは、皆、黒**ずくめ**の服を着ていた。

「～ばかりである、一面～だ」という意味。

□ ～そばから ～하자마자, 금세

例 部屋を片付けた**そばから**子どもたちに散らかされた。

「～しても、すぐに」という意味。「Aそばから B」のBは、Aの効果をマイナスするもの。

□ ～にたえる/ない

～할 만한 가치가 있다 / 차마 ～할 수 없다

例 悪口の言い合いはどんどんエスカレートして、聞くに**堪えなかった**。

「(あまりにひどくて) ～することができない」という意味。

□ ～ては ～하기만 하면, ～했다가 …했다가

例 (1) あの人は、お店に来**ては**、いつもカウンターの端に座ってビールを注文する。
(2) 彼女に手紙を送ろうと、書い**ては**消し、書い**ては**消しているうちに朝になってしまった。

(1)「～するといつも」「～したら必ず」という意味。同じ行動パターンを繰り返している様子を表す。
(2)「AてはB、AてはB」の形で、「AしてBして、AしてBして」という意味。同じ動作を繰り返している様子を表す。

□ ～と(が)あいまって ～와 더불어

例 その旅館は、古い建物が森の中という立地**とあいまって**、非常に落ち着いた雰囲気が感じられた。

「～と一緒になって」という意味。「一緒になることでさらに効果が高まる」ことを表す。

□ ～といい…といい ～도 …도

例 このソファーは価格**といい**品質**といい**、申し分ない。

「～も…も」という意味で、同じ特徴を持つ二つを取り上げて強調する。

□ ～とばかりに (마치) ～라는 듯이

例 円高の今がチャンス**とばかりに**、多くの日本人が海外旅行に行っている。

「実際は違うが、いかにも～という様子で」という意味。

□ ～ともなく 특별히 ～랄 것 없이

例 夜になって、どこから**ともなく**虫の声が聞こえると、秋の訪れを感じる。

「特に～というのではなく」という意味。疑問詞に付く形が多い。

□ ～ともなれば ～정도 되면

例 小学生**ともなれば**、身の回りのことはほとんど自分でできるようになる。

「～という段階や状況になれば」という意味。後には「当然と思われる事柄」が来る。

□ ～ながら(も) ～면서도, ～임에도 불구하고

例 私の両親は、裕福ではない**ながらも**、幸せに暮らしている。

「～という状況だが、それでも」という意味。「AながらB」のBは、Aと対照的な内容であることが多い。

□ **〜ならでは** 〜밖에는 할 수 없는, 〜이 아니면

例 エレベーターの中に案内係を置くのは、日本**ならでは**のサービスのようだ。

「〜だから可能」という意味。「さすが〜だ」と感心する気持も含む。

□ **〜にあって(は/も)** 〜에서, 〜에 있어서

例 知らない土地**にあっては**、食事をする店を探すだけでも一苦労だ。／どんなつらいとき**にあっても**、この仕事だけは続けてきました。

「〜で」「〜では」などの意味で、自分が置かれている場所や状況を表す。

□ **〜に即して/〜に即した**

〜에 따라 / 〜에 따른

例 事故については、事実**に即して**正確に警察に説明しました。

「〜に合わせて」「〜に合うように」という意味。前には「判断や行動の基準になるもの」が来る。

□ **〜わけで(は/も)ない**

〜인 것은(도) 아니다

例 このレストランはいつも混んでいるが、だからといって特別においしい**わけでもない**。

「必ず/特に〜ということではない」などの意味。当然に結論づけられるのを打ち消す表現。

□ **〜をかぎりに** 〜를 끝으로

例 私達のチームは、今回の試合**を限りに**解散することになりました。

「〜を最後にして」「〜を区切りとして」という意味。

□ **〜をかわきりに** 〜를 시작으로

例 彼は、東京での成功**を皮切りに**、事業を拡大し、昨年はついに海外にまで進出した。

「〜を始まりとして」の意味。一定期間続けて行われることの、開始の時期や場所を示す表現。

□ **〜をふまえて** 〜를 전제로

例 先ほどの鈴木さんからの報告**を踏まえて**、話し合いを進めたいと思います。

「〜を前提に、〜を参考に、〜を理解したうえで」などの意味。後には「判断や行動」が述べられる。

□ **〜たりとも** 〜라도

例 入学試験まであと２カ月しかないから、一日**たりとも**休むことはできない。

「たとえ〜であっても…ない」という意味で、「最少の量でも許されない」ことを表す。前には「一日、一円、一滴」などの「最少を表す語」が来る。

□ **〜といったらない** 〜하기 이를 데 없다

例 初孫を抱いた時の父の嬉しそうな顔**といったらなかった**。

「〜といったらない」の形で、「〜」の程度が極端だと言いたいときに使う。前には「〜さ」（例 悔しさ）や「〜こと」（例 悔しいこと）などが来ることが多い。

□ ~にしては ~치고는

㉕ 初めて**にしては**上手く滑っていたと、スキーの
インストラクターにほめられた。

「これまでの~というイメージとは違って」と
いう意味。思っていたより結果が良かったと
きの意外な気持ちを表す。

□ ~べからず ~하면 안 된다

㉕ （工事現場の張り紙）
「 関係者以外立ち入る**べからず**」

「~てはいけない」という意味で、禁止の意味
を表す。

□ ~としたら ~라고 한다면

㉕ 本当に覚えていないんだ**としたら**、人の話を全
然聞いてなかったということじゃないか。

「~というような状況なら」という意味。「~の
/んだとしたら」の形で使われることが多い。

□ ~あっての ~가 있어서 비로소

㉕ こんな素晴らしい賞をいただけるのも、皆さん
のご協力が**あっての**ことです。

「Aという存在があって初めてB（の成立）が
ある」という意味。前には「重要で、欠かすこ
とのできないもの」が来る。

□ ~あまり ~한 나머지

㉕ 検査の結果を心配する**あまり**、食事がのどを通
らなくなってしまった。

「あまりに~する結果」という意味で、後に「普
通でないこと」が述べられる。

□ ~といえども ~라고 하지만

㉕ 親子**といえども**、理解し合えないこともある。
「たとえ~でも」という意味。「~の場合でも状
況や判断が変わらない」ことを表す。

□ ~いじょう(は) ~이상은

㉕ 試合に出る**以上**、１点でも多く得点してチーム
に貢献したい。

「~という状況だから、当然~」という意味を
表す。

□ ~うえ(に) ~뿐만 아니라

㉕ この道は狭い**上**に見通しも悪く、事故が起こり
がちだ。

「~だけでなく、さらに」という意味を表す。

□ (~か)と思いきや ~라고 생각했는데

㉕ 今日は寒くなる**と思いきや**、半そでで過ごせる
ぐらいの気温であった。

「~と思っていたら、実際は違った」という意
外な気持ちを表す。

□ ~か否か ~인지 아닌지

㉕ その計画が実現可能**か否か**、もう一度よく考え
たほうがいい。

「~かそうでないのか」という意味。

□ ~を/もかえりみず ~을(도) 개의치 않고

㉕ 危険**もかえりみず**、彼女は川に落ちた子どもを
助けようと水の中に飛び込んだ。

「~を考えないで」「~を気にかけないで」とい
う意味。

□ ～が欠かせない ～를 빼놓을 수 없다

⑨ 私は寒いのが苦手なので、冬はマフラー**が欠か
せません**。

「～を欠くことはできない」「～なしではいられ
ない」という意味。

□ ～かぎりでは ～한에서는, ～한 바로는

⑨ 私が聞いた**限りでは**、社長は週明けに出張から
戻ってくるとのことです。

「～範囲では、～のは」という意味。「～」には「
見る、聞く、知る」が来ることが多い（⑨ 私
が知っている限りでは…）。

□ ～がたい ～하기 어려운

⑨ 信じ**がたい**ことだが、彼の言っていることは本
当のようだ。

「～ようとしても～できない」という意味。

□ ～かたがた ～을 겸하여, ～하는 김에

⑨ お世話になった山本さんを、お礼**かたがた**夕
食に招待することにした。

「～のついでに、～の機会をとらえて一緒に」
という意味。一つの機会に二つのことを同時
にすることを表す。形式的な表現で、手紙な
どの挨拶文によく使われる。

□ ～がてら ～을 겸하여

⑨ 買い物**がてら**、家の近所を散歩した。

「～（の）ついでに、～を兼ねて」という意味
を表す。会話でよく使われる。

□ ～にかなう ～에 맞는

⑨ (1)彼は期待**にかなった**いい選手だ。

(2) 彼の練習方法は理**にかなっている**（＝合理的
だ、理屈に合っている）。

「～によく合っている」という意味。「～」には
条件や基準になるものが来る。目的、理想、
期待など。

□ ～かのように ～인 것처럼

⑨ 彼女もそのことを知っているはずなのに、何も
知らない**かのように**ふるまっていた。

「（実際は～ではないが）まるで～のように」
という意味。

□ ～からというもの ～한 후로 계속

⑨ 彼は転勤して**からというもの**かなり忙しいよ
うで、連絡がとりにくくなった。

「～後はずっと」という意味。「～する前とは全
く違う状態が続いている」ので、「話し手の驚
きや意外だという気持ち」が表される。

□ ～からなる ～나 되다, ～로 이루어진

⑨ (1)全15巻**からなる**歴史小説の大作が遂に完
成した。

(2) 全員プロ選手**からなる**最強のチームができ
た。

(1)「～か、それ以上の」という意味。「～」には「
具体的な数量を表す語」が来る。

(2)「～からできている」という意味。「～」には「
材料や構成要素」が来る。

□ ～きらいがある ～하는 경향이 있다

⑨ 彼は、事がうまくいかなくなると、すぐ人に頼
る**きらいがある**。

「～というあまり好ましくない傾向や性質があ
る」という意味。

□ ～きり ～를 끝으로, ～한 채

㉎ ３年前に家を出た**きり**、息子からは一度も連絡がない。

「～したのが最後で」という意味で、「その後も状況が変わっていない」ことを表す。

□ ～極まる/極まりない

매우 ～하다, ～하기 짝이 없다

㉎ (1)こんな所に勝手にゴミを捨てて、迷惑**極まる**なあ。

(2) 台風が近づいているのに海に行くなんて、危険**極まりない**。／こんな初歩的なミスをするなんて、恥ずかしいこと、**極まりない**です。

どちらも「この上なく～、非常に～だ」という意味で、「ある状態や感情が最高のレベルに達する」ことを表す。「～こと」に続く場合は普通、「きわまりない」を使う。

□ ～しかない

～일 뿐이다, ～(라고)밖에 (할 수) 없다

㉎ (1)彼女は親切でやったのかもしれないが、私にとっては迷惑で**しかない**。

(2) 財布を落としたのは、私の不注意だったと**しか**言いようが**ない**。

(1)「～だけでほかにはない」「～だけだ」という意味で、意志や判断を強調して言う表現。

(2)他の可能性を否定して、それだけだと強く主張するのに用いる。

□ ～ずにはおかない

～하지 않을 수 없다

㉎ 彼女のスピーチは、皆を感動させ**ずにはおかな**かった。

「自然に～てしまう」という意味。前には「強い感情」や「何か強い力」を表す内容が来る。

□ ～だけに ～인 만큼

㉎ 山下さんは昔教師だった**だけに**、人に教えるのが得意だ。

「～ということもあって当然／余計に／なおさら」という意味。文の前半には「現在に至るまでの状況や経験」などが来る。

□ ～だけまし ～만으로 다행

㉎ こんな古いエアコンでも、ある**だけまし**だよ。

「あまりよくない状況だが、～ので最悪ではない。だからよかった」という意味。文の前半で「希望通りではない状況」を述べることが多い。

□ だって ～라도

㉎ (1)これぐらいの問題、６歳の子ども**だって**わかるよ。

(2) 誰に**だって**、欠点はある。

「～でも、～であっても」「～でさえ、～ですら」などの意味。

(1) 極端な例を出して、意味を強調する。

(2)「誰（に）だって」の形で、「みんなそうだ」の意味を表す。

□ ～だの…だの ～라느니 …라느니

㉎ せっかく作ったのに、味がない**だの**、おいしくない**だの**と言って、ほとんど食べてくれなかった。

「～や…など」という意味で、例を挙げながら「いろいろだ」ということを表す。非難の意味を含む場合が多い。

□ ～がたより／～をたよりに
～이 의지할 곳 / ～를 의지하여

- ㉠ 地図をたよりに、なんとか歩いて行ってみた。
  ／日本での生活は、奨学金がたよりなんです。

「～の助けを借りて」という意味。

□ ～たるもの（は）
～나 되는 자(는), ～된 사람(은)

- ㉠ 政治家たるもの（は）、自分の言葉には責任を持たなければならない。

「～という立場にある者は」という意味。後には、「そうあるべきと一般に考えられること」が述べられる。

□ ～っこない ～할 리가 없다

- ㉠ こんなにたくさんの料理、一人で食べられっこないよ。

「絶対に～ない」という気持ちを表す。くだけた話しことば。

 **문법** 의미나 기능이 비슷한 표현

문말표현

～は確かだ 분명 ~이다

□ **～はずだ**
- 예 彼もそれはわかっている**はずだ**。

□ **～は確実だ**
- 예 彼が優勝するのは**確実だ**。

□ **～に違いない**
- 예 みんなで旅行に行けたら、きっと楽しい**に違いない**。

□ **～に相違ない**
- 예 機械に何らかのトラブルがあった**に相違ない**。

□ **～は間違いない**
- 예 いずれそういう社会が訪れるのは**間違いない**。

□ **疑いの余地はない**
- 예 私たち人間のせいであることに**疑いの余地はない**。

□ **～ことになる**
- 예 このままでは、国民から非難を浴びる**ことになる**だろう。

□ **～に決まっている**
- 예 これだけ安くすれば、売れる**に決まっている**。

～は当然だ ~가 당연하다

□ **～は／ももっともだ**
- 예 住民たちが怒るの**も、もっともだ**。

□ **～のも無理はない**
- 예 彼らがそう思う**のも、無理はない**。

□ **～も不思議ではない／～も不思議はない**
- 예 いつ、彼らの不満が爆発して**も不思議ではない**。

～と思う ~라고 생각하다

□ **～気がする**
- 예 問題はそれだけではない**気がする**のだ。

□ **～に思えてならない**
- 예 私には、とても大切なことのように**に思えてならない**のだ。

□ **～ではないだろうか**
- 예 計画は見直すべき**ではないだろうか**。

□ **～とみられる**
- 예 景気は少しずつよくなっている**とみられる**。

～かもしれない ~일지도 모른다

□ **～得る**
- 예 場合によったら、そういうことも起こり**得る**。

□ **～てもおかしくない**
- 예 いつ、そういうことが起き**てもおかしくない**。

□ **～ないとも限らない**
- 예 そういうことが起こら**ないとも限らない**。

109

~できない ~할 수 없다

□ **~しかねる**
  ㉖ そういうやり方には賛成**しかねる**。
  かた　　さんせい

□ **~しがたい**
  ㉖ いまだにそんなことを言うなんて、理解**しがたい**。
  い　　　　　　　　りかい

□ **~とはいえない**
  ㉖ これだけでは健康に効果がある**とはいえない**。
  けんこう　こうか

~べきだ ~해야만 한다

□ **~しかない**
  ㉖ 素直にミスを認め、謝る**しかない**。
  すなお　　　みと　　あやま

□ **~よりほかない**
  ㉖ こうなった以上、あきらめる**よりほかない**。
  いじょう

~ものだ ~한 것이다, ~(했)지, ~해야 한다

□ **(感嘆·強調)**
  かんたん　きょうちょう
  ㉖ この街も、ずいぶん便利になった**ものだ**。／ばかなことをした**ものだ**。
  まち　　　　　　　べんり

□ **(回想)**
  かいそう
  ㉖ 昔はよくここで遊んだ**ものだ**。
  むかし　　　　　あそ

□ **(当然)**
  とうぜん
  ㉖ そういうきちんとした場所にはスーツを着ていく**ものだ**。
  ばしょ　　　　　　　　き

□ **(本来の性質)**
  ほんらい　せいしつ
  ㉖ 機械は壊れる**ものだ**。
  きかい　こわ

~ない (부분부정) ~않다

□ **~とは限らない**
  かぎ
  ㉖ 先生の言うことが常に正しい**とは限らない**。
  せんせい　い　　　つね　ただ　　　　かぎ

□ **~というわけではない**
  ㉖ 彼のことは昔からよく知っているけど、友達と**いうわけではない**。
  かれ　　　むかし　　　し　　　　　　ともだち

□ **~わけがない**
  ㉖ 練習もせずに、勝てる**わけがない**。
  れんしゅう　　　　か

□ **…定かではない**
  さだ
  ㉖ 本当かどうか、**定かではない**。
  ほんとう　　　　さだ

부정표현

全く~ない 전혀 ~않다
まった

□ **まるで~ない**
  ㉖ レポートの締め切りは明後日なのに、**まるで**進ん**で**ない。
  し　き　　　あさって　　　　　すす

□ **ちっとも~ない**
  ㉖ いくら説明してもらっても、**ちっとも**わから**ない**。
  せつめい

□ **何も~ない**
  なに
  ㉖ 彼女が悩んでいても、私には**何も**してあげられ**ない**。
  かのじょ　なや　　　わたし　なに

□ **決して~ない**
  けっ
  ㉖ 今回不合格でも、**決して**あきらめ**ません**。
  こんかい　ふごうかく　　　けっ

□ **とうてい~ない**
  ㉖ こんな安い金額では、**とうてい**納得でき**ない**。
  やす　きんがく　　　　　　なっとく

□ **断じて~ない**
  だん
  ㉖ 彼が人の物を盗むなんて、**断じて**ないと思う。
  かれ　ひと　もの　ぬす　　　　だん　　　おも

□ **さらさらない**
  ㉖ ほかのチームに行くなんて気持ちは**さらさらない**。
  い　　　　　　　きも

□ **間違っても～ない**
　まちが
　㉥ **間違っても**、彼と結婚するようなことは**ない**。
　　まちが　　　かれ　けっこん

□ **毛頭ない**
　もうとう
　㉥ あなたを傷つけるつもりなど、**毛頭ありません**
　　　　　　きず　　　　　　　　　　　　もうとう
　　でした。

□ **～っこない**
　㉥ 今家を出たって、間に合いっこないよ。
　　いまいえ　で　　　ま　あ

□ **どうにも～ない**
　㉥ なぜ社長はこんな仕事を引き受けたのか、**どう**
　　　しゃちょう　　　しごと　ひ　う
　　にも理解できない。
　　　　りかい

なかなか～ない 좀처럼 ~않다

□ **めったに～ない**
　㉥ お金に余裕がないので、こういう店には**めった**
　　　かね　よゆう　　　　　　　　みせ
　　に来られ**ません**。
　　　こ

□ **そうそう～ない**
　㉥ プロの選手と話す機会なんて、**そうそうないこ**
　　　　せんしゅ　はな　きかい
　　とです。

まだ～ない 아직 ~않다

□ **依然として～ない**
　いぜん
　㉥ **依然として**、彼の行方はわから**ない**。
　　いぜん　　　かれ　ゆくえ

□ **いまだに～ない**
　㉥ 10年以上たつのに、この問題は**未だに**解決さ
　　　ねん いじょう　　　　　もんだい　いま　　かいけつ
　　れてい**ない**。

□ **今なお～ない**
　いま
　㉥ あの時、祖父が何を言いたかったのか、**今なお**
　　　とき　そふ　なに　い　　　　　　　いま
　　わかり**ません**。

そんなに～ない 그렇게 ~않다

□ **大して～ない**
　たい
　㉥ 今から急いだところで、**大して**変わり**ません**。
　　いま　いそ　　　　　　たい　か

□ **思ったほど～ない**
　おも
　㉥ 日曜だけど、**思ったほど**人は多く**ない**ね。
　　にちよう　　　おも　　　ひと　おお

□ **さほど / それほど～ない**
　㉥ 有名なお店だけど、値段は**さほど**高くなかっ
　　ゆうめい　みせ　　　ねだん　　　　たか
　　た。

～かもしれない ~일지도 모른다

□ **～ないとも限らない**
　　　　　　　　かぎ
　㉥ そんなことを言って、相手を怒らせ**ないとも限**
　　　　　　　い　　　あいて　おこ　　　　　　かぎ
　　らないよ。

□ **～ないこともない**
　㉥ 急いで行けば、間に合わ**ないこともない**。
　　いそ　い　　　ま　あ

□ **～ないわけでもない**
　㉥ そんなに言うなら、手伝わ**ないわけでもない**け
　　　　　い　　　　てつだ
　　ど。

□ **～なくはない / なくもない**
　㉥ 忙しいけど、でき**なくはない**。
　　いそが

～とはいえない ~라고는 할 수 없다

□ **一概に～ない**
　いちがい
　㉥ 確かにそういう例は多いけど、**一概には言えな**
　　たし　　　　れい　おお　　　　いちがい　　い
　　いと思う。
　　　　おも

□ **～というものでもない**
　㉥ 自分ができるからと言って、ほかの人もできる
　　じぶん　　　　　　い　　　　　　ひと
　　というものでもないよ。

□ **～(という)わけではない**
　㉥ 今日買いに行っても、すぐに手に入る**わけでは**
　　きょう か　　い　　　　　　て　はい
　　ありません。

□ **～とは限らない**
　　　　　かぎ
　㉥ 面接でうまく話せなかったからといって、不合
　　めんせつ　　　はな　　　　　　　　　　　ふごう
　　格**とは限らない**よ。
　　かく　　かぎ

그 외－부정사「ない」를 포함하는 표현

□ ～すらない
- 例 疲れきって、もう歩く元気すらない。

□ ～さえない
- 例 彼女とは会ったことさえありません。

□ ～(より)ほか(は)ない
- 例 両親がだめだと言うなら、あきらめるよりほかない。

□ ～しかない
- 例 直接会って話し合うしかない。

□ ～ざるを得ない
- 例 そういう事情なら、やらざるを得ませんね。

□ あえて～ない
- 例 本人ももうわかってるだろうから、あえて言う必要はないよ。

□ 無理に～ない
- 例 忙しければ、無理に出席することはありません。

□ ～といったらない
- 例 彼女の美しさといったらない。

□ ～て(も)さしつかえない
- 例 田中さんになら、教えても差し支えないと思います。

□ ～くもなんともない
- 例 ほめられたって、嬉しくもなんともない。

□ ～ずにはいられない
- 例 この曲を聞くと、その当時のことを思い出さずにはいられない。

□ ～どころではない
- 例 仕事が忙しくて、旅行どころじゃない。

□ ～てばかりもいられない
- 例 仕事がたまってるから、休んでばかりもいられない。

□ ～てたまらない
- 例 もう暑くてたまらない。エアコンをつけよう。

□ ～てならない
- 例 聞けば聞くほど、そういうふうに思えてならない。

□ ～ないことには～ない
- 例 勉強しないことには、合格できないよ。

□ ～にこしたことはない
- 例 試験に出るかどうかわからないけど、勉強しておくに越したことはない。

□ ～ようがない
- 例 そのことについては何も知らないので、私には答えようがない。

□ ～わけにはいかない
- 例 大事な問題なので、放っておくわけにはいかない。

 **독해** 독해문제에 나오는 키워드

교육·연구

☐ 概念 がいねん	개념
☐ 仮説 か せつ	가설
☐ 課題 か だい	과제
☐ 参照(する) さんしょう	참조
☐ 主張(する) しゅちょう	주장
☐ 知性 ち せい	지성
☐ 知的(な) ち てき	지적
☐ 抽象的(な) ちゅうしょうてき	추상적
☐ 定義(する) てい ぎ	정의
☐ 養成(する) ようせい	양성
☐ 要約(する) ようやく	요약
☐ 論理 ろん り	논리

문화·예술

☐ 意図(する) い と	의도
☐ 映像 えいぞう	영상
☐ 演じる えん	연기하다
☐ 掲載(する) けいさい	게재
☐ コンテンツ	콘텐츠
☐ シナリオ	시나리오
☐ 芝居 しば い	연기
☐ 主題 しゅだい	주제
☐ せりふ	대사
☐ 著書 ちょしょ	저서
☐ ニュアンス	뉘앙스
☐ 美術 び じゅつ	미술
☐ 描写(する) びょうしゃ	묘사

국가·지방·정치

☐ 改革(する) かいかく	개혁
☐ 官僚 かんりょう	관료
☐ 協議(する) きょう ぎ	협의
☐ 国土 こく ど	국토
☐ 参政権 さんせいけん	참정권
☐ 支配(する) し はい	지배
☐ 首脳 しゅのう	수뇌
☐ 情勢 じょうせい	정세
☐ 条約 じょうやく	조약
☐ 親善 しんぜん	친선
☐ 衰退(する) すいたい	쇠퇴
☐ 政権 せいけん	정권
☐ 政策 せいさく	정책
☐ 体制 たいせい	체제
☐ 治安 ち あん	치안
☐ 秩序 ちつじょ	질서
☐ 独裁 どくさい	독재
☐ 内閣 ないかく	내각
☐ 難民 なんみん	난민
☐ 繁栄(する) はんえい	번영
☐ 発展途上国 はってん と じょうこく	개발도상국
☐ 表明(する) ひょうめい	표명
☐ 紛争 ふんそう	분쟁
☐ 弊害 へいがい	폐해
☐ 方針 ほうしん	방침
☐ 保守的(な) ほ しゅてき	보수적
☐ マスコミ	매스컴
☐ メディア	미디어
☐ 世論 よ ろん	여론
☐ 領土 りょう ど	영토

법률·행정

☐ 改定（する） かいてい	개정
☐ 裁判員 さいばんいん	재판원
☐ 裁く さば	심판하다 , 재판하다
☐ 詐欺 さ ぎ	사기
☐ 死刑 し けい	사형
☐ 施行（する） し こう	시행
☐ 自治体 じ ち たい	자치 단체
☐ 条例 じょうれい	조례
☐ 制定（する） せいてい	제정
☐ 整備（する） せい び	정비
☐ 訴訟（する） そ しょう	소송
☐ 損害 そんがい	손해
☐ 追及（する） ついきゅう	추궁
☐ 償う つぐな	배상하다
☐ 取り締まる と し	단속하다
☐ 廃止（する） はい し	폐지
☐ 賠償（する） ばいしょう	배상
☐ 判決（する） はんけつ	판결
☐ 弁護士 べん ご し	변호사
☐ 法廷 ほうてい	법정
☐ 保障（する） ほ しょう	보장
☐ 無罪 む ざい	무죄
☐ 免除（する） めんじょ	면제
☐ 有罪 ゆうざい	유죄

경제

☐ 緩和（する） かん わ	완화
☐ 均衡（する） きんこう	균형
☐ 雇用（する） こ よう	고용
☐ 財政 ざいせい	재정
☐ 自給率 じ きゅうりつ	자급률
☐ 資産 し さん	자산
☐ 失業（する） しつぎょう	실업
☐ 収支 しゅう し	수지

☐ 戦略 せんりゃく	전략
☐ 低迷（する） ていめい	침체 상태
☐ 動向 どうこう	동향
☐ 投資（する） とう し	투자
☐ 負債 ふ さい	부채
☐ リスク	리스크
☐ リストラ	정리해고 ⑲ restructuring

기술·산업

☐ アナログ	아날로그
☐ 遺伝子 い でん し	유전자
☐ 加工（する） か こう	가공
☐ 画期的（な） かっ き てき	획기적
☐ 原子力発電 げん し りょくはつでん	원자력발전
☐ コントロール	컨트롤
☐ 産出（する） さんしゅつ	산출
☐ 仕組み し く	사물의 구조
☐ 従事（する） じゅう じ	종사
☐ 省エネルギー しょう	에너지 절약
☐ 精密（な） せいみつ	정밀
☐ 先端技術 せんたん ぎ じゅつ	첨단 기술
☐ 携わる たずさ	종사하다
☐ テクノロジー	테크놀로지
☐ デジタル	디지털
☐ 放射能 ほうしゃのう	방사능
☐ 流通（する） りゅうつう	유통
☐ 領域 りょういき	영역

자연·환경

☐ エコ（エコロジー）	에코
☐ 雄 おす	수컷
☐ 危機 き き	위기
☐ 希少（な） き しょう	희소
☐ 共存（する） きょうぞん	공존

□ クールビズ	쿨비즈	□ 疲労(する) ひ ろう	피로
□ 細胞 さいぼう	세포	□ 福祉 ふく し	복지
□ 飼育(する) し いく	사육	□ 保険 ほ けん	보험
□ 弱肉強食 じゃくにくきょうしょく	약육강식	□ 免疫 めんえき	면역
□ 進化(する) しん か	진화	□ 老衰(する) ろうすい	노쇠
□ 生態系 せいたいけい	생태계		

문명·역사

□ 絶滅(する) ぜつめつ	절멸	□ 遺跡 い せき	유적
□ 退化(する) たい か	퇴화	□ 革命 かくめい	혁명
□ 多様性 た ようせい	다양성	□ 植民地 しょくみん ち	식민지
□ 津波 つ なみ	해일	□ 侵略(する) しんりゃく	침략
□ 二酸化炭素 に さん か たん そ	이산화탄소	□ 宣言(する) せんげん	선언
□ 排気ガス はい き	배기가스	□ 伝来(する) でんらい	전래
□ 伐採(する) ばっさい	벌채	□ 同盟(する) どうめい	동맹
□ 繁殖(する) はんしょく	번식	□ 反乱(する) はんらん	반란
□ 被害 ひ がい	피해	□ 冷戦 れいせん	냉전
□ 被災(する) ひ さい	재해를 입음		

생활·사회

□ ひな	새끼 새	□ 育児休暇 いく じ きゅう か	육아휴가
□ 避難(する) ひ なん	피난	□ 高齢化 こうれい か	고령화
□ ふ化(する) か	부화	□ 出生率 しゅっしょうりつ	출생률
□ ほ乳類 にゅうるい	포유류	□ 少子化 しょう し か	저출산화
□ 雌 めす	암컷	□ 晩婚化 ばんこん か	만혼화
		□ 家計 か けい	가계

건강·의료

□ 安静 あんせい	안정	□ 所得 しょとく	소득
□ 衰える おとろ	쇠약해지다	□ 専業主婦 せんぎょうしゅ ふ	전업주부
□ 過労 か ろう	과로	□ 共働き ともばたら	맞벌이
□ 感染(する) かんせん	감염	□ 介護(する) かい ご	병 간호
□ 細菌 さいきん	세균	□ 在宅サービス ざいたく	재택 서비스
□ 脂肪 し ぼう	지방	□ シニア	시니어 , 어르신
□ 消化(する) しょう か	소화	□ 老後 ろう ご	노후
□ 尊厳 そんげん	존엄	□ いじめ	괴롭힘 , 따돌림
□ 体調 たいちょう	컨디션	□ 格差 かく さ	격차
□ 体力 たいりょく	체력	□ 虐待(する) ぎゃくたい	학대
□ バリアフリー	배리어 프리 (장애인이나 고령자가 생활하기 쉽도록 물리적·제도적 장벽을 제거하는 것)	□ サイト	사이트

☐ ニート	니트, 일을 하지 않고 구직 활동도 하지 않는 젊은 사람
☐ ネット社会 _{しゃかい}	인터넷 사회
☐ 年金 _{ねんきん}	연금
☐ 派遣(する) _{は けん}	파견
☐ 引きこもり _ひ	은둔형 외톨이
☐ 非正規雇用 _{ひ せい き こ よう}	비정규직
☐ 貧困 _{ひんこん}	빈곤
☐ 不況 _{ふ きょう}	불황
☐ フリーター	프리터, 아르바이트만 하면서 생활을 하는 사람

대학·학교

☐ **前期**
ぜん き
전기
㉾ 前期の授業
ぜん き　じゅぎょう

☐ **後期**
こう き
후반기
㉾ 後期の授業
こう き　じゅぎょう

☐ **講義**
こう ぎ
강의
㉾ 経済学の講義
けいざいがく　こう ぎ

☐ **サークル**
서클
㉾ テニスサークル

☐ **実習(する)**
じっしゅう
실습
㉾ 企業で実習する
き ぎょう　じっしゅう

☐ **締切**
しめきり
마감
㉾ 締切に間に合う
しめきり　ま　あ

☐ **就職活動**
しゅうしょくかつどう
취직활동
㉾ 就職活動で忙しい
しゅうしょくかつどう　いそが

☐ **奨学金**
しょうがくきん
장학금
㉾ 奨学金を受け取る
しょうがくきん　う　と

☐ **進学(する)**
しんがく
진학
㉾ 大学院に進学する
だいがくいん　しんがく

☐ **進路**
しん ろ
진로
㉾ 進路を決める
しん ろ　き

☐ **推薦(する)**
すいせん
추천
㉾ 推薦入学
すいせんにゅうがく

☐ **ゼミ**
세미나(수업)
㉾ ゼミで話し合う
はな　あ

☐ **テーマ**
테마
㉾ テーマを決める
き

☐ **寮**
りょう
기숙사
㉾ 寮に入る
りょう　はい

☐ **期限**
き げん
기한
㉾ 期限を守る
き げん　まも

☐ **構成**
こうせい
구성
㉾ 論文の構成
ろんぶん　こうせい

☐ **提出(する)**
ていしゅつ
제출
㉾ レポートを提出する
ていしゅつ

☐ **発表(する)**
はっぴょう
발표
㉾ ゼミで発表する
はっぴょう

☐ **論文**
ろんぶん
논문
㉾ 論文を書き上げる
ろんぶん　か　あ

회사·직장

☐ **採用(する)**
さいよう
채용
㉾ 新入社員の採用
しんにゅうしゃいん　さいよう

☐ **大手**
おお て
큰 규모
㉾ 大手企業に就職する
おお て　き ぎょう　しゅうしょく

☐ **中小企業**
ちゅうしょう き ぎょう
중소기업
㉾ 中小企業で働く
ちゅうしょう き ぎょう　はたら

☐ **研修(する)**
けんしゅう
연수
㉾ 新入社員の研修
しんにゅうしゃいん　けんしゅう

☐ **費用**
ひ よう
비용
㉾ 費用がかかる
ひ よう

☐ **発注(する)**
はっちゅう
발주(주문)
㉾ 商品を発注する
しょうひん　はっちゅう

☐ **クレーム**
클레임
㉾ クレームに対応する
たいおう

☐ **業績**
ぎょうせき
업적
㉾ 業績が悪化する
ぎょうせき　あっ か

☐ **得意先**
とく い さき
단골
㉾ 得意先に連絡する
とく い さき　れんらく

☐ **書類**
しょるい
서류
㉾ 書類を整理する
しょるい　せい り

☐ **履歴書**
り れきしょ
이력서
㉾ 履歴書を送る
り れきしょ　おく

□ 取引（する）　거래
とりひき
　　㉑ A社と取引する
　　　　しゃ　とりひき

□ 職場　직장
しょくば
　　㉑ 職場の雰囲気
　　　しょくば　ふんいき

□ 企画書　기획서
き かくしょ
　　㉑ 企画書を作成する
　　　きかくしょ　さくせい

□ 至急　지급 (매우 급함)
し きゅう
　　㉑ 至急、連絡する
　　　しきゅう　れんらく

□ 打ち合わせ　협의
う あ
　　㉑ A社との打ち合わせ
　　　しゃ　う あ

□ 本店　본점
ほんてん
　　㉑ 本店に連絡する
　　　ほんてん　れんらく

□ 支店　지점
し てん
　　㉑ 新たに支店を設ける
　　　あら　してん　もう

□ 店舗　점포
てん ぽ
　　㉑ 店舗数を増やす
　　　てんぽすう　ふ

□ 出勤（する）　출근
しゅっきん
　　㉑ 会社に出勤する
　　　かいしゃ　しゅっきん

□ コスト　코스트, 비용
　　㉑ コストを削減する
　　　　　　さくげん

□ 折り返し　받은 즉시
お かえ
　　㉑ 折り返し連絡する
　　　お かえ　れんらく

□ 転勤（する）　전근
てんきん
　　㉑ 海外に転勤する
　　　かいがい　てんきん

□ 貸出　대출
かしだし
　　㉑ 本の貸出
　　　ほん　かしだし

□ 印鑑　인감 , 도장
いんかん
　　㉑ 印鑑を押す
　　　いんかん　お

□ 介護（する）　간호
かい ご
　　㉑ お年寄りを介護する
　　　　としよ　かいご

□ 高齢者　고령자
こうれいしゃ
　　㉑ 高齢者向けの商品
　　　こうれいしゃむ　しょうひん

□ 施設　시설
し せつ
　　㉑ 施設を利用する
　　　しせつ　りよう

□ 展示（する）　전시
てん じ
　　㉑ 資料を展示する
　　　しりょう　てんじ

□ 届け出る　신고하다
とど で
　　㉑ 住所変更を届け出る
　　　じゅうしょへんこう　とど で

□ バリアフリー　배리어프리
　　㉑ バリアフリーの住宅
　　　　　　　　じゅうたく

□ 福祉　복지
ふくし
　　㉑ 福祉の充実を図る
　　　ふくし　じゅうじつ　はか

□ 返却（する）　반납
へんきゃく
　　㉑ 本を返却する
　　　ほん　へんきゃく

□ 機能　기능
き のう
　　㉑ 機能を重視する
　　　きのう　じゅうし

□ クーポン　쿠폰
　　㉑ クーポンを利用する
　　　　　　　りよう

□ 購入（する）　구입
こうにゅう
　　㉑ 製品を購入する
　　　せいひん　こうにゅう

□ サポートセンター　서포트센터
　　㉑ サポートセンターに
　　　電話する
　　　でん わ

□ 仕入れる　사들이다
し い
　　㉑ 材料を仕入れる
　　　ざいりょう　し い

□ 修理（する）　수리
しゅう り
　　㉑ 修理を頼む
　　　しゅうり　たの

□ 請求（する）　청구
せいきゅう
　　㉑ 代金を請求する
　　　だいきん　せいきゅう

□ ツアー　투어
　　㉑ ツアーに参加する
　　　　　　さん か

□ 半額　반액
はんがく
　　㉑ 料金が半額になる
　　　りょうきん　はんがく

□ 保証書　보증서
ほ しょうしょ
　　㉑ 保証書をなくす
　　　ほ しょうしょ

□ 無料　무료
む りょう
　　㉑ 無料で直す
　　　む りょう　なお

□ 予約（する）　예약
よ やく
　　㉑ 席を予約する
　　　せき　よ やく

□ 割引　할인
わりびき
　　㉑ 割引価格
　　　わりびき か かく

이동

☐ 渋滞
   じゅうたい
   정체
   ㉠ 道路が渋滞する
      どう ろ　　じゅうたい

☐ 免許証
   めんきょしょう
   면허증
   ㉠ 免許証を取得する
      めんきょしょう　しゅとく

☐ 交差点
   こう さ てん
   교차로
   ㉠ 交差点を右に曲がる
      こう さ てん　みぎ　 ま

☐ 改札
   かいさつ
   개찰
   ㉠ 駅の改札を出る
      えき　 かいさつ　 で

☐ 乗車券
   じょうしゃけん
   승차권
   ㉠ 乗車券と特急券
      じょうしゃけん　とっきゅうけん

☐ 車内
   しゃない
   차내
   ㉠ 車内に忘れ物をする
      しゃない　わす もの

☐ 歩道
   ほ どう
   보도
   ㉠ 歩道を歩く
      ほ どう　 ある

☐ 大通り
   おおどお
   큰 길
   ㉠ 大通りに面したビル
      おおどお　　めん

☐ 車両
   しゃりょう
   차량
   ㉠ 車両の通行
      しゃりょう　つうこう

☐ 歩行者
   ほ こうしゃ
   보행자
   ㉠ 歩行者優先
      ほ こうしゃゆうせん

건강·미용

☐ アレルギー
   알레르기
   ㉠ アレルギー反応が出る
      はんのう　 で

☐ 栄養
   えいよう
   영양
   ㉠ 栄養をとる
      えいよう

☐ 外食
   がいしょく
   외식
   ㉠ 外食が増える
      がいしょく　ふ

☐ 症状
   しょうじょう
   증상
   ㉠ 症状が重い
      しょうじょう　おも

☐ ジョギング
   조깅
   ㉠ ジョギングでやせる

☐ ストレス
   스트레스
   ㉠ ストレスがたまる

☐ 美容
   びよう
   미용
   ㉠ 美容効果がある
      びようこう か

☐ 予防(する)
   よ ぼう
   예방
   ㉠ 病気を予防する
      びょうき　　よ ぼう

☐ ライフスタイル
   라이프스타일
   ㉠ ライフスタイルの変化
      へん か

스포츠·텔레비전

☐ インタビュー(する)
   인터뷰
   ㉠ 街の人にインタビュー
      まち ひと
   する

☐ コメント(する)
   코멘트
   ㉠ 専門家のコメント
      せんもん か

☐ 報道(する)
   ほうどう
   보도
   ㉠ 事件を報道する
      じ けん　ほうどう

☐ レポーター
   리포터
   ㉠ テレビのレポーター

☐ 監督
   かんとく
   감독
   ㉠ 監督を務める
      かんとく　つと

☐ 決勝
   けっしょう
   결승
   ㉠ 決勝に進む
      けっしょう　すす

☐ 勝利(する)
   しょう り
   승리
   ㉠ 試合に勝利する
      し あい　しょう り

☐ スタミナ
   스태미너
   ㉠ スタミナがある

☐ 体力
   たいりょく
   체력
   ㉠ 体力をつける
      たいりょく

☐ 調子
   ちょう し
   상태, 기세
   ㉠ 調子がいい
      ちょう し

☐ テクニック
   테크닉
   ㉠ テクニックを磨く
      みが

☐ 敗退(する)
   はいたい
   패퇴
   ㉠ 1回戦で敗退する
      かいせん　　はいたい

☐ プレー
   플레이
   ㉠ いいプレーをする

☐ メンバー
   멤버
   ㉠ メンバーに選ばれる
      えら

☐ 予選
   よ せん
   예선
   ㉠ 予選を通過する
      よ せん　つう か

경제・비즈니스

□ **資源**
しげん
자원
㈜ 豊富な資源
ほうふ　しげん

□ **マーケティング**
마케팅
㈜ マーケティングを学ぶ
まな

□ **普及（する）**
ふきゅう
보급
㈜ インターネットの普及
ふきゅう

□ **グローバル化**
か
글로벌화
㈜ グローバル化が進む
か　すす

□ **消費者**
しょうひしゃ
소비자
㈜ 消費者の意見
しょうひしゃ　いけん

□ **生産（する）**
せいさん
생산
㈜ 製品を生産する
せいひん　せいさん

□ **景気**
けいき
경기
㈜ 景気が悪い
けいき　わる

□ **市場**
しじょう
시장
㈜ 市場の動きをみる
しじょう　うご

□ **製品**
せいひん
제품
㈜ 新製品を発表する
しんせいひん　はっぴょう

□ **ブーム**
붐
㈜ 登山がブームになる
とざん

□ **使い勝手**
つか　がって
사용하기 편리한 정도
㈜ 使い勝手が悪い
つか　がって　わる

□ **宣伝（する）**
せんでん
선전
㈜ 商品を宣伝する
しょうひん　せんでん

□ **売れ筋**
う　すじ
잘 팔림
㈜ 売れ筋の商品
う　すじ　しょうひん

□ **品揃え**
しなぞろ
상품을 갖춤
㈜ 品揃えがいい
しなぞろ

□ **返品（する）**
へんぴん
반품
㈜ 商品を返品する
しょうひん　へんぴん

□ **配送（する）**
はいそう
배송
㈜ 配送料がかかる
はいそうりょう

□ **取り扱う**
と　あつか
취급하다
㈜ 輸入品を取り扱う
ゆにゅうひん　と　あつか

MEMO

MEMO

MEMO

딱! 한권 JLPT 일본어능력시험

모의고사 3회분 N1

초판발행	2018년 5월 25일
1판 4쇄	2022년 3월 15일

저자	藤田朋世・菊池富美子・日置陽子・渡部真由美・青木幸子・水野沙江香・塩川絵里子・渕上真由美・久芳里奈・久木元恵
펴낸이	엄태상
책임 편집	조은형, 무라야마 토시오, 박현숙, 김성은, 손영은
디자인	권진희
조판	김성은
콘텐츠 제작	김선웅, 김현이, 유일환
마케팅	이승욱, 왕성석, 노원준, 조인선, 조성민
경영기획	마정인, 조성근, 최성훈, 김다미, 오희연
물류	정종진, 윤덕현, 양희은, 신승진

펴낸곳	시사일본어사(시사북스)
주소	서울시 종로구 자하문로 300 시사빌딩
주문 및 교재 문의	1588-1582
팩스	0502-989-9592
홈페이지	www.sisabooks.com
이메일	book_japanese@sisadream.com
등록일자	1977년 12월 24일
등록번호	제300 - 1977 - 31호

ISBN 978-89-402-9236-5 18730
　　　978-89-402-9235-8 18730 (set)

모의고사 제1회

N1

언어지식
(문자·어휘·문법)

독해

110분

問題1 ＿＿＿＿＿の読み方として最もよいものを、１・２・３・４から一つ選びなさい。

1 部屋に甘い香りが漂っている。

    1 におって   2 ただよって   3 はって   4 にごって

2 住む場所によって家賃には若干の違いがある。

    1 じゃくかん   2 じゃっかん   3 じゃくがん   4 しゃくがん

3 しっかり勉強して来週の試験に臨みたい。

    1 いどみ   2 すすみ   3 のぞみ   4 はげみ

4 この映画は女性には不評だった。

    1 ふへい   2 ふべい   3 ふひょう   4 ふびょう

5 私が一人暮らしをしたいと言ったら、父は渋い顔をした。

    1 しぶい   2 にがい   3 こわい   4 つらい

6 平静を装ってはいたが、内心は相当悔しかったに違いない。

    1 びょうじょう   2 へいじょう   3 びょうせい   4 へいせい

問題2 （　　　）に入れるのに最もよいものを、１・２・３・４から一つ選びなさい。

7 新製品の開発について、部長に（　　　）を求めた。

1　ニーズ　　　　2　アドバイス　　　　3　リクエスト　　　　4　パワー

8 コピー用紙がなくなりかけたら、（　　　）しておいてください。

1　補足　　　　2　補修　　　　3　補充　　　　4　補助

9 スケジュールを（　　　）して、旅行に行く計画を立てた。

1　調整　　　　2　相談　　　　3　交渉　　　　4　計算

10 母は私が落ちこんでいる時、いつも（　　　）くれた。

1　求めて　　　　2　うながして　　　　3　説得して　　　　4　はげまして

11 宝石は金庫に（　　　）に保管されている。

1　厳密　　　　2　厳格　　　　3　厳重　　　　4　厳正

12 パソコンを処分するときは、データを完全に（　　　）するようにしてください。

1　免除　　　　2　消去　　　　3　追放　　　　4　削減

13 子供の教育については、家庭（　　　）に考え方が違う。

1　ごと　　　　2　ずつ　　　　3　つき　　　　4　あたり

⏳ **問題3** ＿＿＿＿の言葉に意味が最も近いものを、１・２・３・４から一つ選びなさい。

2分（1問20秒）

14 ドアの外からかすかな声が聞こえた。

1 大きい　　　　　2 小さい　　　　　3 高い　　　　　4 低い

15 この製品はかさばるため、輸送費がかかる。

1 運びにくい形をしている　　　　　2 大きくて場所をとる

3 運ぶのが大変なほど重い　　　　　4 小さいがかなり重い

16 社長は海外への進出を企てている。

1 迷っている　　　2 計画している　　　3 議論している　　　4 反対している

17 スポーツ選手には、まず何よりもフェアな態度が求められる。

1 公平な　　　　　2 活発な　　　　　3 厳しい　　　　　4 冷静な

18 このイベントの趣旨がよくわからない。

1 目的　　　　　2 結論　　　　　3 おもしろさ　　　　　4 素晴らしさ

19 むやみに知らない人に話しかけないほうがいい。

1 急に　　　　　2 何度も　　　　　3 よく考えないで　　　4 勝手に

⏳ **問題4** 次の言葉の使い方として最もよいものを、１・２・３・４から一つ選びなさい。

3分（1問50秒）

20 著しい

1 最近の医療技術には著しい進歩が見られる。

2 彼は著しい性格で、たびたび問題を起こした。

3 これは著しい作家が書いたエッセイだそうだ。

4 著しい音を立てて、車が壁にぶつかった。

21 当てはまる

1 子供が急に道路に飛び出して、車に当てはまる事故が増えている。

2 山田さんはこの会社の募集条件に当てはまる。

3 最近の天気予報はよく当てはまると思う。

4 この部屋の壁によく当てはまる絵を探しています。

22 気味が悪い

1 恋人とけんかして気味が悪い。

2 風邪を引いて気味が悪いので、学校を休んだ。

3 知らない人から電話がかかってきて気味が悪い。

4 このスープ、塩を入れ過ぎたのか、ちょっと気味が悪い。

23 めど

1 今週末をめどにこのプロジェクトを終わらせたい。

2 結婚したのをめどに仕事を辞めた。

3 この地図をめどに家まで来てください。

4 病気をめどにスポーツ選手の夢をあきらめた。

24 ぐったり

1 今日は休みなのでぐったり休みたい。

2 今日の空は暗くてぐったり見える。

3 眼鏡を忘れたので目の前がぐったりしている。

4 彼は熱を出して家でぐったりしている。

25 冴える

1 このナイフは冴えていて切りやすい。

2 触った感じは冴えていて、絹のようだった。

3 今夜は目が冴えて眠れない。

4 川の水は、とても冴えていて、川底までよく見えた。

問題5 次の文の（　　　　）に入れるのに最もよいものを、1・2・3・4から一つ選びなさい。

26 夕方のタイムセールが始まる（　　　　）、スーパーは買い物客でごった返している。

1　とみれば　　　　　2　ともなく　　　　　3　とあれば　　　　　4　とあって

27 （会社で）

A「課長、どのぐらい遅れるって？」

B「娘さんが熱を出した（　　　　）なんとかで、病院に連れて行くようなこと、言ってましたよ。」

1　とか　　　　　　　2　でも　　　　　　　3　から　　　　　　　4　けど

28 （サッカー場で）

A「今日、みんな来てくれるかなあ？」

B「どうかな。気温も低いし、来ない人もいる（　　　　）？」

1　じゃない　　　　　2　んじゃないの　　　2　じゃないかな　　　4　でないか

29 ミスをしたときは、すぐに誤りを認めて、素直に上司の指示を（　　　　）。

1　仰ぐにすぎない　　　　　　　　　　　2　仰ぐことだ

3　仰ぐというものだ　　　　　　　　　　4　仰がないわけだ

30 （名刺を渡しながら）

山田「東京支店の山田と申します。このたび、鈴木様の担当を（　　　　）。これからどうぞよろしくお願い申し上げます。」

1　務めさせていただくことにしました

2　務めさせていただくことになりました

3　務めていただくことになりました

4　務めていただくことにいたしました

31 せっかく声をかけてもらったのに、出席できず（　　　）。

　1　残念でやまない　　　　　　　　　　　2　残念なかぎりだ

　3　残念で何よりだ　　　　　　　　　　　4　残念といいがたい

32 （試合後のインタビューで）

　A「優勝おめでとうございます。今回優勝できたポイントはどのような点でしょうか。」

　B「チームの結束があった（　　　）、この優勝を手にすることができたと思います。」

　1　ならまだしも　　　2　とみるや　　　3　のにひきかえ　　　4　からこそ

33 才能のあるなし（　　　）、モチベーションを高く保ち続けることが成功のポイントだ。

　1　とあいまって　　　2　といったら　　　3　にかかわらず　　　4　をしりめに

34 この会社は、グローバル企業（　　　）、会議は英語で行われているという。

　1　だけあって　　　　　　　　　　　　　2　にしてみれば

　3　ならでは　　　　　　　　　　　　　　4　だというからには

35 ダイエットをする上でどんなことに注意（　　　）、お話しいただけますか。

　1　してなさるか　　　　　　　　　　　　2　されてなさるか

　3　していらっしゃるか　　　　　　　　　4　されてなさっていらっしゃるか

問題6 次の文の＿★＿に入る最もよいものを、1・2・3・4から一つ選びなさい。

（問題例）

あそこで ＿＿＿ ＿＿＿ ＿★＿ ＿＿＿ は山田さんです。

1　テレビ　　　　2　見ている　　　3　を　　　　　4　人

（解答のしかた）

1．正しい文はこうです。

> あそこで ＿＿＿ ＿＿＿ ＿★＿ ＿＿＿ は山田さんです。
> 1　テレビ　3　を　2　見ている　4　人

2．＿★＿に入る番号を解答用紙にマークします。

（解答用紙）　（例）　① ● ③ ④

---

36 中学生の ＿＿＿ ＿＿＿ ＿★＿ ＿＿＿ 、周りの大人がとやかく口を出すべきではない。

1　出した　　　　2　娘が　　　　　3　結論なのだから　4　彼女なりに

37 ＡＢＣ交通が安全より利益を優先させ、従業員に ＿＿＿ ＿＿＿ ＿★＿ ＿＿＿ 、今回の悲惨な事故が起きたと見られている。

1　がために　　　2　無理な労働を　　3　きた　　　　　4　強いて

38 いくら建物が ＿＿＿ ＿＿＿ ＿★＿ ＿＿＿ ということにはならない。

1　建て替える　　2　といっても　　　3　老朽化している　4　すぐに

39 この施設では、介護 ＿＿＿ ＿＿＿ ★ ＿＿＿ を目指しているという。

　　1　充実　　　　　　　2　生活全般の　　　3　ケアの　　　　　　4　のみならず

40 幼い子どもが犠牲 ＿＿＿ ＿＿＿ ★ ＿＿＿ で見るにつけ、胸が痛くなる。

　　1　を　　　　　　　　2　事件　　　　　　3　ニュース　　　　　4　になる

⏳6分 **問題7** 次の文章を読んで、 41 から 45 の中に入る最もよいものを、1・2・3・4 から一つ選びなさい。

　年末が近づくと、通信教育の「ペン字講座」の広告が多くなる。年に一度、新年の挨拶ぐらいは自筆の文字で書こうという消費者の心理をついて、この時期に受講生を募集するのだ。広告には、「美しい文字を書ければ、好印象」などといったフレーズが踊る。手書き文字が書いた人の印象を左右するというのは、経験上うなずけることだ。 41 、タイプの文字は誰が書いても同じだから、メールの場合、本当に差出人が書いたものかも、厳密には分からない。改めて考えると、なかなか恐ろしい話だ。

　「ペン字講座」にしろ「習字教室」にしろ、商売として成り立つということは、手書き文字の上達を望む人は少なくないのだろう。 42 、日常生活では、下手であるがゆえにタイプを利用するという現実もある。

　そう言う筆者も、日常の連絡ツールは 43-a であり、 43-b をするのは、メッセージカードに一言二言書くときくらいだ。そんな折、知人の訃報(注1)に接し、ご家族に宛てた手紙を書く必要に迫られた。縦書きが相応しいとは思いつつ、きれいに書く自信がなかったので、横書きの便せんを選んだ。それにもかかわらず、まっすぐに字が並ばず、仮名と漢字のバランスも上手くとれない。しかも、普段読めているはずのやさしい漢字すら 44 。パソコンや携帯電話では、仮名さえ入力できれば、漢字の候補を 45 。しかし、便利な機能に頼ってきたばかりに、手書きで書く力が衰えているのだ。

　情報の鮮度が求められ、レスポンスの速さが親密度を測る尺度と言われる今日、パソコンで行われる書類作成やメール機能の利用に異議を唱えるつもりはない。ただ、いざという時(注2)に恥ずかしくならないよう、日ごろからある程度のまとまった文を手書きする癖をつけておいたほうがよさそうだ。「好きこそものの上手なれ」である。

（注1）訃報：死去したという知らせ

（注2）いざという時：重大なこと、緊急にするべきことが起きたとき

41

1　それにもかかわらず　　　　2　それなのに

3　それにひきかえ　　　　　　4　それにもまして

42

1　しかし　　　　　2　たとえば　　　　3　たしかに　　　　4　ところで

43

1　a　メール　／　b　パソコン　　　2　a　パソコン　／　b　メール

3　a　メール　／　b　手書き　　　　4　a　手書き　／　b　メール

44

1　書けないわけだ　　　　　　　2　書けないものでもない

3　書けないではすまない　　　　4　書けないしまつだ

45

1　挙げてあげる　　　　　　　2　挙げてほしい

3　挙げてもらえる　　　　　　4　挙がってもらえる

問題8 次の⑴から⑷の文章を読んで、後の問いに対する答えとして最もよいものを、1・2・3・4から一つ選びなさい。

⑴

　情報技術 (IT) の進歩に伴い、IT を使いこなせる人とそうでない人の間で得られる情報量の違い、いわゆる「情報格差」が生まれている。この情報格差は、IT 化とは別の側面からも生じ得る。その一つが、外国人などが言語の問題で情報にアクセスできないことだ。その対応策として、多言語による情報提供が進められている。例えば東日本大震災の際にもインターネットやラジオを通してさまざまな多言語情報が発信されたが、現在の課題は、その「伝達方法」である。いくら情報を発信しても相手に届かなければ意味がない。情報が届くには、発信メディアが日頃から外国人住民に広く認知され信頼されるものになっていなければならない。

46 この文章によると、多言語による情報提供の現在の課題は何か。

1 英語や中国語などメジャーな言語に限らず、より多くの言語に対応すること

2 インターネットやラジオだけではなく、多様な情報技術を活用すること

3 IT に精通していない人でも簡単に情報が得られるようにすること

4 ここにアクセスすれば情報が得られるという安心感を利用者に抱かせること

(2)

平成 24 年 7 月 30 日

株式会社○○商事

総務部人事課　山田太郎様

拝啓　貴社ますますご清栄のこととお喜び申し上げます。

　さて私は、△△大学 文学部 英文学科の鈴木陽子と申します。この度は、平成 24 年 7 月 25 日付け貴信により面接のご連絡をいただきまして、誠にありがとうございました。8 月 10 日 (金) 午後 2 時より面接のお時間をいただいておりましたが、誠に勝手ながら辞退させていただきたく、ご連絡申し上げました。第一志望の会社より内定をいただいたことが理由でございます。

　ご多忙のところ日程を設定していただいたにも関わらず、誠に申し訳なく、心よりお詫び申し上げる次第です。何卒ご了承いただきたく、お願い申し上げます。

　末筆ながら、貴社の一層の発展をお祈り申し上げます。

敬具

鈴木陽子

47　この文書によって筆者が伝えたいことはどれか。

1　面接の日時を変更してほしい

2　面接をキャンセルしたい

3　内定を辞退したい

4　採用が決まったのでお礼を述べたい

(3)

　最近、地域内の複数個所に自転車の貸し出しをする専用ステーションを設けて、自転車シェアリングのサービスを行う自治体が増えている。環境保全や地域おこしをねらいとした事業だ。最寄りの駅から目的地までの移動などに公共の自転車が利用できれば、さぞかし便利だろう。ところが、まだ成功といえる事例は少ない。背景には、どの自治体も、町にあふれかえる個人の自転車の管理に頭を抱えていることがある。人々の駐輪マナーの低下は、駐輪場の不足によってさらにエスカレートしている。まずは目の前の問題をどう解決するか、そっちのほうが先のようだ。

48　筆者は、自転車シェアリングのサービスを実施することについて、どう考えているか。

　1　メリットの多い自転車シェアリングを推進すれば、今ある自転車の問題を解決できるかもしれない。

　2　ひとまず現在の自転車の問題を解決し、自転車シェアリングについては後でまた考えればよい。

　3　自転車シェアリングはメリットも多いので、今ある自転車の問題の解決と同時進行で実施していくのがよい。

　4　自転車シェアリングにはまだまだ未解決の問題も多いので、当分の間は実施の必要性はない。

(4)

　われわれ人間から見れば、カッコウの托卵<ruby>托卵<rt>たくらん</rt></ruby>は、親らしからぬ、非常に愛情に欠けた行為に映ります。他種の鳥の巣に卵を置き、ひなに他の卵を蹴落すことまでさせて、まんまと仮親に自分の子を育てさせるのですから、どうしても、怠け者、ひきょう者といったイメージで見てしまいます。

　一方、托卵行為は、カッコウと托卵される側との長い攻防戦の産物でもあります。托卵先となった鳥たちは卵を見分けるなどの知恵を数十年かけて身につけます。カッコウもそれに応じて技術を磨いてきたのであり、ただ子育てを放棄し、あぐらをかいてきたというわけではないのです。

49　筆者の説明と合っているものはどれか。

1　托卵される鳥とカッコウは双方に利点のある繁殖方法をとっている。

2　カッコウは、他の動物がするような無償の愛に基づいた子育てをしない。

3　カッコウは他の鳥に子育てをさせるが、人間が思うほど楽をしているばかりではない。

4　鳥類は、巣の卵が他種の鳥の卵だと分かると子育てをやめるという習性を持つ。

問題9　次の⑴から⑶の文章を読んで、後の問いに対する答えとして最もよいものを、1・2・3・4から一つ選びなさい。

⑴

　六〇年ほど前、児童心理学者シャーロット・ビューラーは、子どもが自分にできるようになった力を用いることに喜びを見出し、その力によって様々なことを発見し、育つことの重要性を指摘しました。彼女はこれを「機能の喜び」と名づけていますが、自分の力（機能）を使うこと自体が子どもにとって喜びであり、それによって学び、育つという、人間の発達の本質をいい得て妙だと思います。

　現代は、この「機能の喜び」がとかく無視されているのではないでしょうか。親は「良育」にせっかちなあまり、子どもが熱中していることに我慢できないようです。遠回りにも時間の無駄にもみえるのでしょう。そのため、自分の考える「よかれ」の計画路線に子どもを歩ませようとします。（中略）
①

　「機能の喜び」を味わう機会の減少は、自分が学ぶ力をもっていることについて知る体験を、子どもから奪うことでもあります。同時に、子どもの自己効力感を育てる機会をも奪っています。日本の子どもたちは、ある程度の能力をもっていても自信をもてない傾向が強いのですが、自力達成の機会の少なさも一因でしょう。親の過剰な教育熱がかえって、子どもが自ら育つことを疎外してしまっているのです。その意味でも、子どもの「発達権」の保障は急務です。
②

（柏木惠子『子どもが育つ条件－家族心理学から考える』岩波書店による）

(注) いい得て妙：実にうまく言い表している

16

50 ①「よかれ」の計画路線とはどういう意味か。

　1　子どもの性格に合った学習プラン

　2　親として安心できる進学先

　3　より早く物事を進めるやり方

　4　いい結果になるであろう道筋

51 筆者は、現代の親にはどのような特徴があると述べているか。

　1　多忙で常に時間に追われ、子どもとのコミュニケーションを後回しにする。

　2　教育に熱心なあまり、子どもの意思を尊重することを忘れてしまう。

　3　子どもへの期待が高く、子どもが何かを達成できてもあまり褒めない。

　4　子どもの教育を一番に考え、自分の趣味などに時間を費やすことがない。

52 ここで言う、②子どもの「発達権」の保障とはどういうことか。

　1　子どもの力を信じ、成功体験の機会を失わせないようにする。

　2　子どもが何かに熱中できるように、たくさんの習い事をさせる。

　3　子どもが自分に自信が持てるように、先回りして手助けする。

　4　子どもと過ごす時間を増やし、子どもへの愛情を欠かさない。

(2)

　人的資源としての国民の健康管理をめざす国家にとっては悪であろうが、個人にとっては現世的快楽に身をゆだねることもひとつの生きかたである。「生きるために食べる」という立場ではなく、かつての手段とされていたものが目的化して、「食べるために生きる」人間も出現しているのである。
(注1)

　快楽を肯定して早死にするか、節制して長生きをするかは個人の哲学の問題であり、医学や栄養学のおよばぬ領域であるかもしれない。そのさい、自分の生きかたをきめる個人が<u>無知であってはならないであろう</u>。（中略）

　わが国の栄養士は国家のさだめた栄養指導者である。そのおもな役割は、学校や病院など集団給食の場における栄養管理にある。集団を対象としているので平均値としての栄養管理であり、食物にたいする個人的な差異は無視されがちである。しかし、それを食べる個人は、身体的差異をもち、文化的に形成された食物にたいする独自の価値観――たとえば嗜好など――を別にする人びとである。
(注2)

　ながいあいだ、近隣の家族のかかりつけの医師として活動してきたホームドクターは、患者の職業、家族構成、体質、病歴、経済状態などを熟知したうえで、疾患の処置をしたり、健康維持のためのアドバイスをおこなう。それとおなじように、これからの栄養学にもとめられるのは、集団ではなく、個人を対象としたコンサルタントである。

（石毛直道『石毛直道　食の文化を語る』ドメス出版による）

（注1）現世：今、生きている世界
（注2）嗜好：飲食物についての好み

53 筆者は、「食べるために生きる」人間の生きかたはどのようなものだと述べているか。

1 国家に生きかたを管理されることを拒む

2 長生きよりも目の前の快楽を選ぶ

3 健康に良い食生活に強いこだわりを持つ

4 心身ともに健康であることを重視する

54 無知であってはならないであろうとは、どういう意味か。

1 自分の食生活を支える知識を持っていなければならない

2 何のために生きるかを理解していないのはよくない

3 節制や健康的な暮らし方に消極的であってはならない

4 国や栄養士に状況を把握しておいてもらうのがよい

55 ホームドクターの例をあげることによって、筆者はどんな意見を述べているか。

1 栄養士は、身体や食の価値観の個人差ではなく、病歴や経済状況を踏まえて栄養管理をすべきだ。

2 集団を対象とした栄養管理と、個人を対象とした栄養管理とで、専門職を分けたほうがいい。

3 かかりつけの医師が減ったので、栄養士は集団を対象とした栄養管理をより徹底したほうがいい。

4 今後は家族や個人の個別の事情を加味しながら相談にのってくれる栄養士が必要だ。

(3)

　貴重な生物が多い地域には、貴重な言語も多い。そんな調査結果を、米英の研究チームが米科学アカデミー紀要に発表した。しかし、その多くの言語は話し手が少なく、英語など一部の言語が国際的に広がることで、「絶滅」の危険性があるという。
　　　　　　　　　　　　　　　　　　　　　　　　　　　①

　チームは約6900の言語について地域的な特徴を分析。半分近い約3200の言語は、固有の生物が多いが、急速に生息地が失われている「ホットスポット」と呼ばれる35の地域で使われ　　　　　　　　　　　　　　　　　　　　　　　　　②
ていた。ホットスポットは地上の約2.3%を占めるに過ぎないが、木や草、シダなどの約50%と、陸上に住む脊椎動物の約40%がその地域だけに住む固有種だという。
　　　　　　　せきつい
　　　　　　　(注)

　約2200の言語はその地域に固有の言葉で、約1500の言語は1万人以下、約500の言語は1千人以下の人しか話していなかった。

　言葉と生物の多様性が同じ地域で見られる理由について、チームは「複雑で、地域ごとに異なるだろう」として詳しくは言及していないが、「人間の国際的な経済活動は、貴重な言語にとっても潜在的な脅威になっている」と指摘している。

(朝日新聞 2012年6月13日付夕刊による)

（注）脊椎動物：背骨を持つ動物
　　　せきつい

56 ①「絶滅」の危険性があることがわかったものは何か。

1 貴重な生物が住む地域

2 貴重な生物が住む地域での英語の話し手

3 固有の種が多い地域で話されている言語

4 地球上のある地域に固有の生物

57 ②「ホットスポット」の特徴として正しいものはどれか。

1 その地域は近年急速に減少し、35 地域になった。

2 その地域の言語は、種類は多いがそれぞれの話者は少ない。

3 そこで観察される言語の数が年々減り続けている。

4 動植物が観察されるのは、その地表面の約 2.3% に限られる。

58 今回の米英チームによる調査を通じて、どのようなことが明らかになったか。

1 英語使用の拡大と"貴重な言語"の話者の減少とは無関係である。

2 調査対象とした言語のうち約 3 分の 1 は、その話者が 1 万人以下である。

3 言語の多様性と生物の多様性との類似について、因果関係が認められた。

4 生物の生息地が急速に減る地域と言語が危機に瀕する地域には一致が見られる。

問題**10**　次の文章を読んで、後の問いに対する答えとして最もよいものを、1・2・3・4
から一つ選びなさい。

14
分

　<u>コミュニケーションは、響き合いである。</u>
　①
　「打てば響く」という言葉がある。ひとこと言えばピンときてわかってくれるということだ。
鐘を撞いたときに、ゴーンと鳴り響く。あの振動の感触が、コミュニケーションの場合にもあ
る。二人で話しているときに、二つの身体が一つの響きで充たされる。そんな感覚が、話がう
まくできているときに訪れることがある。これはそれほど奇跡的なことではない。(中略)

　私たちは言葉でのやりとりをコミュニケーションの中心だと考えがちだ。しかし、言葉を
使いはじめる以前までの膨大な時間、人類は存在してきた。その間にもコミュニケーションは
当然成り立っていたはずだ。集団で暮らしている状態でコミュニケーションがないということ
は、考えられない。動物園の猿山を見ていると、<u>それ</u>がよくわかる。
　　　　　　　　　　　　　　　　　　　　　　　②

　猿山にはコミュニケーションがあふれている。あちらこちらで、もみ合いが起こっている。
誰かがトラブルを引き起こし、また別の猿が加わって事態をややこしくさせる。感情をむき出
しにして相手に伝え合う。自分の思いをそれぞれが通そうとする。思いがぶつかり合い、身体
がもみ合うことで、現実が推移していく。ここには人間の使うような言語はないが、コミュニ
ケーションはふんだんにある。猿山の別の所では、母猿が小猿のノミをとってやっている。小
猿は気持ちよさそうにうっとりしている。言葉を使わなくても、気持ちは交流している。母親
　　　　　　　　　　　　　　　　　　　　　　(注)
の指先の動き一つひとつが、小猿の心を動かしている。猿山の中で、それぞれが居場所を見つ
け、時折移動しては関わり合う。この距離感覚自体が、コミュニケーション力なのだ。

　響く身体、レスポンスする身体。この観点から猿山を見ていると、猿の中には冷えた響かな
い身体は見つけられない。一人で部屋に閉じこもってテレビを見たり、パソコンをいじったり
する空間がないこともその一因だろう。推測だが、一人でこもることのできるきわめて快適な
環境を与えたとすれば、そこに引きこもり続けた猿は仲間と響き合う身体を徐々に失っていく
だろう。使う必要のない筋肉や能力は衰えていく。使わなければ、力は落ちていく。

　言語的コミュニケーションは、身体的コミュニケーションを基盤にしている。動物行動学の
研究は、動物たちが身体的コミュニケーション能力にあふれていることを教えてくれる。人間
は言語という精緻な記号体系を構築した。それによって高度な情報交換が可能になった。しか
し、その一方で、身体的コミュニケーションの力が衰退する<u>条件</u>ができてしまった。
　　　　　　　　　　　　　　　　　　　　　　　　　　　　　　③

（齋藤孝『コミュニケーション力』岩波書店による）

（注）ノミ：ほ乳類や鳥類に寄生する小さい虫

59 ①コミュニケーションは、響き合いであるとは、どういう意味か。

1 スムーズなコミュニケーションとは、鐘を撞き合うようにテンポよく言葉が交わされることだ。

2 コミュニケーションの中で発する言葉は、鐘が鳴り響くように相手に強く影響を与えることがある。

3 コミュニケーションでは、「打てば響く」ように相手の言葉に的確に反応し合うことが大切である。

4 コミュニケーションを通して、鐘の響きを感じるように相手と共感し合い、一体感を感じることがある。

60 ②それとは何か。

1 言葉なしでも集団ではコミュニケーションが生じること

2 人類のコミュニケーションが言葉に依存していること

3 コミュニケーションをとらなければ集団では暮らせないこと

4 言葉を使い始める前にも人類が確かに存在していたこと

61 猿同士のコミュニケーションにはどのような特徴があるか。

1 お互いが感情をむき出しにするので、常に激しいものになる

2 適度な距離感を保ち、必要最小限のコミュニケーションをとる

3 言葉はないが、自分の意志や感情を身体全体で表現する

4 他者と頻繁に接触するため、人間よりコミュニケーションの量が多い

62 ③条件とはどういう意味か。

1 言葉というシステムと、身体的な機能の低下

2 言葉というシステムと、そこから発展した高度な通信技術

3 言葉という便利なものと、争いの少ない社会

4 言葉という便利なものと、他者とかかわらなくて済む環境

問題 11　次の Ａ と Ｂ は、大学の入学時期についての記事である。後の問いに対する答えとして最もよいものを、１・２・３・４から一つ選びなさい。

A

　Ａ大学が現在の春入学から秋入学に全面移行する方針を打ち出した。

　世界の主流は秋入学であり、春入学は日本を含め７カ国のみだという。世界の流れに合わせることで、留学生を増やし、大学の国際化を促進することが狙いである。また、３月の高校卒業から大学入学までの空白期間、いわゆる「ギャップターム」の間に社会経験が積めるとしている。

　だが、果たして、秋入学への移行が即ち留学生の増加、ひいては国際化に繋がるのだろうか。教育の質の向上を始め、優先すべき課題があるのではないだろうか。さらに、「ギャップターム」を有効活用するという構想は、理想論に過ぎないと感じる。社会に「ギャップターム」の受け皿が整わないうちは、所属先のない不安定さや経済的な負担を問題と捉える人が多いだろう。

B

　Ａ大学が秋入学実施に向け本格的に動き出す方針を発表した。５年後を目途に国際基準である秋入学を導入し、海外との研究・教育の交流を活発化させる考えだ。

　その実現に向けてはいくつかの課題がある。一つは、秋入学した学生の卒業時期と新卒の定期採用の時期（４月）にズレが生じることだ。このズレが就職に不利になるという見方が強い。その解決のためには、秋入学・秋卒業の大学が増え、企業の採用方針が、春の一括採用から、春と秋の採用や通年採用に改められなければならない。それは一括採用・長期雇用といった日本型雇用システムの変更を意味する。

　そのため、Ａ大学は、単独での秋入学移行ではなく他大学との連携を目指し、経済界との協議も始めている。

[63] ＡとＢのどちらか一方でのみ触れられている情報はどれか。

1 　秋入学導入の目的

2 　秋入学導入の目標時期

3 　秋入学導入への課題

4 　海外の大学の主な入学時期

[64] ＡとＢは、それぞれ秋入学導入についてどのような立場をとっているか。

1 　ＡもＢも否定的である。

2 　Ａは立場を明確にしていないが、Ｂは肯定的である。

3 　Ａは否定的だが、Ｂは立場を明確にしていない。

4 　ＡもＢも立場を明確にしていない。

[65] 日本で秋入学が広まるために必要なこととして、ＡにもＢにも書かれていないことはどれか。

1 　秋入学実施に向けての海外の取り組みを参考にすること

2 　「ギャップターム」が有効活用できる環境づくりをすること

3 　複数の大学で協議し、足並みを揃えて実施を目指すこと

4 　経済界など社会全体と連携しながら導入を進めること

 **問題12**　次の文章を読んで、後の問いに対する答えとして最もよいものを、１・２・３・
４から一つ選びなさい。

　「ロハス」は原産地がはっきりしている。

　アメリカである。

　Life-styles of Health and Sustainability──健康で持続可能性のあるライフスタイル──の
頭文字をとった造語である。（中略）

　環境問題の用語になじみにくいものが多いのは、それに取り組むのがいつも後手後手で外来
の研究や思考に頼らざるをえない日本の姿を反映しているが、なかでも頭が痛いのは、このＳ
で始まる語になかなかよい訳語が見付からぬことである。しかも、この sustain（支える、維持
する）という言葉は環境問題を考える上での、いちばん中心にある概念なのだから、厄介であ
る。環境が維持できる可能性（sustainability）の範囲内に人間の営みを限ろうというのだから。

　こんな目に遭わねばならないほど、私たち日本人は昔から自然環境に無関心、無頓着だった
（注1）
のかと言えば、歴史的、文化的に見るとそんなことはない。

　その証拠のひとつは、環境分野で初のノーベル平和賞の受賞者、ケニアのワンガリ・マータ
イ女史が世界に広めようとしている「もったいない」という言葉である。（中略）横文字好きの
わが政府がやっている運動を外国人が日本語で表現したところが（本人にはその意図はなくと
も）何とも皮肉である。が、もっと皮肉なのは、「もったいない」が原産地ではほとんど死語と
化していることだ。

　かつて雑誌の編集長をしていた私は「今どきの若者」を表現する意味で、「新人類」という語
を世に送り出したことがある。ほとんどジョークのつもりだったのが、若者への違和感を深め
ていた「旧人類」たちにアピールしてしまい、流行語になった。"発信元"の編集部には、「新
人類」の定義、リスト、年齢などの資格要件などについての問合せが相次ぎ閉口した。その時、
（注2）
私が「新」と「旧」とを分ける分水嶺として用いたのが「もったいない」だった。食うや食わず
（注3）
の幼時体験があって、「もったいない」と思わず口にする世代と、大量生産、大量消費の時代に
育って「消費は美徳」と刷り込まれ、「もったいない」という言葉を知らない世代。それが分か
れ目だと説明したのである。

　マータイさんが古い日本語を復活させてくれたことに感謝したいところだが、「もったいな
い」には3Rどころか「持続可能性」に通ずるものがある。もともと日本人の持っていた言葉が
（注4）
消えていったということは、それが示していた内容が消えたということである。
　　　　　　　　　　　　　①

　それはこの語を知らない人たちのせいというよりは、その語を忘れようとした人たちのせい

제
1
회

제
2
회

제
3
회

언어지식

독해

청해

だろう。とにかく、「忘れた世代」と「知らない世代」とが、ともに大量生産、大量消費、大量廃棄の、今日に至る私たちの社会を作ってきた。そこに新旧の別などなく、多くの流行語がそうであるように、「新人類」などというのはまことに軽薄、軽率な造語だった。
②

(筑紫哲也『スローライフ』岩波書店による)

(注1) 無頓着：気にしないこと　　　　　(注2) 閉口する：困る

(注3) 分水嶺：雨水が異なる水の流れに分かれる境界、物事の分かれ目になるところ

(注4) ３R：リサイクル (Recycle・再資源化)、リユース (Reuse・再使用)、リデュース (Reduce・ごみを減らす) の３つを指す環境用語

66 筆者が述べていることと合っているのはどれか。

1 日本では新しい分野の研究はいつも海外から取り入れたもので、環境問題についても同じことが言える。

2 日本の環境対策は進んでおり、そこで使われる用語の中には外国語に訳すのが難しいものも多い。

3 日本人の自然環境に対する意識が低いのかというと、そうでもなさそうだ。

4 日本は新しい分野の研究でいつも外国の先を行っており、環境の分野でも先進的である。

67 ここでは、「もったいない」はどのような言葉として述べられているか。

1 もともと日本語だが、現代の日本ではあまり使われなくなっている。

2 世界に広まった日本語の一つだが、環境先進国のアメリカではあまり知られていない。

3 ケニアの伝統的な考え方を日本語で表現した造語で、今、世界に広まりつつある。

4 日本政府が環境政策の PR にキャッチフレーズとして使い、それをケニアの学者が世界に紹介した。

68 ①それが示していた内容とは何か。

1 食料不足による飢えの体験　　　　　2 消費をよしとする考え方

3 ものを大量に生産する社会　　　　　4 ものを大事にしようという意識

69 ②そうであるとはどのような意味か。

1 世代の新旧には関係がない　　　　　2 軽い気持ちでつくられ、中身がない

3 世代の新旧に注目してつくられる　　4 現代社会の特徴を表している

⏳7分 **問題13** 右のページは、フリーマーケットの出店案内である。川本さんは、このフリーマーケットに出店したいと思っている。下の問いに対する答えとして最もよいものを、1・2・3・4から一つ選びなさい。

70 川本さんが1区画内で売ることができるのはどれか。

1 救急用品セットと未開封のかぜ薬

2 ブランド店で購入した革ジャケットとブーツ

3 未使用のアルバムと自作のポストカード

4 海外で買った台所用包丁と電動ミキサーのセット

71 川本さんは友人の太田さんが当日の手伝いをしてくれることになったので出店を決めた。開催日までに川本さんがしなければならないことは何か。

1 10月5日までに太田さんと事務局に行き、出店申込みの用紙を提出する。

2 10月5日までに申込みのメールを送るよう、太田さんにお願いする。

3 会場でテントやレジャーシートを借りられるよう利用申請をする。

4 事務局から来るメールを確認し、届いた許可証を印刷する。

フリーマーケット in あらかわ運動場　出店者募集 !!

申込の締め切りは10月5日(金)です。 たくさんのご参加をお待ちしています！

- **●開催日時**　2017年10月11日(土)・12日(日)　10時〜15時　※雨天中止
- **●出店スペース**　1区画あたり　幅2m×奥行3m　（1代表者につき2区画まで申込可）
- **●出店料**　当日、開催会場受付でのお支払いとなります。事前の持参・振込はできません。

出店の種別	1日の出店料
一般出店　（家庭での不用品を売りたい方）	1区画あたり1500円
アート出店（手作りの品を売りたい方）	1区画あたり1000円

- **●販売できるもの**

一般出店　・・・　家庭での不用品(衣類・くつ・食器・洗剤・おもちゃ・CD・家電等)。
　　　　　　　　　手作りの品は不可。

アート出店　・・・　手作りの衣類・小物・家具・絵画作品など、出品者が制作したもの。

※ 飲食物・薬の販売は不可。刃物などの危険物・動植物・ブランド物のコピー商品・ポルノ商品は、
　販売・会場への持ち込みともに禁止されています。

※ 商売として中古品の仕入れ・販売を行っている方の出店(プロ出店)はできません。

- **●お申込方法**

電話、FAX（本紙裏面が申込書になっています）、E-mailのいずれかにより、代表者様ご本
人が事務局にお申し込みください。お申込の際は、①代表者氏名、②電話番号、③E-mail、
④出店希望日、⑤出店の種別と希望区画数をお知らせください。受付完了後、メールにて出
店許可証をお送りします(郵送をご希望の場合は事務局へお問い合わせください)。

※ 土日の両日とも出店を希望される方は、お手数ですが開催日ごとに分けて予約をおとりください。

- **●注意事項**

※ 出店許可証はプリントし、当日必ず持参してください。

※ つり銭・ハンガー・値札・敷物・筆記具などは各自でご用意ください。

※ 出店会場への車の乗り入れ、テント設営、発電機の持ち込みは一切できません。

※ 開催中の盗難・破損・事故等について、事務局は一切の責任を負いかねます。

申込先・事務局：あらかわリサイクル市民の会 (〒199-0033 新川市中央区7-12)

電話：058-792-4810（平日10:00〜17:00)　FAX：058-792-4813

E-mail：fleamarket@arakawa.ne.jp　HPアドレス：http://www.arakawa-recycle.html

모의고사 제1회

N1

청해

60
분

もんだい
問題 1
02~09
1회

問題1では、まず質問を聞いてください。それから話を聞いて、問題用紙の1から4の中から、最もよいものを一つ選んでください。

例

1 実習の日を変更する

2 田中さんに確認する

3 ゼミの全員に確認する

4 先生に連絡する

1番

1 他の部署の課長に連絡する

2 A会議室を予約する

3 パソコンをもう1台用意する

4 大阪支店に電話をかける

2番

1 発表の日にちを決める

2 全員にメールを送る

3 卒業論文について報告する

4 発表の順番を話し合う

3番

1 ランチメニューを注文する

2 ほかの店に行く

3 店の会員カードを探す

4 店の会員になる手続きをする

4番

1 駅に落とし物を届ける

2 隣の駅に行って尋ねる

3 警察に落とし物の届け出をする

4 地下鉄の会社に問い合わせる

5番

1　お弁当15個、お茶7本、サラダ20

2　お弁当15個、お茶20本、みそ汁20

3　お弁当20個、お茶7本、サラダ20

4　お弁当20個、お茶20本、みそ汁20

6番

1　本を借りるのをやめる

2　一度返却して改めて借りる

3　本を予約する

4　インターネットで延長の手続きをする

問題 2 10~18 1回

　問題2では、まず質問を聞いてください。そのあと、問題用紙のせんたくしを読んでください。読む時間があります。それから話を聞いて、問題用紙の1から4の中から、最もよいものを一つ選んでください。

例

1　お金が準備できなかったから
2　友達の都合が悪くなったから
3　重要な仕事が入ったから
4　国内の方が気楽でいいから

1番

1　ランキングで1位をとったこと
2　かつての人気ドラマをうまくアレンジしたこと
3　主演俳優の演技がうまいこと
4　音楽が効果的であること

2番

1 自分に向いている仕事であること
2 経済的に安定していること
3 大企業であること
4 仕事の幅が広いこと

3番

1 お年寄りでも簡単に操作できるもの
2 アニメが好きな人を対象にしたもの
3 家事や生活に関係したもの
4 ゲームに親しんだ高齢者が興味を持つもの

.

4番

1 的確な情報を伝えること
2 きちんと挨拶すること
3 敬語を正しく使うこと
4 日々練習すること

5番

1 以前から興味があったから

2 書道展を開きたいと思ったから

3 手書きの字の良さを実感したから

4 仕事の息抜きになるから

6番

1 今のプロジェクトを辞めてほしい

2 たまには休みを取ってほしい

3 健康診断に行ってほしい

4 有給にどこかへ連れて行ってほしい

7番

1 ストレスを解消できるから

2 登山関係の商品が安く買えるようになったから

3 健康的で、適度な運動になるから

4 登山のイメージが変わったから

問題3

問題3では、問題用紙に何も印刷されていません。この問題は、全体としてどんな内容かを聞く問題です。話の前に質問はありません。まず話を聞いてください。それから質問とせんたくしを聞いて、1から4の中から、最もよいものを一つ選んでください。

― メモ ―

<ruby>問題<rt>もんだい</rt></ruby> 4

<ruby>問題<rt>もんだい</rt></ruby> 4 では、<ruby>問題用紙<rt>もんだいようし</rt></ruby>に<ruby>何<rt>なに</rt></ruby>も<ruby>印刷<rt>いんさつ</rt></ruby>されていません。まず<ruby>文<rt>ぶん</rt></ruby>を<ruby>聞<rt>き</rt></ruby>いてください。それから、それに<ruby>対<rt>たい</rt></ruby>する<ruby>返事<rt>へんじ</rt></ruby>を<ruby>聞<rt>き</rt></ruby>いて、1から3の<ruby>中<rt>なか</rt></ruby>から、<ruby>最<rt>もっと</rt></ruby>もよいものを<ruby>一<rt>ひと</rt></ruby>つ<ruby>選<rt>えら</rt></ruby>んでください。

― メモ ―

<ruby>問題<rt>もんだい</rt></ruby>5

<ruby>問題<rt>もんだい</rt></ruby>5では、<ruby>長<rt>なが</rt></ruby>めの<ruby>話<rt>はなし</rt></ruby>を<ruby>聞<rt>き</rt></ruby>きます。この<ruby>問題<rt>もんだい</rt></ruby>には<ruby>練習<rt>れんしゅう</rt></ruby>はありません。メモをとってもかまいません。

1<ruby>番<rt>ばん</rt></ruby>、2<ruby>番<rt>ばん</rt></ruby>

<ruby>問題用紙<rt>もんだいようし</rt></ruby>に<ruby>何<rt>なに</rt></ruby>も<ruby>印刷<rt>いんさつ</rt></ruby>されていません。まず<ruby>話<rt>はなし</rt></ruby>を<ruby>聞<rt>き</rt></ruby>いてください。それから、<ruby>質問<rt>しつもん</rt></ruby>とせんたくしを<ruby>聞<rt>き</rt></ruby>いて、1から4の<ruby>中<rt>なか</rt></ruby>から、<ruby>最<rt>もっと</rt></ruby>もよいものを<ruby>一<rt>ひと</rt></ruby>つ<ruby>選<rt>えら</rt></ruby>んでください。

― メモ ―

3番
ばん

まず話を聞いてください。それから、二つの質問を聞いて、それぞれ問題用紙の１から４の中から、最もよいものを一つ選んでください。

質問１
しつもん

1 好き嫌いが多い

2 食事時間が不規則である

3 毎回お腹いっぱい食べている

4 外食が多い

質問２
しつもん

1 好き嫌いが多い

2 食事時間が不規則である

3 毎回お腹いっぱい食べている

4 外食が多い

모의고사 제2회

N1

언어지식
(문자·어휘·문법)

독해

110분

問題1 _____ の読み方として最もよいものを、1・2・3・4から一つ選びなさい。

1分（1問10秒）

1 資金が乏しいから、今はこの計画は無理だ。
　1　まずしい　　　2　さびしい　　　3　とぼしい　　　4　きびしい

2 彼は仕事で頻繁に海外へ行く。
　1　ひんばん　　　2　ひんぱん　　　3　びんはん　　　4　びんぱん

3 部長から重要な任務を命じられた。
　1　にんむ　　　2　ぎむ　　　3　せきむ　　　4　きんむ

4 人生には、会社で出世することよりもっと大切なことがある。
　1　しゅつせい　　　2　しゅっせ　　　3　しゅっせい　　　4　でせい

5 大学卒業後は、国際社会に貢献できる仕事に就きたい。
　1　こうけん　　　2　こけん　　　3　こうげん　　　4　ぐげん

6 会議の準備はすっかり整っている。
　1　そろって　　　2　いたって　　　3　ととのって　　　4　とどこおって

問題2 （　　　）に入れるのに最もよいものを、1・2・3・4から一つ選びなさい。

2分〈1問15秒〉

7 （　　　）がかかりすぎるので、計画は中止になった。

1　リスク　　　　　　2　コスト　　　　　　3　ダメージ　　　　　4　デメリット

8 30年前より医療技術ははるかに（　　　）している。

1　更新　　　　　　2　発明　　　　　　3　考案　　　　　4　進歩

9 ここは体の不自由な方（　　　）の駐車場です。

1　専用　　　　　　2　特用　　　　　　3　単用　　　　　4　私用

10 彼の作品は細かいところまで手が（　　　）いる。

1　届いて　　　　　2　出て　　　　　　3　込んで　　　　　4　回って

11 災害から半年がたち、町はようやく（　　　）日々を取り戻した。

1　安心な　　　　　2　安全な　　　　　3　平安な　　　　　4　平穏な

12 この本の内容は（　　　）生活ではあまり役に立たないことばかりだ

1　実　　　　　　　2　真　　　　　　　3　本　　　　　　4　当

13 彼の能力の（　　　）はみんな知っている。

1　高さ　　　　　　2　強さ　　　　　　3　深さ　　　　　4　良さ

⏳ **問題3** ＿＿＿の言葉に意味が最も近いものを、1・2・3・4から一つ選びなさい。

2分（1問20秒）

14 店の前にみすぼらしい服を着た子供が立っていた。

1 高そうな　　　2 涼しそうな　　　3 貧しそうな　　　4 丈夫そうな

15 警察官が質問をしたら、男はとぼけた。

1 無視した　　　　　　　　　　2 知らないふりをした

3 まじめに答えた　　　　　　　4 怒った

16 この芝居のあらすじを教えてください。

1 最後の結末　　　　　　　　　2 だいたいの内容

3 おもしろい場面　　　　　　　4 書いた人

17 彼女は若い人の間ではそこそこ有名な女優だ。

1 まあまあ　　　2 やや　　　　3 とても　　　　4 あまりに

18 父は長年、英語教育に携わっている。

1 関係している　　　　　　　　2 興味を持っている

3 努力している　　　　　　　　4 苦労している

19 今回の提携は、A社にとって大きなメリットがある。

1 機会　　　　　2 危険　　　　3 利益　　　　　4 困難

⏳ **問題4** 次の言葉の使い方として最もよいものを、1・2・3・4から一つ選びなさい。

3分（1問50秒）

20 もろい

1 この肉はもろくてとてもおいしい。

2 彼女はもろい声で父親を呼んだ。

3 体のもろい彼は病気ばかりしている。

4 この建物は構造がもろいと指摘をされた。

21 加入する

1 子供のために保険に加入することにした。

2 沸騰したら鍋に牛乳を加入してください。

3 大学に加入したらアルバイトをしたい。

4 銀行にお金を 100 万円加入した。

22 のどか

1 のどかな性格なので、彼は皆から好かれている。

2 彼女の家はのどかな坂道を上った所にある。

3 窓の向こうにはのどかな田園風景が広がっている。

4 この問題はもっとのどかな方法で解決するべきだ。

23 見通し

1 今年の新入社員はなかなか見通しがある。

2 被災地の再建の見通しはまだ立っていない。

3 どこで財布を落としたか、まったく見通しがない。

4 見通しもなく歩いていたら、道に迷ってしまった。

24 とっさに

1 とっさに男が二人現れた。

2 会議はとっさに終わっていた。

3 電車を降りて、とっさに連絡した。

4 飛んできたボールをとっさによけた。

25 ずれ

1 今月の給料は先月と 5 万円もずれがあった。

2 最近社長と社員の考え方にずれが出てきた。

3 この製品は従来の製品と使い方にずれがあります。

4 それぞれ国によって文化にずれがある。

問題5　次の文の（　　　　）に入れるのに最もよいものを、1・2・3・4から一つ選びなさい。

26 今日はもう帰ろう。残業続きで疲労もたまっている（　　　　）。

　　1　ことだし　　　　　　2　ものだから　　　　　3　ためだし　　　　　4　なのだから

27 当店の工芸品は、職人が一つひとつ精魂（　　　　）作っております。

　　1　につけ　　　　　　2　において　　　　　　3　をもって　　　　　4　をこめて

28 周囲の期待を（　　　　）、彼女はせっかく決まった一流会社の内定を蹴ってしまった。

　　1　しりめに　　　　　2　ふまえて　　　　　　3　こたえて　　　　　4　よそに

29 彼女は生真面目で、他人のミスを指摘せずには（　　　　）らしい。

　　1　いられない　　　　2　ならない　　　　　　3　たえない　　　　　4　できない

30 （大学で）

　　A「これから郵便局に速達を出しに行かなきゃなんないんだけど、Bさんの自転車、ちょっ
　　　との間、（　　　　）。」

　　B「うん、いいよ。使って。」

　　1　使ってもらうならかまわない

　　2　使わせてもらわない

　　3　使わせてもらってもいいかな

　　4　使ってもらって

31 わずか半年という短い期間（　　　　）、新たな業務をいろいろ経験できたという意味では、
　　いい職場だったといえる。

　　1　だったものの　　　　　　　　　　　2　だったからには

　　3　だったくせに　　　　　　　　　　　4　だったとあって

48

32 （館内の説明をする前に）

A「皆さま、本日はようこそ当博物館にお越しくださいました。これからスタッフが館内を
（　　　）。」

1　ご案内いただきます　　　　　　　　2　ご案内されます

3　ご案内させられます　　　　　　　　4　ご案内させていただきます

33 A「ねえ、聞いた？　ナンバーワン食品って、倒産したらしいよ。」

B「当然だよ。社名（　　　）胡散臭かったんだから。」

1　として　　　　　　2　からして　　　　　3　をみて　　　　　　4　にあって

34 （電話で）

A「はい、スズキ電気でございます。」

B「すみません、洗濯機の修理について（　　　）。」

1　お聞かせしたいんですが

2　お聞かせしましょうか

3　お伺いさせましょうか

4　お伺いしたいんですが

35 後輩達には私たちの代が（　　　）全国大会優勝を成し遂げてもらいたい。

1　成しがたかった　　　　　　　　　　2　成してやまなかった

3　成してならなかった　　　　　　　　4　成しえなかった

問題6 次の文の　★　に入る最もよいものを、１・２・３・４から一つ選びなさい。

（問題例）

あそこで ＿＿＿＿ ＿＿＿＿ ★ ＿＿＿＿ は山田さんです。

　1　テレビ　　　　　2　見ている　　　　3　を　　　　　　4　人

（解答のしかた）

1．正しい文はこうです。

あそこで ＿＿＿＿ ＿＿＿＿ ★ ＿＿＿＿ は山田さんです。

　　　　1　テレビ　　3　を　　2　見ている　　4　人

2．　★　に入る番号を解答用紙にマークします。

（解答用紙）　| （例）| ① ● ③ ④ |

---

36 英語の辞書などに ＿＿＿＿ ＿＿＿＿ ★ ＿＿＿＿ 、減少するばかりか事態は一層深刻になっている。

　1　掲載されるほど　　2　過労死であるが　　3　国際語となった　　4　そのまま

37 全国高校サッカー選手権は５日、決勝が行われ、Ａ校が延長戦 ＿＿＿＿ ＿＿＿＿ ★ ＿＿＿＿ 下し、初の優勝を果たした。

　1　を　　　　　　　2　Ｂ校　　　　　　　3　末に　　　　　　4　の

38 彼にまた貸した本を汚されちゃって、まいったよ。一度 ＿＿＿＿ ＿＿＿＿ ★ ＿＿＿＿ となると、もう貸したくない。

　1　二度三度　　　　2　だけ　　　　　　　3　なら　　　　　　4　まだしも

39 彼女は ＿＿＿ ＿＿＿ ★ ＿＿＿ 落ち着きぶりだった。

  1 ベテラン   2 ながら   3 かと思うような   4 新人

40 さんざん ＿＿＿ ＿＿＿ ★ ＿＿＿ 2分だった。

  1 あげくに   2 たったの   3 待たされた   4 診察が

問題7 次の文章を読んで、 41 から 45 の中に入る最もよいものを、1・2・3・4 から一つ選びなさい。

6分

　　先日、こんな記事を目にして、私はひどく切ない気持ちになった。台風が首都圏を襲った日、駅周辺の植え込みや駅構内の階段の手すりに、壊れて使い物にならなくなったビニール傘が大量に放置され、山のようになっていたというのだ。

　　ビニール傘とは、その名の通り、ビニールで作られた透明な傘である。コンビニや100円ショップに行けば、安く手に入るため、非常に身近な存在となっている。ただ、その 41 、大事に長く使うものとは考えられていないというのも事実である。その証拠に、あちらこちらで 42 ように思われる。日本の傘の年間消費量をみると、その数は日本の人口とほぼ同じ約1億3000万本、ビニール傘はその約9割を占めている。

　　現在、世界では資源のリサイクルに地球規模で取り組むようになってきており、 43 だろう。環境分野で初のノーベル平和賞を受賞したケニア人女性ワンガリ・マータイさんが、日本語の「もったいない」を、環境を守る世界共通語「MOTTAINAI」として広めることを提唱した。彼女は、来日した際、水洗トイレのレバーが「大」「小」に分かれている点に 44 を感じたという。彼女のメッセージは、私たち日本人の意識にもちょっとした変化を与えた。 45-a 、レバーの使い分けなど、当たり前のことすぎて、気にもかけないでいた。 45-b 、「MOTTAINAI」が世界に知られたのをきっかけに、自然に節約が意識されている日本社会を誇りに思うようになったのだ。

　　毎年1億本以上のビニール傘が消費されている現実に少なからずショックを受けたあなた、「もったいない」という言葉が死語になってしまわないように、まずは1つ「MOTTAINAI」ことをやめてみてはどうだろうか。

41

  1 軽さゆえに   2 手軽ささえ

  3 安さゆえに   4 格安ささえ

42

  1 粗末に扱われすぎている   2 差別的に買いすぎている

  3 長く持ちすぎている   4 大事にされすぎている

43

  1 ゴミの分別を意識している国も多い

  2 ゴミの分別を忘れている国も多い

  3 ゴミの重要性を意識している国は多くない

  4 ゴミの重要性を忘れている国は多くない

44

  1 日本人の防水意識の低さ   2 ケニア人の防水意識の高さ

  3 日本人の節水意識の低さ   4 日本人の節水意識の高さ

45

  1 a それまでは   /   b ところが   2 a それからは   /   b そこで

  3 a そのくせ   /   b しかし   4 a それはそうと /   b したがって

問題8 次の(1)から(4)の文章を読んで、後の問いに対する答えとして最もよいものを、1・2・3・4から一つ選びなさい。

12分（1大問3分）

(1)

　今年も中学合唱コンクールの模様が放映される時期となった。若い出場者たちのひたむきで気持ちのこもった歌声は、聴く者の心を素直に感動させる。合唱には、オーケストラやバンドなどの演奏とは違った魅力がある。まず合唱では、自分の声が楽器になる。同じ音色のものは二つとしてない楽器だ。そんな個性豊かな楽器たちは、ともすればバラバラになりがちだが、それが一つになった時に生まれるハーモニーには、何物にも代えがたい美しさがある。中学生という多感な年頃に、多様な個性を持つ生徒たちが力を合わせ、時にぶつかり合いながら、練習に励んできた。そこにはどんなドラマがあっただろう。そして、今年はどんなハーモニーを私たちに聞かせてくれるのだろう。今から期待に胸が膨らむのである。

46 筆者は合唱の魅力をどのように考えているか。

1　一人ひとり異なる声が一つになった時に、とても美しい響きになる

2　高価な楽器は必要なく、誰でも自由に参加できる

3　大勢で力を合わせることで、互いの欠点を補い合うことができる

4　この世に自分と同じ声を持つ者はいないので、常に自分の個性を生かすことができる

(2)

　　心理学の用語で「知覚の選択性」というものがある。私たちは、外界の情報をすべて知覚しているわけではなく、無意識のうちに自分に必要な情報だけを取り込み、処理しているということだ。これは例えば、騒々しいパーティー会場でも話し相手の声は聞き取れることと関係している。一方、会議の様子を録音したものを聞くと、周囲の雑音がすべて入っているため、かなり聞きづらい。

　　それでは、自分に必要な情報は何かと言えば、それは知覚主体の知識・期待・欲求・注意等の要因によって異なる。それらの要因で無意識に情報が取捨選択されているのだ。

[47] 「知覚の選択性」に関連するものはどれか。

　　1　子どもがいくら「早く寝なさい」と言われても、聞いていないふりをすること
　　2　周りの話し声が煩わしいので、電車やバスの中でイヤホンをすること
　　3　車の免許を取ると、それまで目に入らなかった道路標識の存在に気がつくこと
　　4　たくさんのチラシが並んでいるときに、カラフルなデザインのものに目が行くこと

(3)

　日本では、2012年7月1日から飲食店での生レバーの販売が禁止された。ある食中毒事件を契機に、生肉に対する規制が一気に強化されたのだ。しかし、危険すなわち規制・禁止でいいのだろうか。衛生管理の技術の向上に伴い、現代の消費者は店で提供されるものはすべて安全だと思い込み、食べ物に関する知識が少なく、食に対して完全に受け身になりつつある。安全面をメーカーや飲食店に委ねる消費者と、リスクを恐れる行政が意識を改めない限り、いつか生卵や刺身が食卓から消える日が来るかもしれない。

（注）レバー：食用にする、牛・豚・鶏などの肝臓

[48] 筆者の考えに合うものはどれか。

　1　食の安全を重視するのであれば、他の生食への規制も視野に入れるべきだ。

　2　安易な規制・禁止より、飲食店に衛生管理を徹底させることが重要だ。

　3　販売禁止の決定は消費者の自由意志を奪うものであり、疑問を感じざるを得ない。

　4　食の安全を守るには、消費者が食への意識を高めることも必要である。

(4)

　新しい医療機器の開発には、新しい発想が不可欠です。それは現場の医師の声であったり、僕たち技術屋の持つ創造性であったりします。どちらが欠けても革新的な機器は生まれないのですが、エンジニアは医療の分野ではあくまで素人で、その機器に必要なものを真に知っているのは使用者である医師たちだ、ということを常に心に置くようにしなければなりません。うちの会社では、図面を作る人が直接医師とコンタクトをとり、必ず現場も見せてもらうという形をとっています。現実に根差した、ごく実用的なひらめき、発想力が求められる仕事といえます。

49　筆者によると、エンジニアの発想とはどのようなものか。

　1　実際に治療段階にある患者の視点に立った発想

　2　だれも思いつかないようなユニークな発想

　3　医師が求める機能を現実のものにするための発想

　4　現場の問題の根本を突く、素人ならではの発想

問題9 次の(1)から(3)の文章を読んで、後の問いに対する答えとして最もよいものを、1・2・3・4から一つ選びなさい。

18分〈1大問6分〉

(1)

　新石器時代に家が出現した。家の出現は、人々の日々の暮らしに安らぎといこいをもたらす。冬は暖かく、夏は涼しく、陽が落ちて暗くなっても炉には火が燃えている。家のなかには風も雨も雪も入ってこないし、腹のへったクマやトラやライオンに襲われる心配もない。家族の絆もさぞ強まったことだろう。でも、家の効果はそうした日常的なことや実際的なことだけではなかった。人の心や精神にとって、きわめて重要な役割を果した。（中略）自分が修学旅行や夏休みの休暇で長期に家を空けた時のことを思い出してください。

　"懐しい"と思う。どうしてそう思うのか。もし自分がいない間に作り替えられていたら、ガッカリしこそすれ懐しさはない。逆にわけのわからない怒りがこみ上げるかもしれない。家が変わっていなかったからこそ懐しいという気持ちが湧いてきたのだった。懐しいという心の働きは、喜怒哀楽の感情とはちがう不思議な感情で、人間にしかない。犬は古い犬小屋を振り返ってシミジミするようなことはしない。人間が、昔のものが変わらずにあるシーンに出会った時に、この感情が湧いてくる。

　その時、自分の心のなかでは何が起きているんだろう。おそらくこうなのだ。久しぶりに見た家が昔と同じだったことで、今の自分が昔の自分と同じことを、昔の自分が今の自分まで続いていることを、確認したのではあるまいか。自分はずっと自分である。

　人間は自分というものの時間的な連続性を、建物や集落の光景で無意識のうちに確認しているのではないか。

　新石器時代の安定した家の出現は、人間の自己確認作業を強化する働きをした。このことが家というものの一番大事な役割なのかもしれない。

（藤森照信『人類と建築の歴史』筑摩書房による）

（注）懐しい：一般的な表記は「懐かしい」

50 家の出現が人々にもたらした変化として、本文の内容に合うものはどれか。

1 家族が一緒に過ごす時間も増え、より親密になった。

2 仲間意識が高まり、みんなで食べ物を分け合うようになった。

3 快適な環境になっただけでなく、文化的な生活を楽しむようになった。

4 安心を得ることで心が穏やかになり、仲間同士の争いが減った。

51 自分というものの時間的な連続性とは、どのような意味か。

1 先祖から自分へと、代々、命が受け継がれていること

2 昔も今も、自分の性格や特徴は変わらないということ

3 過去の自分が今の自分へと途切れることなくつながっていること

4 過去の経験があったからこそ、今の自分があるということ

52 筆者の考えによると、家が果たした最も重要な役割は何か。

1 人間が自分という存在を確認できるようになったこと

2 一人一人バラバラの生活から家族中心の生活へ変えたこと

3 外界の危険から身を守る環境を人間に与えたこと

4 人間がそれぞれ帰るべき場所を持つようになったこと

(2)

「疲れましたなぁ」

と、同行のＴさんが、湯気のなかでいった。Ｔさんはものに感動すると肩が凝る人である。(中略)
（注1）
　下関・山口間の景色など、とくべついいものではない。むろん奇岩怪石が団々と横たわって
（注2）　　　　　　　　　　　　　　　　　　　　　　　　　　　　　（注3）
いるわけでなく、変哲もない田園と丘陵のなかを道が北上してゆくのみなのである。しかし途
中、出会う車はほとんどなく、例の擬石建造物もあまりなく、平凡な緑と空がつづいていた。
　　　　　　　　　　　　（注4）
平凡な緑と空というものが、いまや日本ではもっとも歓賞すべき絶景になっているのである。
　　　　　　　　　　　　　　　　　　　　　　　　　　　（注5）
Ｔさんの肩の凝りは、そういう絶景への感動と無縁ではないらしい。(中略)

　Ｔさんはこの松田屋の湯のなかで顔の筋肉をゆるめながら、不意に気づいたように、

「これは温泉ですか」

と、叫んだ。

　われわれが浸っている湯は、温泉であった。われわれがいま山口市の高名な温泉地である湯
　　　　　（注）　　　　　　　　　　　　　　　　　　　　　　　　　　（こうめい）
田の宿に泊まっている以上、この湯は温泉にちがいない。

「なるほど、温泉ですか」

と、Ｔさんは、この浴室における大発見にすっかり感動してしまい、ふたたび肩が凝りはじめ
　　　　　　　　　　　　　　　　　　　　　　　　①
たようであった。

　Ｔさんは、元来地理的教養の豊富な人なのである。山口市には湯田温泉というものが存在す
るということは知っているし、第一、この宿の予約をとってくれたのはＴさんなのである。し
かしそれらはすべて知識であって、即今只今Ｔさんの痩せた肉体を浸しこんでいるこの湯が温
　　　　　　　　　　　　　（そっこんただいま）
泉であるという心証的発見とはかかわりがない。肉体をもってこれが温泉であるということを
知ったときに突如声を発するというのが、詩人なのであろう。
　　　　（注6）

（司馬遼太郎『街道をゆく１　甲州街道、長州路ほか』朝日新聞社による）

（注1）Ｔさんは詩人である。

（注2）山口県の下関市と山口市の間。筆者とＴさんは、福岡県の小倉市から下関市を経由し、
　　　　山口市に移動してきた。

（注3）奇岩怪石：奇妙な形をした珍しい岩々

（注4）擬石建造物：天然石に似せて作った人造石の建造物

（注5）歓賞：優れたものとして感じ入ること

（注6）心証：心に受ける印象

53 Tさんは山口への移動中、なぜ肩が凝ったのか。

　1　変化のない田園風景が退屈だったから

　2　車窓から見る景色が懐かしく見入っていたから

　3　長く続く緑一色の景色に非常に感動したから

　4　平凡な田舎の景色が貴重なものだと知ったから

54 Tさんは何に①感動したのか。

　1　自分の肌が今、温泉に触れていること

　2　自分が今、高名な温泉地に来ていること

　3　著名な筆者とともに湯田温泉に来られたこと

　4　湯田温泉の湯の質が格別に良かったこと

55 筆者は詩人とはどのような人だと考えているか。

　1　心動かされたことを素直に表現する人

　2　鋭い感覚と豊富な知識を持ち合わせている人

　3　身近な物事を普段からよく観察している人

　4　言葉で人を感動させることができる人

(3)

　仮にあなたが知りあいから、エチオピアで飢餓に苦しむ難民救済のための募金に協力してく
れと頼まれたとしよう。はじめから断ってしまえば、多少のうしろめたさは残るもののそれで
一応、事態は収まる。しかし、もし協力を表明したとすると、あなたは、募金箱に百円入れて
　　　　①
も、千円入れても、一万円入れても「なぜもっと出せないのか」と言われるかもしれないという、
「つらい」立場に立たされることになる。

(中略) 先進国が今ある繁栄を獲得した要因となった種々の経済活動は、地球という、人類全体
が共有すべき有限の資源を消費した結果であるという視点もありうる。そう考えるなら、南北
の経済格差や南の国の飢餓の問題は、その共有資源を消費した代償として得られた経済活動の
果実の偏在に起因するものであり、単に、ある特定の地域の問題ではありえないという議論が
妥当性を持つことになる。資源の消費に関しては最大の「貢献国」のひとつである日本の国民
としては、自分だけ高い生活水準をエンジョイしつつ、世界に蔓延する飢餓は自分の問題では
ないとは言いきれない。

　ボランティアが経験するこのような「つらさ」は、結局、自分ですすんでとった行動の結果
　②
として自分自身が苦しい立場に立たされるという、一種のパラドックスに根ざすものである。

　　　　　　　　　　　　　　　　(金子郁容『ボランティア　もうひとつの情報社会』岩波書店による)

56 ①事態は収まるとは、具体的にはどういうことか。

1　必要以上の出費をしなくて済む

2　どうしようかと悩む必要はなくなる

3　知り合いとの間でトラブルになることを避けられる

4　飢餓の問題について、それまでより考えるようになる

57 筆者の考えによると、南北の経済格差や飢餓の問題を引き起こした要因は何か。

1　関係する国々における政治や外交の間違った判断

2　先進国が必要以上に多くの資源を消費してきたこと

3　長い間、南北間で戦争や紛争が続いて、経済活動が妨げられてきたこと

4　資源の恩恵を一方の人々だけが享受し、もう一方の人々は享受できないという不均衡

58 ②ボランティアが経験するこのような「つらさ」とは、どのようなものか。

1　問題の根源は実は自分にもあるのではないか、という感情に悩まされること

2　お金がそれほどあるわけでもないのに、もっと募金ができるのではないかと期待されること

3　自分と同じ志でボランティアに取り組もうとする人があまりに少なく、失望すること

4　ボランティアを続けたいと思う反面、経済的な事情から続けられないこと

⏳14分 **問題10** 次の文章を読んで、後の問いに対する答えとして最もよいものを、１・２・３・４から一つ選びなさい。

　学生が農村調査などに出かけると、農家の人たちは、学生さんがきた、というのでしばしば丁重に扱ってくれたりする。しかし、そういうときが、じつはいちばん<u>危険</u>①なのだ。丁重に扱われることによって、学生はじぶんたちのほうが<u>えらい</u>のだ、という錯覚におちいる。そしてその錯覚のゆえに、教えを乞う、という謙虚なこころをいつのまにか失ってしまう。学生だって、大学教授だって、ほんとうはちっともえらくなんぞありはしない。知らないことだらけなのである。知らないからこそ、ひとに会って教えてもらおうとしているのである。肩書きがどうあろうと、教えを乞うているかぎりは学ぶ立場にいる。その学ぼうとする謙虚なこころが、ひとに話をきくときの基本的心がまえでなければならぬ。相手が農民であろうと、タバコ屋のおばあさんであろうと、取材する相手は、大げさにいえばわれわれにとっての教師なのだ。ひとにものをきくときには、いささかなりとも尊大な気持をもってはいけない。尊大な取材をする人は、けっして真実の情報を手にいれることもできないだろうし、そういう人にはおよそ知的な進歩も期待できない。

　このことはジャーナリストにとってもあてはまる。新聞社の名刺を出せば、いわゆるコワもて、というやつで、どこにでもかなり自由に出入りできる。そのことから、ジャーナリストは不当な自負心をもち、尊大になりがちだ。しかし、それはジャーナリストにとっての最大の<u>ワナ</u>②なのである。そのワナにひっかかったがさいご、<u>そういう人物はけっして大成できない</u>③と知るべきであろう。

　じっさい、わたしはこれまでの体験のなかで、大記者、名記者といわれる人たちにたくさん会ったが、そういう人はひとりの例外もなく、柔和で、謙虚な人びとであった。肩ひじ張って眼光するどい——そういうタイプの人はテレビの記者ものには登場するがそれはけっしてじっさいの名記者のイメージではないのである。ほんとうの名記者は、しずかで、たのしい人物たちなのである。その人がらが、すばらしい取材能力を決定している、といってもさしつかえないだろう。かれらはひとに話をきくにあたっての基本的な作法、つまり、謙虚さを人がらのなかにそなえているのである。

　ひとに教えを乞うという態度——それは当然、感謝の念とつながってゆく。そして、なんらかのかたちで感謝のこころをあらわす、ということが、しぜんとものをきく作法のなかに反映されてゆくのである。(中略)話をきいたあとで、たとえハガキ一本であろうと、こころがこもっていればそれでもじゅうぶんだ。教えをうけたことにたいする感謝——そのこころを素直にもてるかもてないか、いささか道徳的な話になってしまったが、そのこころ構えがものをきく作法の基本条件だ、とわたしはかんがえている。

(加藤秀俊『取材学　探求の技法』中公新書による)

59 筆者が①危険だと感じるのはどのようなことか。

1 自分たちのほうが立場が上であると勘違いすること

2 農家の人たちと学生との間で意見が対立すること

3 正確な情報が手に入りにくくなること

4 農家の人たちに精神的な負担をかけてしまうこと

60 ②ワナとはどういう意味か。

1 失敗

2 だまされること

3 落とし穴

4 障害

61 ③けっして大成できないのはなぜか。

1 新聞社に勤める自分が優れていると錯覚した結果、取材相手に感謝の気持ちを示さないようになり悪い評判がつくから

2 新聞社に属することに甘えて謙虚さを忘れ、その結果、相手から情報を引き出せず、よい取材結果を残せないから

3 どこでも自由に出入りでき、何もしなくても基本的な情報が得られるので、つい努力を怠ってしまうから

4 社会的信用のある新聞記者といえども、見た目が怖く冷たい印象の人は相手から警戒され、取材がうまくできないから

62 筆者が考える大記者、名記者とはどんな人物か。

1 自分が何も知らないことを自覚して、知的な進歩を続ける、誰からも尊敬される人物

2 いつも穏やかで、相手が誰であっても謙虚な姿勢で取材をし、感謝のこころをきちんと示せる人物

3 真実を追求する情熱と、ほかの人にはたどり着けない情報をキャッチできる鋭い感覚を持っている人物

4 謙虚で優しい人がらから誰にも好かれ、取材の後も個人的に付き合いたいと思わせる人物

問題11　次のAとBは、格安航空会社、いわゆるLCCについての新聞のコラムである。後の問いに対する答えとして最もよいものを、1・2・3・4から一つ選びなさい。

A

　LCCは今や航空業界を席巻する成長ぶりである。先日も、LCCを利用し東南アジアへ旅をする機会があった。今回は7時間というフライトで、食事や飲み物のサービスが一切ないため、サンドイッチを購入することにした。しかし、何にせよ、選択肢があることは良いことだ。時間が来たら起こされ、食べたくもない食事を無理やりほおばる従来の機内サービスに比べたら、自分で選べることのほうがありがたいと言えばありがたい。

　もちろん、安かろう、悪かろうという面も多々ある。予約の際、インターネットを利用するが、手続きが少々複雑な上、キャンセルや変更もきかないといった落とし穴もある。また、便の遅延や欠航は日常茶飯事である。しかし、これらもすべて、料金を抑えるための方策によるものである。費用が安くなる分、気軽に旅を楽しめるようになったのは歓迎すべきことであろう。

B

　近年、日本市場に本格参入したLCCにみられるあの手この手のコスト削減の方法には、新鮮な驚きを覚えた。LCCでは、食事や飲み物をはじめ、映画の視聴や毛布などのアメニティーといった、これまで機内サービスの標準だったものが、基本的になくなったのだ。もちろん、必要ならばどれも有料でサービスを受けられる。この点が何とも合理的で好ましい。今後ますます浸透していってくれることを期待している。一方で、チケットの販売方法には課題を感じる。現在、インターネットでの購入が中心となっているが、利用方法が非常に複雑で、このままでは決まった層だけが利用できるサービスになりかねない。また、旅行代理店を通さない方法は、旅行業界にとってプラスにならないのではないかという懸念を抱く。いずれにせよ、業界全体の利益と発展に十分配慮がされることが望まれる。

63 ＡとＢのいずれか一方のみで書かれていることはどれか。

1　LCC のコスト削減方法

2　LCC の機内サービスへの意見

3　実際に LCC を利用した感想

4　LCC の今後の展開予測

64　LCC の予約方法についてＡとＢはどのように考えているか。

1　Ａはインターネットによる予約方法での不便は料金が安いので仕方がないと考え、Ｂは旅行会社を通さないことは、業界にとってはあまり好ましくないのではないかと考えている。

2　Ａはインターネットによる予約方法は誰もが気軽に利用できるので歓迎すべきだと考え、Ｂは若者など決まった層だけが利用することになると指摘している。

3　Ａはインターネットによる予約方法でキャンセルや変更ができないことを問題視し、Ｂは料金が安いので当然だと考えている。

4　Ａはインターネットによる予約方法は多少不便だが料金が安いので当然だと考え、Ｂは旅行代理店を通さないことが合理的だと考えている。

65　LCC に対するＡとＢの考えはどのようなものか。

1　Ａは何のサービスも受けられないことに不満を感じており、Ｂはお金さえ払えばサービスが受けられるシステムを合理的だと考えている。

2　Ａは多少の不便は感じるものの、すべて低コストのためだと納得しており、Ｂは便の遅延や欠航を減らすことを最も改善すべき点だと考えている。

3　Ａは便の遅延や欠航が生じやすいのは料金が安いのである程度しかたがないと考え、Ｂはチケット販売の方法は合理的で良いと考えている。

4　Ａは利用者にとって旅費の負担が軽くなったことが何より朗報だと捉え、Ｂは全体的に好意的である反面、チケットの販売方法については改善の余地があると考えている。

問題12　次の文章を読んで、後の問いに対する答えとして最もよいものを、1・2・3・4
から一つ選びなさい。

　　私は芸術の存在理由を、一般に考えられているように個人の内面の表現のためにあるより、
人間理解あるいは人間関係の創造のためにあると思っています。われわれが何かを表現し、そ
①
れを公にする場合、他者あるいは第三者というものを前提としない活動の持続も、専門的な行
為の成立もないからです。

　　ではこの人間関係の創造とは、何であるのか。それはある人間がどういう関係や状況に置か
れているのか、どういう可能性をもっているのか、あるいはどういう感受性をもっているのか
　　（注1）
をまず明らかにすることです。そしてそこからさらに発展して、いったいこの人間といわれる
ものは何なのか、そういうレベルでの問いかけを多くの人々と共有することです。つまり、あ
る表現行為を契機にして他人と共に人間について考え、想像することです。そういう目的で芸
術行為の存在は貴重だと私は考えています。

　　たとえばベートーヴェンの音楽を聴いて、われわれは人間を想像し、人間を理解しようとする
②
ことができます。これは絵画にも同様に言えます。しかし、人によっては「音楽とは音ではない
か」「絵画とは色ではないか」「演劇のように生身の人間が出てこない」という人がいるかもしれ
　　　　　　　　　　　　　　　　　　　　　（注2）
ません。そして「なぜそれが人間について想像させるのか」と疑問をもつ人もいるでしょう。

　　私が言いたいことは、それが創られた音であり色であるということです。われわれが日常
では感じられない音であり色なのです。にもかかわらず、というよりそれだからこそと言うべ
きでしょうが、われわれは思わずそれに注意を集中させられてしまうことがあります。これは
いったい何なのかと。また、そうした音や色を創りだすために自分自身の全エネルギーを捧げ
る人間とはいったい何なのかと。

　　音楽でも絵画でも文学でも、さらには演劇でも、すべて人間が創りだしたものです。そうし
た人間が創造したものを通して、われわれは日常で慣れ親しんだ考え方や見方とはちがったよ
③
うに人間を想像し、またそのことによって人間関係について考えることがあるのです。（中略）

　　いままで多くの人々に励ましを与えてきた価値ある芸術作品は、多様な人間関係や社会を成
り立たせている〈コミュニケーション・システム〉がわれわれに与える感受性や考え方を変更し
うる力をもっています。そのためにわれわれは芸術家という人間の存在に、われわれの想像力
を誘われたのであり、人間というものがそれに所属しないでは生きていけないような社会の在
り方について考えさせられたのです。

（鈴木忠志『演劇とは何か』岩波書店による）

（注１）感受性：外からの刺激を深く感じ取り、心に受けとめる能力

（注２）生身：実際の体

66 ①人間関係の創造とは、どういうことか。

1 芸術を通して人間関係への理解を深めること

2 芸術を通して多様な人間関係を構築すること

3 芸術作品の作者の人間関係を想像すること

4 芸術作品の中の人間関係を読み解くこと

67 ②人間を想像し、人間を理解しようとするのはなぜか。

1 芸術を理解するには、その作品が創られた背景を知る必要があるから

2 絵画や音楽には複雑な人間模様が表現されていることが多いから

3 芸術は単なる音や色ではなく、創った人間と切り離せないものだから

4 偉大な芸術作品の作者は、複雑な境遇に生きた人が多いから

68 ③人間が創造したものに当てはまるものはどれか。

1 詩

2 宗教

3 本

4 インターネット

69 筆者は優れた芸術作品とはどのようなものだと考えているか。

1 社会制度やコミュニケーションの仕組みを変える力を持っているもの

2 その作者の生きた人生や社会について想像力を掻き立てられるもの

3 鑑賞する人がその世界に没頭し、日常を忘れることができるもの

4 人間や社会についての見方に新しい価値観をもたらしてくれるもの

問題 13　右のページは、大学学生寮の入寮案内である。下の問いに対する答えとして最もよいものを、１・２・３・４から一つ選びなさい。

7分

[70] 男子留学生のヤンさんは、ビジネス学部の１年に所属している。現在はアパートで一人暮らしをしているが、次年度からの入寮を希望している。

寮に関する希望は、トイレが自分の部屋にあることだ。なお、夕食は毎日アルバイト先で済ませている。ヤンさんにふさわしい寮はどれか。

1　A寮

2　B寮

3　C寮

4　D寮

[71] ヤンさんは、入寮できるかどうかをどのように知ることができるか。

1　電話で学生事務室に問い合わせる

2　大学で発表される選考結果を見に行く

3　３月25日に結果を知らせるメールが届く

4　大学から選考結果を伝える郵便物が届く

平成 25 年度　○○大学　学生寮入寮案内

1．学生寮の概要

寮	A 寮	B・C 寮	D 寮
入寮定員	男子学生：70 名 女子学生：70 名 （外国人留学生含む）	男子学生：100 名 （B 寮：学部 1・2 年生のみ） （C 寮：学部 3・4 年生のみ）	男子学生：30 名 （外国人留学生のみ）
部屋のタイプ	1 人部屋	2 人部屋	1 人部屋
部屋の面積	13㎡	12㎡	11㎡
部屋の設備	・机、ベッド、ロッカー ・エアコン ・ミニキッチン 　（IH ヒーター付） ・ユニットバス（トイレ付）	・机、ベッド、ロッカー ・エアコン	・机、ベッド、ロッカー ・エアコン ・ユニットバス（トイレ付）
共同設備	・談話室 ・面会室 ・洗濯室	・風呂、トイレ ・食堂 ・炊事スペース（台所、冷蔵庫、 　電子レンジあり） ・談話室、面会室 ・洗濯室	・食堂 ・炊事スペース（台所、冷蔵庫、 　電子レンジあり） ・談話室、面会室 ・洗濯室
経費／月	寄宿料：10,000 円 光熱費等：約 7,000 円	寄宿料：3,000 円 光熱費等：約 4,000 円 食費：25,000 円	寄宿料：6,000 円 光熱費等：約 5,000 円 食費：25,000 円
特記事項	・インターネットは無料で 　利用可能 ・オール電化 ・自炊のみ	・インターネットは別途契約に 　より利用可能 ・1 日 2 食（朝夕）付き	・インターネットは別途契約に 　より利用可能 ・1 日 2 食（朝夕）付き

2．入寮出願方法

・所定の入寮願書を記入の上、願書に記載されている必要書類を添付し、下記問い合わせ先の住所に送付してください。

・入寮願書は本学ホームページからも取得可能ですが、出願は郵送のみといたします。

・出願は、平成 25 年 3 月 20 日（水）の消印まで有効とします。

3．入寮選考方法

・原則として、父母又は父母に代わって家計を支えている者の年間総所得額の低い順から入寮を許可します。

・A 寮、D 寮は、学部 1・2 年生を優先します。

4．入寮選考結果の通知方法

・出願者全員に、平成 25 年 3 月 25 日（月）に選考結果の通知書を発送いたします。

※同日に本学ホームページにも結果を掲載します。なお、電話や窓口での照会には応じかねます。

【学生寮に関する問い合わせ先】

○○大学 学生事務室（学生寮担当）

TEL：012-333-4444　　FAX：012-333-5555　　E-mail：gakuryo@maru-u.ac.jp

〒 777-8888　○○県△△市××町 2-3-4

모의고사 제2회

N1

청해

60분

問題 1 02~09 2회

　問題1では、まず質問を聞いてください。それから話を聞いて、問題用紙の1から4の中から、最もよいものを一つ選んでください。

例

1　実習の日を変更する
2　田中さんに確認する
3　ゼミの全員に確認する
4　先生に連絡する

1番

1　ことば

2　食文化

3　身振り手振り

4　家のつくり

2番

1　火災が起きたことを知らせる

2　火災の有無を確認する

3　避難のための準備をする

4　安全な場所へ避難する

3番

1　ポスターの色をはっきりさせる

2　ポスターを離れた場所から見る

3　キャッチフレーズの字を大きくする

4　キャッチフレーズを変更する

4番

1　インターネットに接続する

2　CDをパソコンに挿入する

3　インストールを開始する

4　パソコンを再起動する

5番

1 容器の重さを軽くする

2 容器を持ちやすい形にする

3 容器のふたの種類を変える

4 容器の色を薄くする

제1회
제2회
제3회

6番

1 店の制服に着替える

2 年末年始に勤務できる日を伝える

3 店のメニューを覚える

4 レジの使い方を確認する

언어지식
독해
청해

問題2 _{10~18} 2회

　問題2では、まず質問を聞いてください。そのあと、問題用紙のせんたくしを読んでください。読む時間があります。それから話を聞いて、問題用紙の1から4の中から、最もよいものを一つ選んでください。

例

1　お金が準備できなかったから
2　友達の都合が悪くなったから
3　重要な仕事が入ったから
4　国内の方が気楽でいいから

1番

1　何度も丁寧に謝ること
2　お客さんの話をよく聞くこと
3　商品の質を向上させること
4　先輩に相談すること

2番

1 父の話がすべて嘘だったとわかったから

2 サークル活動やアルバイトをする時間があまりないから

3 まじめな学生が思っていたよりも少なかったから

4 真剣に勉強に取り組んでいる学生が一人もいないから

3番

1 気分転換ができること

2 友人が増えたこと

3 仕事の能力が上がったこと

4 健康的な食生活ができること

4番

1 新商品の開発

2 キャラクターの作成

3 テレビCMの作成

4 インターネット広告の作成

5番

1　２年生が１年生をしっかり指導していないから

2　２年生が１年生より先に帰ってしまったから

3　２年生がきちんと片付けをしなかったから

4　２年生がまじめに練習をしないから

6番

1　会社の製品が売れなくなったから

2　取引をしていた会社との関係が切れたから

3　会社がたくさんの借金を抱えていたから

4　得意先の会社が倒産したから

7番

1　個人情報を守るための法律がないこと

2　個人情報が手に入るサービスが増えたこと

3　よく考えないで個人情報を公開すること

4　インターネットのサービスが危険だということ

問題 3

問題3では、問題用紙に何も印刷されていません。この問題は、全体としてどんな内容かを聞く問題です。話の前に質問はありません。まず話を聞いてください。それから質問とせんたくしを聞いて、1から4の中から、最もよいものを一つ選んでください。

— メモ —

問題4

問題4では、問題用紙に何も印刷されていません。まず文を聞いてください。それから、それに対する返事を聞いて、1から3の中から、最もよいものを一つ選んでください。

― メモ ―

問題5 🎧 43~47 ⌈2회⌉

問題5では、長めの話を聞きます。この問題には練習はありません。メモをとってもかまいません。

1番、2番

問題用紙に何も印刷されていません。まず話を聞いてください。それから、質問とせんたくしを聞いて、1から4の中から、最もよいものを一つ選んでください。

― メモ ―

3番
<ruby>番<rt>ばん</rt></ruby>

　まず<ruby>話<rt>はなし</rt></ruby>を<ruby>聞<rt>き</rt></ruby>いてください。それから、<ruby>二<rt>ふた</rt></ruby>つの<ruby>質問<rt>しつもん</rt></ruby>を<ruby>聞<rt>き</rt></ruby>いて、それぞれ<ruby>問題用紙<rt>もんだいようし</rt></ruby>の１から４の<ruby>中<rt>なか</rt></ruby>から、<ruby>最<rt>もっと</rt></ruby>もよいものを<ruby>一<rt>ひと</rt></ruby>つ<ruby>選<rt>えら</rt></ruby>んでください。

質問１
<ruby>質問<rt>しつもん</rt></ruby>

1　オーストラリア<ruby>二都市周遊<rt>にとししゅうゆう</rt></ruby>７<ruby>日間<rt>かかん</rt></ruby>

2　ガイド<ruby>付<rt>つ</rt></ruby>きオーストラリア７<ruby>日間<rt>かかん</rt></ruby>

3　シドニーフリープラン５<ruby>日間<rt>かかん</rt></ruby>

4　<ruby>格安<rt>かくやす</rt></ruby>シドニー５<ruby>日間<rt>かかん</rt></ruby>

質問２
<ruby>質問<rt>しつもん</rt></ruby>

1　オーストラリア<ruby>二都市周遊<rt>にとししゅうゆう</rt></ruby>７<ruby>日間<rt>かかん</rt></ruby>

2　ガイド<ruby>付<rt>つ</rt></ruby>きオーストラリア７<ruby>日間<rt>かかん</rt></ruby>

3　シドニーフリープラン５<ruby>日間<rt>かかん</rt></ruby>

4　<ruby>格安<rt>かくやす</rt></ruby>シドニー５<ruby>日間<rt>かかん</rt></ruby>

問題1 _____ の読み方として最もよいものを、1・2・3・4から一つ選びなさい。

1 彼は料理の修業のためにフランスに行くことにした。

　　1　しゅごう　　　　2　しゅぎょう　　　　3　しゅうごう　　　　4　しゅうぎょう

2 彼女のことは潔くあきらめよう。

　　1　こころよく　　　2　いちじるしく　　　3　はなはだしく　　　4　いさぎよく

3 若者の消費行動を分析した。

　　1　ぶんせき　　　　2　ぶんせつ　　　　3　ぶんき　　　　4　ぶんきん

4 Ａ国はＢ国からの援助の申し出を頑なに拒んでいる。

　　1　おがんで　　　　2　はばんで　　　　3　こばんで　　　　4　ねたんで

5 ここは精密な機械を作る工場だ。

　　1　しんみつ　　　　2　せいみつ　　　　3　きみつ　　　　4　ちみつ

6 仕事の合間に少し体操をするとよい。

　　1　ごうま　　　　2　ごうかん　　　　3　あいま　　　　4　あいかん

問題2 （　　　　）に入れるのに最もよいものを、1・2・3・4から一つ選びなさい。

7 アルバイト先の会社と（　　　　）して時給を上げてもらった。

1　交流　　　　　　2　交渉　　　　　　3　交付　　　　　　4　交代

8 これは（　　　　）な問題だから、人前で話さないほうがいい。

1　ソフト　　　　　2　ロマンチック　　3　ルーズ　　　　　4　デリケート

9 結婚したら、（　　　　）してお金を貯めようと思っている。

1　統制　　　　　　2　節制　　　　　　3　倹約　　　　　　4　要約

10 健康（　　　　）のために、毎日運動している。

1　保管　　　　　　2　整理　　　　　　3　維持　　　　　　4　抑制

11 事故の（　　　　）について、新聞が詳しく報じていた。

1　経緯　　　　　　2　経験　　　　　　3　経歴　　　　　　4　経路

12 喫煙によりがんになる危険（　　　　）が高くなる。

1　性　　　　　　　2　的　　　　　　　3　面　　　　　　　4　感

13 客からの問い合わせには、丁寧に（　　　　）しなければならない。

1　接待　　　　　　2　待遇　　　　　　3　対応　　　　　　4　反応

問題3 _____の言葉に意味が最も近いものを、1・2・3・4から一つ選びなさい。

2分（1問20秒）

14 あの人がいると、いつも話がややこしくなる。

1 つまらなく　　2 長く　　3 あいまいに　　4 複雑に

15 親は子供の将来を案じるものだ。

1 決める　　2 心配する　　3 変える　　4 無視する

16 現内閣は、世論を反映させた政策を行っているとはいえない。

1 一般の人の考え　　　　　　2 専門家の考え

3 政治家の考え　　　　　　4 テレビや新聞の考え

17 佐藤先生はいつも弱い側の肩を持つ。

1 味方をする　　　　　　2 歩くのを助ける

3 反対する　　　　　　4 ばかにする

18 申し込みの手順を間違えて、もう一度用紙に記入しなければならなくなった。

1 時期　　2 やり方　　3 相手　　4 場所

19 彼はそもそも、そういうことを言える立場ではない。

1 全部　　2 いつも　　3 最初から　　4 何となく

問題4 次の言葉の使い方として最もよいものを、1・2・3・4から一つ選びなさい。

3分（1問50秒）

20 配送する

1 デパートで買った家具をうちまで配送してもらった。

2 ミーティングの後、部長に報告のメールを配送した。

3 お世話になった先輩に感謝の気持ちを配送したい。

4 毎朝、子どもを幼稚園に配送してから出社している。

21 不備

1 夏の暑さで体の<u>不備</u>を訴える人が増えている。

2 睡眠時間の<u>不備</u>で体調を崩してしまった。

3 原子力発電の安全性に対して<u>不備</u>の声が出ている。

4 書類に<u>不備</u>があるので、もう一度提出してください。

22 推進する

1 政府は新しい宇宙計画を<u>推進して</u>いる。

2 ドアを<u>推進して</u>家の中に入った。

3 新しい部長に山田課長を<u>推進した</u>。

4 先生の好みを<u>推進して</u>お菓子を贈った。

23 でたらめ

1 部屋の中が<u>でたらめ</u>なので誰にも見せられない。

2 ガラスが割れて<u>でたらめ</u>になってしまった。

3 新聞に<u>でたらめ</u>な内容の記事が書かれている。

4 この辺りは建物が多くて<u>でたらめ</u>だ。

24 きっぱり

1 彼はうそをつかない<u>きっぱり</u>とした人間だ。

2 両親と彼の考えは<u>きっぱり</u>と違う。

3 シャワーを浴びて頭が<u>きっぱり</u>とした。

4 何度も借金を頼まれたが、彼は<u>きっぱり</u>と断った。

25 説得する

1 事故の状況について警察を<u>説得した</u>。

2 親を<u>説得して</u>留学に行かせてもらった。

3 先生は悪いことをした生徒をいつも<u>説得した</u>。

4 会議で自分の意見をみんなに<u>説得した</u>。

問題5 次の文の（　　　　）に入れるのに最もよいものを、1・2・3・4から一つ選びなさい。

26 入社1年目にして新プロジェクトのリーダーを（　　　）異例の人事だ。

1　任されるとして　　　　　　　　　2　任せられるにあたって

3　任せられるにあって　　　　　　　4　任されるとは

27 女性はいつから周りに人がいるの（　　　）、化粧をするようになったのだろうか。

1　もかまわず　　　　2　をものともせず　　　3　をよそに　　　　4　もかかわらず

28 「差し支えなければ、こちらにお名前を（　　　）。」

1　ご記入しますでしょうか

2　ご記入されますでしょうか

3　ご記入いただけますでしょうか

4　ご記入申し上げますでしょうか

29 うちの犬（　　　）、だれに対してもしっぽを振ったりお腹を見せたりして、番犬として
失格だな。

1　とすれば　　　　　2　ともなれば　　　　3　ときたら　　　　4　とは

30 3年間このマンションに住んでいるが、隣の人とは（　　　）、顔を合わせたこともない。

1　話したこともないばかりで

2　話したこともないどころか

3　話したことがないばかりでも

4　話したことがないどころではなく

31 この農家グループは、米や大豆の栽培（　　　）、加工品の製造にも携わっている。

1　のかたわら　　　　2　にともなって　　　3　のはんめん　　　4　もかねて

32 お金をもらってやる（　　　）、中途半端なことはできない。

1　からして　　　　2　からでは　　　　3　からに　　　　4　からには

33 あんないい加減な連中に、こんな大役が（　　　）。

1　務まるものか

2　務めるものだ

3　務めるものを

4　務まるものだが

34 （会社で）

A「鈴木さんの送別会、どこにしましょうか。鈴木さんが気に入ってくれそうなところに
したいと思うんですが。」

B「そうねえ、お好み焼き屋（　　　）、どうかしら？　テーブルを囲んでみんなでわいわ
いできて、いいじゃない？」

1　ならば　　　　　2　にすると　　　　　3　っていうのは　　　4　といえば

35 （大学で）

A「この前出てた求人、受けるんでしょ？」

B「もちろん。めったにないチャンスを逃す（　　　）。」

1　どころではないからね

2　ほどではないからね

3　わけにはいかないからね

4　ことにはいかないからね

問題6　次の文の＿★＿に入る最もよいものを、１・２・３・４から一つ選びなさい。

4分(1問50秒)

（問題例）

あそこで　＿＿＿＿　＿＿＿＿　＿★＿　＿＿＿＿は山田<small>やまだ</small>さんです。

1　テレビ　　　　　2　見ている　　　　3　を　　　　　　　4　人

（解答のしかた）

1．正しい文はこうです。

> あそこで　＿＿＿＿　＿＿＿＿　＿★＿　＿＿＿＿は山田<small>やまだ</small>さんです。
> 1　テレビ　　3　を　　2　見ている　　4　人

2．＿★＿に入る番号を解答用紙にマークします。

（解答用紙）　（例）　① ● ③ ④

36　ホームを歩きながら携帯電話などを操作する　＿＿＿＿　＿＿＿＿　＿★＿　＿＿＿＿　接触事故につながりかねない。

1　の　　　　　　　2　電車と　　　　　3　は　　　　　　　4　こと

37　今回の実験が上手く　＿＿＿＿　＿＿＿＿　＿★＿　＿＿＿＿　をあきらめることはない。

1　といって　　　2　いかなかった　　3　研究自体　　　　4　から

38　転職先としては、これまでの経験を　＿＿＿＿　＿＿＿＿　＿★＿　＿＿＿＿　希望している。

1　キャリアアップを　　　　　　　　2　図れる

3　生かしつつ　　　　　　　　　　　4　会社を

39 何とか ＿＿＿ ＿＿＿ ★ ＿＿＿、将来に対して不安がないわけではない。

　1　ものの　　　　　　2　ことは　　　　　　3　就職する　　　　　4　できた

40 うちは ＿＿＿ ＿＿＿ ★ ＿＿＿ ことはできるでしょうか。

　1　留守がち　　　　　2　共働きで　　　　　3　ですが　　　　　　4　ペットを飼う

⏳6分 **問題7** 次の文章を読んで、 41 から 45 の中に入る最もよいものを、1・2・3・4 から一つ選びなさい。

　私たちは何のために趣味を持つのだろうか。

　ある人は、仕事に行き詰まったときに、一心不乱に好きなことに打ち込むことで、 41 、気持ちを前向きに切り替えることができるという。一つのことに集中することで、後ろ向きだった気持ちがリセットされるのだ。またある人は、仕事以外の仲間との付き合いもまた気分転換の一つだと考える。立場も年齢も異なる相手とのたわいもないおしゃべりがなかなか 42 。

　このように聞くといいことずくめの趣味だが、心に留めておきたい点がある。まずは、新しいことを始める時の高揚した気分のまま、勢いでお金を使わないことだ。例えばスポーツの場合、道具や専用のウェア、施設使用料など、いろいろな費用がかかる。気をつけないと、特に入門者は、お金をどんどん無駄に使うことにもなる。 43-a 、気軽に始められそうなウォーキングでさえ、意気込んで高いシューズを買ったものの、数回履いただけでその後はたんすの肥やしになる、というのは 43-b 。新たに趣味を始める場合、初めから一気に投資するのではなく、少ない出費でも楽しめる方法をまず見つけ、徐々にレベルアップをしていくのが賢明なのだ。

　もう一点は、はなから完璧を求めようとしないことだ。テレビでマラソン観戦をして、いざ自分も挑戦しようと思った場合、最初から長い距離に 44 。途中で足が痙攣してしまうかもしれないし、暑い夏なら脱水症状に陥る危険性だってある。そんな事態を避けるためには、短時間のジョギングから体を順応させていくのがよい。まずは周りの景色を楽しめるぐらいのペースから行い、身体が慣れるのに合わせて、徐々に距離を伸ばしていくのだ。

　ともあれ、趣味になり得るかどうかは、それを心地よい気持ちでやっているかどうかによるのであり、無理に趣味を持とうと 45 のはいうまでもない。

（注1）たんすの肥やし：使わずに、ずっとたんすにしまってある物

（注2）痙攣：筋肉がひとりでに伸びたり縮んだりして、震えるようになる

41

1 浮いた気持ちを沈め　　2 沈んだ気持ちから解放され
3 落ち着いた気持ちをなくし　　4 落ち込んだ気持ちを思い出し

42

1 いいというのだ　2 いいほどだ　3 いいためだ　4 いいことになる

43

1 a　その結果　／　b　あるわけでもない話だ
2 a　といっても　／　b　あることは間違いない話だ
3 a　たしかに　／　b　あるものでもない話だ
4 a　一見　／　b　ありがちな話だ

44

1 チャレンジこそすべきだ　　2 チャレンジするだけのことだ
3 チャレンジしてほしいのだ　　4 チャレンジすることはない

45

1 意気込む必要がある　　2 意識しない必要などない
3 意識する必要がある　　4 意気込む必要などない

問題8 次の(1)から(4)の文章を読んで、後の問いに対する答えとして最もよいものを、1・2・3・4から一つ選びなさい。

(1)

"仲が良い家庭"は理想的なようで、一歩間違うと"崩壊した家庭"につながる危うさがある。特に、父親が、社会の厳しさを教え、子どもに社会化を促すという父親本来の役割を果たせないと問題である。子どもの社会的自立には、実際の父親ではなくても「父親」の役目を果たす人が不可欠である。

ある人が家庭を航海中の船に例えて言った。嵐が来たら、子どもがいくら「こっち来て」と頼んでも、子どもを放っておいて必死に舵取りを続けなければ船は沈む。それなのに、舵取り(注)を放棄して子どもの機嫌を取る親が多いと。

このような「父親」の不在が、最近、日本の家庭で増えているように感じるのは気のせいだろうか。

(注)舵取り：舵（船の進む方向を決める道具）を操作して、船を一定の方向に進ませること

46 ここでいう「父親」の不在とはどういうことか。

1 父親が、仕事で忙しく、家庭にいる時間が少ないこと
2 家庭が崩壊し、父親が家からいなくなること
3 父親が、子どもに甘い顔をするばかりで、自分の立場を忘れること
4 思春期になった子どもが父親を無視するようになること

12分（1大問3分）

(2)

　日本は今、空前のジョギングブームで、美容のために始める若い女性が急増中である。では、ジョギングはどんな状態で行うのがよいのか。医師によると、あまり空腹の状態で走るのはよくないということだ。血糖値が低い状態で運動すると、脂肪がうまく燃焼せず、ダイエットの効果が上がらない。それどころか、命にかかわることさえある。ジョギング中、急に力が抜けたような感じになったり、冷や汗が出たり、胸がドキドキしてきたら、ただちに走るのをやめ、何か食べると回復する場合があるとのことだ。

47 筆者は、空腹の状態でジョギングをするのはなぜよくないと言っているか。

　1　空腹の状態だと血糖値が低いので、脂肪が燃えないばかりか、体に非常に危険だから

　2　空腹の状態でジョギングすると、運動後に何かを食べたときに血糖値が急上昇するから

　3　空腹の状態では脂肪が燃焼せず力が出ないため、急に倒れたりすることがあるから

　4　空腹の状態でジョギングすると、体温調節や心臓の機能に異常が起こって危険だから

(3)

　人はなぜ働くのか。誰もが自問するはずだ。働くことで自分の人生をより豊かにし、かつ社会貢献をするため——そう考える人は多いだろう。だが、私は労働とはまず、生活の糧を得るための行為であると考える。いくら人生を豊かに、社会貢献をと望んでも、雨露をしのぐことができず、その日の糧にありつけなければ、それは実現しない。まずは自分の生活を不足のないものにするための対価として、労働をする。家族と食卓を囲んだり、好きなことに打ち込んだりする時間が持てるようになれるのは、この対価の積み重ねによる。これが、私の考える働くことの意義である。

48　筆者の考える働くことの意義と合うのはどれか。

1　働くことを通して、自分の人生を豊かにし、社会貢献をする

2　労働はお金のためであって、人生を豊かにしたり、社会貢献をしたりするためではない

3　自分の生活基盤を整えるのに必要なお金を得るために働く

4　家族や趣味など、自分が大切にしているものにお金を使いたいから働く

⑷

　価値観が多様化し、常識と言われるものまでもが個人レベルで異なるような現代社会で、それぞれがそれぞれの価値観や常識を押し付けてもトラブルが起きるばかりである。

　とはいえ、トラブルが起きないように相手に合わせているだけでは、真に互いを理解し合うことはできまい。考えを伝え合い、そのそれぞれを認めつつ、新しい価値体系を構築する。つまり、コミュニケーションを通じて互いに納得できる妥協点を見いだすことが、求められてくるのである。

49　筆者の考えに合うものはどれか。

1　考え方が違ったら、人間関係にひびが入らないように、できるだけ相手の考え方を優先する。

2　信頼関係を築くためには、一時的に関係が悪くなっても、お互いに素直に意見を言ったほうがいい。

3　考え方の違いを認めた上で、双方が新たな価値基準を持つようになることが望ましい。

4　人はそれぞれ違う価値観や判断基準を持つため、完全に互いを理解し合うことは難しい。

問題9 次の(1)から(3)の文章を読んで、後の問いに対する答えとして最もよいものを、1・2・3・4から一つ選びなさい。

(1)

　戦前までは、健康ということは病気をしないことでした。腸チフス、赤痢などの急性伝染病や、肺結核、脚気など慢性疾患が多かった時代には、このような病気の治療と予防がまず大切で、そういう病気にかからないことで健康が意識されていました。しかし戦後、病気の様相も変り、人々の意識も変化して、健康の概念もより幅広く積極的な意味になってきました。

　今日もっとも多くの人々から支持されている「健康」の定義は、次のようなものです。すなわち国際連合の部局の一つに、世界保健機関（WHO, World Health Organization）という機関があります。WHOの「国際疾患分類」はわが国の行政にも採用され、日々の医療や医療統計に役立っています。このWHOは次のように「健康」を定義しています。

　「健康とは、単に病気が存在しないというだけではなくて、身体的・精神的ならびに社会的に充分に良好な状態をいう」。

　つまり健康を身体と精神、さらに社会的な面の三つに分けて、それぞれの要素を重視した概念を提唱しています。この定義は、人間が身体的のみでなく、精神的ならびに社会的存在であることをよく理解した、すぐれた表現であるといえるでしょう。

（吉川政己『老いと健康』岩波書店による）

50 戦前における健康な状態とは、どのような状態を指すか。

　1　心身ともにすこやかな状態であること

　2　心身のみならず、社会的にも良い状態であること

　3　心の状態はともかく、体に病気が存在しない状態であること

　4　身体に病気がなく、社会的にも充分に良好な状態であること

51 戦前と戦後で健康の定義が変化したのには、どんな背景があるか。

　1　病気の種類や医療の内容に変化が生じたため、人々の健康に対する考え方が多様になったこと

　2　急性伝染病の特効薬が開発され、人々が簡単に死ななくなったこと

　3　世界保健機関(WHO)が設立され、健康の定義を行い、世界に知らしめたこと

　4　医療技術の発達により急性伝染病や慢性疾患の患者が減り、人々が病気を恐れなくなったこと

52 筆者は、なぜ WHO の「健康」の定義がすぐれた表現であると考えるか。

　1　人間が社会的存在であることをきちんとふまえているから

　2　人間が生きる上で、病気でないことが何よりも大切だという考えだから

　3　心と体のバランスが大切で、そのために社会の安定が欠かせないという考えだから

　4　病気にならないことこそが大切だとして、病気予防を最も重視しているから

(2)

　高山病に苦しむ男を、TV劇のなかで、俳優が演じれば、「やらせ」にならない。はじめから
つくり事が約束だからである。同じ場面を、ネパール高原のNHK特別番組のなかで、撮影隊
の一人が演じれば、「やらせ」になる。(中略)「やらせ」であるかないかを区別するのは、場面
についての約束であって、場面のつくり方、でき上がった場面そのもの、その場面を見る人の
反応ではない。TV劇でも、特別番組(「ドキュメンタリー」)でも、撮影の現場では、誰もほん
とうに高山病ではない。場面はみせかけである。見る人は、一人の男がほんとうに高山病に苦
しんでいるかのように信じて、みせかけの画面を眺め、主人公に同情したり、なるほどネパー
ルの自然はきびしいと思ったりする。いずれにしても見る人はだまされるのであり、(中略)一
方がだまされたくてだまされるのに対して、他方がだまされたくないのにだまされるというち
がいがあるにすぎない。

　しかしネパール高原の「ドキュメンタリー」について、視聴者は、一体何にだまされたくな
いのか。撮影隊の一人が高山病にかかったかどうかは、個別的な事実の問題である。その事実
を通して番組のいいたかったのは、おそらくネパールの自然のきびしさだろうが、ネパールの
自然がほんとうにきびしいかどうかは、また別の問題である。だまされたくないのは、個別的
な事実についてか、その事実の意味、さらには番組全体のいおうとした事についてか。そもそ
も「ドキュメンタリー」というもののあらかじめの約束は、そのどちらに係るのか。もし後者
に係るとすれば、NHKのネパール高原番組は、必ずしも視聴者をだましたとはいえない。も
し前者に係るとすれば、そもそも視聴者をだまさない「ドキュメンタリー」は、容易にあり得
ないだろう。

(加藤周一「やらせ」について『夕陽妄語』朝日新聞社による)

(注)　つくり事：作り話、うそ

[53] TV劇と特別番組の「やらせ」について、本文と合っているものはどれか。

1　特別番組で高山病の様子が流されても、見る人は感情移入できない。

2　うその場面を使った特別番組は、ドキュメンタリーとは呼べない。

3　TV劇はフィクションなので、高山病の場面は「やらせ」とはいえない。

4　どちらの場合も、視聴者は男性が高山病になったと信じてしまう。

[54] 筆者によると、この特別番組が視聴者に伝えたかったのは何か。

1　撮影隊の一人が高山病にかかったという真実

2　ネパールの自然は厳しいということ

3　自然の厳しさが人体に与える影響

4　視聴者をだますつもりはないということ

[55] 必ずしも視聴者をだましたとはいえないとあるが、なぜか。

1　制作者独自の主張に基づいて作られているから

2　実際に現地に行って撮影した映像を使っているから

3　ドキュメンタリーは人によって見方や受け取り方が違うから

4　番組の主張そのものはほぼ真実と思われるから

(3)

　国内の優れた農業従事者が、その取り組みを発表する第61回全国農業コンクール全国大会（毎日新聞社、島根県主催）が、同県出雲市で開かれた。（中略）

　最優秀の毎日農業大賞を獲得した「やさか共同農場」は、同県浜田市の山あいにある。コメや大豆などの有機栽培とみそなどの食品製造を組み合わせ、ブランド化に成功した。通信販売などの販路も開拓し、年間2億円以上を売り上げる。

　40年前に4人で始めた農場は法人化し、現在は35人が働く。農業研修生も受け入れ、若者の就農も支援している。（中略）

　政府が、昨秋まとめた農業を再生・強化するための基本方針は、第1次産業の農業に、第2次、第3次産業である製造・販売業を組み合わせた「6次産業化」の推進、営業規模の拡大、若い世代の参入促進を柱にしている。

　「やさか」の取り組みは、そうした強化策を先取りした好例だ。山あいの過疎地、冬には降雪で農作業もままならない。そんな悪条件も、創意工夫で、乗り越えられることを実績で示した。

　大会では、多くの発表者が6次産業化の取り組みに触れた。生産者が、民間企業とも連携しながら加工・製造、販売まで一貫して手がけることで、「安全・安心」といったメッセージを伝え、消費者の支持を獲得したケースが目立った。

（毎日新聞 2012年7月30日付朝刊による）

56 この農業コンクールについて、本文の説明と合っているものはどれか。

1 中小規模の農場を支援するためのコンクールである。

2 年間の営業実績を大幅に伸ばした取り組みが評価される。

3 全国の農業の関係機関や専門家による研究発表の場である。

4 大賞の取り組みは、国の方針に合ったいい事例としても高く評価できる。

57 創意工夫とあるが、「やさか」の場合は具体的にどのようなことか。

1 天候の影響の少ない作物を栽培する

2 自然や農業を売りに魅力的な町づくりを行う

3 若者の参加を多くして新しい手法を取り入れる

4 強みのある商品を作り通信販売をする

58 今回のコンクールではどのような事例の発表が多かったと筆者は述べているか。

1 生産だけでなく、製造や販売にまで事業を広げたもの

2 生産者情報を明記して、消費者に安心感を与える方法をとったもの

3 有機栽培に徹底的にこだわり素材の安全性をアピールしたもの

4 地域のネットワークを利用して、流通や販売の範囲を拡大したもの

問題10　次の文章を読んで、後の問いに対する答えとして最もよいものを、1・2・3・4から一つ選びなさい。

14分

　純粋な自分に強い憧れを覚える現代の若者たちは、かえって自分を見失い、自己肯定感を損なうという事態におちいっている。そのため、人間関係に対する依存度がかつてよりも格段に高まっている。しかも、自分の本質を生まれもった固有のものと感じているため、付きあう相手もそれと合致した人でなければならないと考えるようになっている。こうして、互いの関係も狭い範囲で固定化される傾向にある。ところが、特定の関係だけに過剰に期待をかけすぎると、それは逆に息苦しいものともなる。

　さらに、自分の純粋さを脱社会的に求めるメンタリティ（注1）は、そのまなざしを自分の内へと向ける傾向が強いため、他人と共有できる部分がどんどん減っていき、欲求の対象や価値観もおのずと多様化してくる。ある似かよった傾向を示す若者たちの一群をさして、かつては「○○族」（注2）のような括り方をすることが可能だったが、昨今ではそこまでの強い同質性が見られなくなり、「○○系」といった緩やかな括り方しかできなくなっている。その結果、狭く固定化された人間関係の内部においてすら、ものごとの判断をめぐって相手と　衝突する可能性が高くなっている。
①

　多くの人びとの関心が似かよっており、ほぼ同じ方向を見ていた時代なら、たとえ各人が自由にふるまったとしても、そこには重なり合う部分が少なくなかった。しかし、それぞれが内閉的に自分らしさを追求するようになると、互いの価値観や欲求の内実も多様化する。(中略)

　このように、純粋な自分に対する憧れはかつて以上に高まっているのに、それをサポートするための人間関係を維持する条件のほうはかつて以上に厳しくなっている。互いの理解可能性を素朴に信じて、それを前提に人間関係を築いていくことはもはやできない。「分かり合えない感」と若者たちが表現するように、むしろ理解不可能性を前提とした人間関係を築いていく技術の必要性が高まっている。彼らは、じゅうぶんには分かりあえないかもしれないことを、じゅうぶんに分かりあっている。「優しい関係」とは、このようなアイロニカルな状況を乗り切（注3）るために、互いの対立の回避を最優先の課題として、彼らが身につけた人間関係のテクニックである。(中略)
②

　大人たちの目には、現在の若者たちの人間関係が、コミュニケーション能力の不足から希薄化しているように映るかもしれない。しかし、実態はむしろ逆であって、かつてより（注4）葛藤の火種が多く含まれるようになった人間関係をスムーズに営んでいくために、高度なコ（注5）ミュニケーション能力を駆使して絶妙な距離感覚をそこに作り出そうとしている。
（注6）

（土井隆義『友だち地獄―「空気を読む」世代のサバイバル』筑摩書房による）

（注１）　まなざし：視線

（注２）　括り方：まとめ方

（注３）　アイロニカルな：皮肉な

（注４）　希薄化：薄くなること

（注５）　葛藤の火種：ここでは、人と人との対立の原因

（注６）　絶妙な：とても上手で、すぐれていること

---

59 現代の若者の特徴として、筆者があげているものはどれか。

1　浅く広く人間関係を築こうとする

2　自分らしさを社会の中で見出そうとする

3　内向きで、他者との関係に広がりがない

4　確固とした自分らしさを持つ人と付き合いたがる

---

60 ①衝突する可能性が高くなっているのはなぜか。

1　欲求の対象や価値観がさまざまだから

2　それぞれが自分の内面に意識を向けるから

3　若者のタイプ間の違いが大きくなっているから

4　人間関係が狭く閉じられているから

---

61 筆者は、現代に必要な②人間関係のテクニックはどのようなものだと述べているか。

1　背景が異なる人とも互いに理解し合えると信じること

2　自分らしさを自覚しつつ、それを人に見せないようにすること

3　人に対して思いやりの精神を持ち、トラブルを起こさないこと

4　他人を理解し合えないものとみなして人とつきあうこと

---

62 筆者の述べていることと合っているものはどれか。

1　現代の人間関係は、昔よりも深いつながりによって成り立っている。

2　現代の若者は、複雑な人間関係を微妙な距離を保ちながら巧みに生きている。

3　人間関係が昔より希薄化したため、若者のコミュニケーション能力が低下した。

4　現代の若者は、他人に優しく接することで、もめ事を回避しようとする。

⏳10分 **問題11** 次のＡとＢは、高齢者の在宅介護についての専門家の意見である。後の問いに対する答えとして最もよいものを、１・２・３・４から一つ選びなさい。

Ａ

リハビリテーションという言葉からは、身のまわりのことを行う能力の再獲得をはかる「機能訓練」がまず連想されます。高齢者を対象とした在宅リハビリでは、家庭介護の中で自然に訓練を取り入れること、合併症が出ないよう水分や栄養をとりながら機能回復を目指すことが必要です。ただし、リハビリの本来の目標は、本人がもとの「社会生活」を取り戻すことにあります。それには、身体的な機能の回復ばかりではなく、周囲の人々の受け入れと、必要十分な介護サービスの提供という社会的インフラが不可欠です。ところが、現行の保険制度では在宅介護の家庭は相対的に不利益すらこうむることになり、家族介護者の負担が軽減されているとはとても言えません。こうした社会面の問題が解決されなければ、多くの人が望むような在宅リハビリは普及しないでしょう。

Ｂ

高齢者の場合、医師からリハビリの指示があれば、できるだけ早期にリハビリを始めたほうが回復も早いです。これまでの研究から、手足を動かしたり、車いすに座らせたりするだけでもいい刺激になることや、介助のやりすぎがかえって機能回復を妨げることがわかっています。毎日の生活の中でできることをやり、寝たきりを防いでいくことが肝心です。

介護やリハビリに関する不安があれば、主治医、ケアマネージャー、作業療法士などの専門家に助言をあおぎ、介護のノウハウを指南してもらいましょう。介護を一時的に代行する訪問介護サービスなども増えています。責任感や世間体から介護を休むことに抵抗を感じる方もいるようですが、家族のあり方が変わり、わずか一～二人で在宅介護が行われる時代です。長く続けるには、息抜きは絶対に必要です。

63 AとBのどちらでも触れられている情報はどれか。

1　リハビリテーションの定義

2　介護保険制度の問題点

3　在宅リハビリの注意点

4　専門家による支援内容

64 高齢者のリハビリについて、AとBはそれぞれどのような見方をしているか。

1　Aは身体的回復と精神的回復に注目し、Bは精神的回復に注目している。

2　Aは身体的回復と社会復帰に注目し、Bは身体的回復に注目している。

3　AもBも身体的回復と精神的回復に注目している。

4　AもBも身体的回復と社会復帰に注目している。

65 介護者が得られる社会的支援について、AとBはどのように述べているか。

1　Aは保険制度や介護サービスが改善されるべきだと述べ、Bは現在の支援サービスにより介護者の負担を減らすことができると述べている。

2　Aは社会全体で介護問題を解決すべきだと述べ、Bは家族の形態などを含めて支援サービスを見直す必要があると述べている。

3　Aは保険制度の改悪により在宅介護がますます厳しくなったと述べ、Bは介護者が積極的に支援サービスを利用すればメリットがあると述べている。

4　Aは在宅介護者には専門家による心理的サポートが必要だと述べ、Bは在宅サービスを受けやすくする社会的な仕組みが必要だと述べている。

問題12 次の文章を読んで、後の問いに対する答えとして最もよいものを、１・２・３・４から一つ選びなさい。

　診察室でときどき、「この先、生きていても、これ以上いいことはなそうな気がする」「やりたいことはだいたいやってしまったので、ここで人生が終わってもまあまあ満足」という言葉を聞くことがある。それも、七十代、八十代の人の口からではなく、二十代や三十代の若い層からだ。(中略)

　おそらく彼らは、「何と何をやったから、もう自分の人生に悔いはない」と具体的な決意を述べたいのではなく、「なんとなく楽しい時期はもうすぎてしまった」という気分を表現したいだけなのだろう。(中略)

　では、この「終わった」という感覚はどこからやって来るのか。おそらく原因には個人的な要素が強いものと社会的な要素が強いもの、ふたつが考えられるだろう。まず個人的なほうだが、いまの若い人たちには「楽しいのは十代のうちだけ」という価値観が広がっているように思える。最近、フィギュアスケートやゴルフなどで注目を集めた選手は十代。繁華街にあるファッションビルでいちばん元気がいいのも、十代をターゲットにした商品が扱われているショップだ。逆に「おとなにならなければできないこと」は減り、お金さえあれば、十代が高級な寿司屋やレストランに出入りしても、誰にも文句は言われない。そういう状況にあって、「ハタチを過ぎれば、もう楽しいことはない」と考える人が増えてもおかしくない。

　しかし、若い人の「終わった」という感覚の背景には、もっと社会的な要因もあるのではないだろうか。すなわち、高度経済成長期や文化の爛熟期などを過ぎて、バブル崩壊後の長期不況を経た現在、日本全体に「楽しい時期は終わった」という感覚が広まっているのではないか。冷蔵庫やクーラーもまだなく、誰もが物質的な豊かさが心の豊かさに通じる、と信じて疑わなかった昭和の時代を懐かしむ映画やドラマが盛んに作られていることからも、多くの人が「昔のほうが今より楽しかった」と思っているという雰囲気が伝わってくる。リアルタイムで昭和の時代を経験していない今の十代でさえ、「どうやら元気のいい時代は終わったらしい」と感じているのではないだろうか。

　あえて言えば、「もういいことはない」と言っている人が年をとったのではなく、その人がいる<u>社会自体が年をとった</u>、ということなのかもしれない。社会や国にも年齢があるのかどうか、についてはいろいろな議論もあるだろうが、「途上国」から「成長国」、そして「安定国」へ、という国の歩んできたプロセスは、人間のライフコースになぞらえることができる。(中略) いまさら経済力を高め、他国との競争に勝ってさらなる豊かさを追求するよりも、"よい老い方"

を模索して実行し、後に続く国の手本になる方が得策だと思うのだが、そういう声もなかなか大きくならない。「美しい国へ」が「美しく老いる国へ」と方向転換できれば、「もう楽しいことはないから希望もない」という若者の虚無感もむしろ軽くなるのではないだろうか。

（香山リカ『「悩み」の正体』岩波書店よる）

66 若い人たちが「終わった」という感覚を持つ個人的要因として、本文の内容と合うのはどれか。

1 10代を過ぎればもう大人で、そうなれば、あとはつらいことしかないということ

2 自分がやりたいと思った目標は、もうすべてかなえてしまったこと

3 大人になればできる特別なことなど、ほとんどないと思っていること

4 自分がやりたいと思ったことは、もうすでに誰かがやってしまったということ

67 若い人たちが「終わった」という感覚を持つ社会的要因として、本文の内容と合うのはどれか。

1 経済成長のピークを過ぎ、日本にはこの先、楽しいことはないという雰囲気があること

2 若い人から高齢者まで誰もが無気力で、国全体に活気がないこと

3 日頃から大人たちが若い人に対して「楽しい時期は過ぎた」と言っていること

4 他国との経済の競争に疲れ、国全体が意欲や目標を失っていること

68 社会自体が年をとったとあるが、それはどのような状態か。

1 少子高齢化が進み、高齢者の割合が大きくなっている状態

2 バブル経済が終わり、社会全体が衰退の時期にある状態

3 長い不況の中、若い人ががんばるが強まり、若者らしさが失われていく状態

4 すでに前に成長期を終え、社会全体にかつてのような活力がない状態

69 筆者は、日本がこれからどうあるべきだと述べているか。

1 「安定」から再び「成長」へと転じられるよう、若い人ががんばる日本社会にするべき

2 「美しい国」を目指して、街をきれいに保ち、マナーを守るよう努力するべき

3 若い頃の日本に戻り、他国に負けない経済発展と豊かさを追求していくべき

4 国や社会の成熟を目指しながら、後に続く国に日本が手本になるよう模索すべき

問題 13 右のページは、大学が学生向けに出したアルバイトの案内である。下の問いに対す
る答えとして最もよいものを、1・2・3・4から一つ選びなさい。

7
分

70 大学院生のトーさん（25歳）は、シンガポール人で日本語と英語と中国語が話せるが、
通訳や翻訳の経験はない。夏休みの8月10日から2週間、一時帰国をする予定である。
月曜日と水曜日と金曜日は午後5時から9時までボランティアをしている。車やバイク
の免許は持っていない。トーさんができるアルバイトはいくつあるか。

1　2つ

2　4つ

3　6つ

4　8つ

71 トーさんが一時帰国から戻って応募できるアルバイトは何か。

1　メガネ店のチラシ配り

2　翻訳会社の翻訳スタッフ

3　ホテルのスタッフ

4　ファミレスのホールスタッフ

学生アルバイト情報

2012.7.15 更新

	職種	給与	応募資格	勤務期間	勤務時間
1	【メガネ店】 チラシ配り	時給 700 円	18 歳以上ならどなたでも	出勤日 要相談	土日の午前 9 時 ～ 11 時
2	【市立美術館】 英語による来場者の 誘導・案内	時給 930 円	・20 歳以上 ・英語と日本語が話せる方	7/20-9/30 ※出勤日要相談	
3	【中華料理店】 ホールスタッフ	時給 720 円	・16 歳以上 ・8/12-15 に勤務できる方	今すぐ ※出勤日要相談	
4	【翻訳会社】 日本語の文章を英語 に翻訳する仕事	時給 1,200 円	・英語と日本語が話せる方 ・翻訳の経験がある方	今すぐ ※出勤日要相談	
5	【ピザチェーン店】 ビザの配達	時給 800 円	・自動二輪または原動機付 き自転車の免許を持って いる方	今すぐ ※出勤日要相談	
6	【コンビニ】 平日夜間スタッフ	時給 1,000 円	・20 歳以上 ・男性 ・週 3 日以上入れる方	要相談	平日 20:00-5:00
7	【ホテル】 中国人のお客様専用の 対応スタッフ	時給 1,000 円	・中国語と日本語が話せる 方 ・指定の期間すべて出勤で きる方	8/1-31 ※週休 2 日	① 7:00-15:00 ② 14:00-22:00 ①②のいずれか
8	【野外コンサート】 セキュリティスタッフ	日給 10,000 円	・18 歳以上 ・4 回のうち 2 回以上出ら れる方	7/29、8/4、 8/14、8/29	15:00-22:00
9	【ファミレス】 ホールスタッフ	時給 700 円	・16 歳以上 ・週 5 日以上入れる方	今すぐ	17:00-23:00
10	【ビル管理会社】 清掃スタッフ	日給 3,000 円	・16 歳以上 ・10 月末までの土日すべ て入れる方	今すぐ	土日のみ 10:00-13:00
11	【食品工場】 弁当の箱詰め	時給 650 円	・16 歳以上	8/1-7 の間で 3 日以上	① 15:00-18:00 ② 18:00-0:00

모의고사 제3회

N1

청해

60분

問題 1 3회

　問題1では、まず質問を聞いてください。それから話を聞いて、問題用紙の1から4の中から、最もよいものを一つ選んでください。

例

1　実習の日を変更する
2　田中さんに確認する
3　ゼミの全員に確認する
4　先生に連絡する

1番

1 ア イ
2 ア イ ウ
3 ア イ エ
4 ア イ ウ エ オ

제1회
제2회
제3회

언어지식
독해
청해

2番

1 会計課に行く
2 銀行でお金を振り込む
3 木村さんに連絡する
4 本田さんに電話する

3番
ばん

1 申請書を書く
しんせいしょ か

2 役所へ行く
やくしょ い

3 家族に連絡する
かぞく れんらく

4 書類を提出する
しょるい ていしゅつ

4番
ばん

1 筆記試験を受ける
ひっき しけん う

2 履歴書を書く
りれきしょ か

3 待合室で待機する
まちあいしつ たいき

4 面接を受ける
めんせつ う

5番

1 黒のタイツを借りる
2 肌色のストッキングを買う
3 美容院を予約する
4 髪のセットを手伝う

6番

1 周辺機器の修理をする
2 ケーブルをつなぎなおす
3 他のパソコンを調べる
4 代わりのパソコンを用意する

問題 2 3회

問題2では、まず質問を聞いてください。そのあと、問題用紙のせんたくしを読んでください。読む時間があります。それから話を聞いて、問題用紙の1から4の中から、最もよいものを一つ選んでください。

例

1 お金が準備できなかったから
2 友達の都合が悪くなったから
3 重要な仕事が入ったから
4 国内の方が気楽でいいから

1番

1 今までの仕事の経験が生かせるから
2 自分が住んでいる地域に貢献したいから
3 いろいろな人と関わることができるから
4 案内している地域の新しい一面を発見できるから

2番

1 きれいで広いこと
2 設備が整っていること
3 嫌な臭いがしないこと
4 いつもスタッフがいること

제1회 제2회 제3회

3番

1 高齢者福祉を充実させること
2 若者の雇用を確保すること
3 子育て世代を呼び込むこと
4 医療にかかる予算を削減すること

언어지식 독해 청해

4番

1 長くサークル活動を続けること
2 チームをまとめること
3 勝つために練習をすること
4 楽しく活動すること

5番

1 価格が安いこと
2 電力を節約できること
3 臭いを消す機能があること
4 乾燥を防ぐ機能があること

6番

1 外国人選手を獲得したこと
2 スタミナをつけたこと
3 選手層が厚くなったこと
4 若手を育成したこと

7番

1 色彩が豊かであること
2 見る人に力を与えること
3 日常の風景をリアルに描いていること
4 いろいろな見方ができること

もんだい
問題3  20〜27
3回

　問題3では、問題用紙に何も印刷されていません。この問題は、全体としてどんな内容かを聞く問題です。話の前に質問はありません。まず話を聞いてください。それから質問とせんたくしを聞いて、1から4の中から、最もよいものを一つ選んでください。

— メモ —

問題 4

28~42
3회

　問題4では、問題用紙に何も印刷されていません。まず文を聞いてください。それから、それに対する返事を聞いて、1から3の中から、最もよいものを一つ選んでください。

―　メモ　―

もんだい
問題 5 🎧 43~47 3回

問題5では、長めの話を聞きます。この問題には**練習**はありません。メモをとってもかまいません。

1番、2番

問題用紙に何も印刷されていません。まず話を聞いてください。それから、質問とせんたくしを聞いて、1から4の中から、最もよいものを一つ選んでください。

― メモ ―

3番

　まず話を聞いてください。それから、二つの質問を聞いて、それぞれ問題用紙の1から4の中から、最もよいものを一つ選んでください。

質問1

1　ペットボトルのふたのリサイクル
2　生ごみのリサイクル
3　布のリサイクル
4　紙のリサイクル

質問2

1　ペットボトルのふたのリサイクル
2　生ごみのリサイクル
3　布のリサイクル
4　紙のリサイクル

딱! 한권 일본어능력시험 모의고사 N1　解答用紙

第1回　言語知識（文字・語彙・文法）・読解

名前　Name

問題 1
	1	2	3	4
1	①	②	③	④
2	①	②	③	④
3	①	②	③	④
4	①	②	③	④
5	①	②	③	④
6	①	②	③	④

問題 2
	1	2	3	4
7	①	②	③	④
8	①	②	③	④
9	①	②	③	④

問題 3
	1	2	3	4
10	①	②	③	④
11	①	②	③	④
12	①	②	③	④
13	①	②	③	④

問題 4
	1	2	3	4
14	①	②	③	④
15	①	②	③	④
16	①	②	③	④
17	①	②	③	④
18	①	②	③	④
19	①	②	③	④
20	①	②	③	④
21	①	②	③	④
22	①	②	③	④
23	①	②	③	④
24	①	②	③	④
25	①	②	③	④

問題 5
	1	2	3	4
26	①	②	③	④
27	①	②	③	④
28	①	②	③	④
29	①	②	③	④
30	①	②	③	④
31	①	②	③	④
32	①	②	③	④
33	①	②	③	④
34	①	②	③	④
35	①	②	③	④

問題 6
	1	2	3	4
36	①	②	③	④
37	①	②	③	④
38	①	②	③	④

問題 7
	1	2	3	4
39	①	②	③	④
40	①	②	③	④
41	①	②	③	④
42	①	②	③	④
43	①	②	③	④
44	①	②	③	④
45	①	②	③	④

問題 8
	1	2	3	4
46	①	②	③	④
47	①	②	③	④
48	①	②	③	④
49	①	②	③	④

問題 9
	1	2	3	4
50	①	②	③	④
51	①	②	③	④
52	①	②	③	④
53	①	②	③	④
54	①	②	③	④
55	①	②	③	④
56	①	②	③	④
57	①	②	③	④
58	①	②	③	④

問題 10
	1	2	3	4
59	①	②	③	④
60	①	②	③	④
61	①	②	③	④
62	①	②	③	④

問題 11
	1	2	3	4
63	①	②	③	④
64	①	②	③	④
65	①	②	③	④

問題 12
	1	2	3	4
66	①	②	③	④
67	①	②	③	④
68	①	②	③	④
69	①	②	③	④

問題 13
	1	2	3	4
70	①	②	③	④
71	①	②	③	④

딱! 한권 일본어능력시험 모의고사 N1　解答用紙

第1回　聴　解

名前
Name

〈ちゅうい　Notes〉

1. くろいえんぴつ(HB、No.2) でかいてください。
（ペンやボールペンではかかないでください）
Use a black medium soft (HB or No.2) pencil.
(Do not use any kind of pen.)

2. かきなおすときは、けしゴムできれいにけして
ください。
Erase any unintended marks completely.

3. きたなくしたり、おったりしないでください。
Do not soil or bend this sheet.

4. マークれい　Marking examples

よいれい Correct Example	わるいれい Incorrect Examples
●	⊘ ⊖ ◯ ◑ ●

問題 1

	1	2	3	4
例	①	●	③	④
1	①	②	③	④
2	①	②	③	④
3	①	②	③	④
4	①	②	③	④
5	①	②	③	④
6	①	②	③	④

問題 2

	1	2	3	4
例	①	②	●	④
1	①	②	③	④
2	①	②	③	④
3	①	②	③	④
4	①	②	③	④
5	①	②	③	④
6	①	②	③	④
7	①	②	③	④

問題 3

	1	2	3	4
例	①	②	●	④
1	①	②	③	④
2	①	②	③	④
3	①	②	③	④
4	①	②	③	④
5	①	②	③	④
6	①	②	③	④

問題 4

	1	2	3
例	①	●	③
1	①	②	③
2	①	②	③
3	①	②	③
4	①	②	③
5	①	②	③
6	①	②	③
7	①	②	③
8	①	②	③
9	①	②	③
10	①	②	③
11	①	②	③
12	①	②	③
13	①	②	③

問題 5

		1	2	3	4
1		①	②	③	④
2		①	②	③	④
3	(1)	①	②	③	④
	(2)	①	②	③	④

名前
Name

問題 1

	①	②	③	④
1	①	②	③	④
2	①	②	③	④
3	①	②	③	④
4	①	②	③	④
5	①	②	③	④
6	①	②	③	④

問題 2

	①	②	③	④
7	①	②	③	④
8	①	②	③	④
9	①	②	③	④
10	①	②	③	④
11	①	②	③	④
12	①	②	③	④
13	①	②	③	④

問題 3

	①	②	③	④
14	①	②	③	④
15	①	②	③	④
16	①	②	③	④
17	①	②	③	④
18	①	②	③	④
19	①	②	③	④

問題 4

	①	②	③	④
20	①	②	③	④
21	①	②	③	④
22	①	②	③	④
23	①	②	③	④
24	①	②	③	④
25	①	②	③	④

問題 5

	①	②	③	④
26	①	②	③	④
27	①	②	③	④
28	①	②	③	④
29	①	②	③	④
30	①	②	③	④
31	①	②	③	④
32	①	②	③	④
33	①	②	③	④
34	①	②	③	④
35	①	②	③	④

問題 6

	①	②	③	④
36	①	②	③	④
37	①	②	③	④
38	①	②	③	④
39	①	②	③	④
40	①	②	③	④

問題 7

	①	②	③	④
41	①	②	③	④
42	①	②	③	④
43	①	②	③	④
44	①	②	③	④
45	①	②	③	④

問題 8

	①	②	③	④
46	①	②	③	④
47	①	②	③	④
48	①	②	③	④
49	①	②	③	④

問題 9

	①	②	③	④
50	①	②	③	④
51	①	②	③	④
52	①	②	③	④
53	①	②	③	④
54	①	②	③	④
55	①	②	③	④
56	①	②	③	④
57	①	②	③	④
58	①	②	③	④

問題 10

	①	②	③	④
59	①	②	③	④
60	①	②	③	④
61	①	②	③	④
62	①	②	③	④

問題 11

	①	②	③	④
63	①	②	③	④
64	①	②	③	④
65	①	②	③	④

問題 12

	①	②	③	④
66	①	②	③	④
67	①	②	③	④
68	①	②	③	④
69	①	②	③	④

問題 13

	①	②	③	④
70	①	②	③	④
71	①	②	③	④

딱! 한권 일본어능력시험 모의고사 N1　解答用紙

第2回　聴解

名前
Name

問題 1

	①	②	③	④
例	●	②	③	④
1	①	②	③	④
2	①	②	③	④
3	①	②	③	④
4	①	②	③	④
5	①	②	③	④
6	①	②	③	④

問題 2

	①	②	③	④
例	①	②	●	④
1	①	②	③	④
2	①	②	③	④
3	①	②	③	④
4	①	②	③	④
5	①	②	③	④
6	①	②	③	④
7	①	②	③	④

問題 3

	①	②	③	④
例	①	●	③	④
1	①	②	③	④
2	①	②	③	④
3	①	②	③	④
4	①	②	③	④
5	①	②	③	④
6	①	②	③	④

問題 4

	①	②	③
例	①	●	③
1	①	②	③
2	①	②	③
3	①	②	③
4	①	②	③
5	①	②	③
6	①	②	③
7	①	②	③
8	①	②	③
9	①	②	③
10	①	②	③
11	①	②	③
12	①	②	③
13	①	②	③

問題 5

		①	②	③	④
1		①	②	③	④
2		①	②	③	④
3	(1)	①	②	③	④
	(2)	①	②	③	④

名前
Name

問題 1

	①	②	③	④
1	①	②	③	④
2	①	②	③	④
3	①	②	③	④
4	①	②	③	④
5	①	②	③	④
6	①	②	③	④

問題 2

	①	②	③	④
7	①	②	③	④
8	①	②	③	④
9	①	②	③	④
10	①	②	③	④
11	①	②	③	④
12	①	②	③	④
13	①	②	③	④

問題 3

	①	②	③	④
14	①	②	③	④
15	①	②	③	④
16	①	②	③	④
17	①	②	③	④
18	①	②	③	④
19	①	②	③	④

問題 4

	①	②	③	④
20	①	②	③	④
21	①	②	③	④
22	①	②	③	④
23	①	②	③	④
24	①	②	③	④
25	①	②	③	④

問題 5

	①	②	③	④
26	①	②	③	④
27	①	②	③	④
28	①	②	③	④
29	①	②	③	④
30	①	②	③	④
31	①	②	③	④
32	①	②	③	④
33	①	②	③	④
34	①	②	③	④
35	①	②	③	④

問題 6

	①	②	③	④
36	①	②	③	④
37	①	②	③	④
38	①	②	③	④
39	①	②	③	④
40	①	②	③	④

問題 7

	①	②	③	④
41	①	②	③	④
42	①	②	③	④
43	①	②	③	④
44	①	②	③	④
45	①	②	③	④

問題 8

	①	②	③	④
46	①	②	③	④
47	①	②	③	④
48	①	②	③	④
49	①	②	③	④

問題 9

	①	②	③	④
50	①	②	③	④
51	①	②	③	④
52	①	②	③	④
53	①	②	③	④
54	①	②	③	④
55	①	②	③	④
56	①	②	③	④
57	①	②	③	④
58	①	②	③	④

問題 10

	①	②	③	④
59	①	②	③	④
60	①	②	③	④
61	①	②	③	④
62	①	②	③	④

問題 11

	①	②	③	④
63	①	②	③	④
64	①	②	③	④
65	①	②	③	④

問題 12

	①	②	③	④
66	①	②	③	④
67	①	②	③	④
68	①	②	③	④
69	①	②	③	④

問題 13

	①	②	③	④
70	①	②	③	④
71	①	②	③	④

막! 한권 일본어능력시험 모의고사 N1　解答用紙

第3回　聴　解

名前
Name

〈 ちゅうい　Notes 〉

1. くろいえんぴつ(HB, No.2) でかいてください。
   (ペンやボールペンではかかないでください)
   Use a black medium soft (HB or No.2) pencil.
   (Do not use any kind of pen.)
2. かきなおすときは、けしゴムできれいにけして
   ください。
   Erase any unintended marks completely.
3. きたなくしたり、おったりしないでください。
   Do not soil or bend this sheet.
4. マークれい　Marking examples

よいれい Correct Example	わるいれい Incorrect Examples
●	⊘ ⊗ ◯ ● ⊕ ◑

問題 1

	①	②	③	④
例	①	●	③	④
1	①	②	③	④
2	①	②	③	④
3	①	②	③	④
4	①	②	③	④
5	①	②	③	④
6	①	②	③	④

問題 2

	①	②	③	④
例	①	●	③	④
1	①	②	③	④
2	①	②	③	④
3	①	②	③	④
4	①	②	③	④
5	①	②	③	④
6	①	②	③	④
7	①	②	③	④

問題 3

	①	②	③	④
例	①	●	③	④
1	①	②	③	④
2	①	②	③	④
3	①	②	③	④
4	①	②	③	④
5	①	②	③	④
6	①	②	③	④

問題 4

	①	②	③
例	①	●	③
1	①	②	③
2	①	②	③
3	①	②	③
4	①	②	③
5	①	②	③
6	①	②	③
7	①	②	③
8	①	②	③
9	①	②	③
10	①	②	③
11	①	②	③
12	①	②	③
13	①	②	③

問題 5

		①	②	③	④
1		①	②	③	④
2		①	②	③	④
3	(1)	①	②	③	④
	(2)	①	②	③	④